북미 기독교 공동체 사회

- 메노나이트, 아미쉬, 후터파, 퀘이커 사회의 이념과 현실 -

북미 기독교 공동체 사회

발 행 일   2017년 9월 6일

지 은 이   임 종 운
펴 낸 이   손 형 국
펴 낸 곳   ㈜ 북랩
편 집 인   선일영   편 집 이종무, 권혁신, 이소현, 송재병, 최예은
디 자 인   이현수, 이정아, 김민하, 한수희   제 작 박기성, 황동현, 구성우
마 케 팅   김회란, 박진관, 김한결
출판등록   2004. 12. 1(제2012-000051호)
주   소   서울시 금천구 가산디지털 1로 168, 우림라이온스밸리 B동 B113, 114호
홈페이지   www.book.co.kr
전화번호   (02)2026-5777   팩 스   (02)2026-5747
ISBN   979-11-5987-667-7 03230(종이책)   979-11-5987-668-4 05230(전자책)

이 도서의 국립중앙도서관 출판예정도서목록(CIP)은 서지정보유통지원시스템 홈페이지(http://seoji.nl.go.kr)와
국가자료공동목록시스템(http://www.nl.go.kr/kolisnet)에서 이용하실 수 있습니다.
(CIP제어번호 : CIP2017022505)

(주)북랩 성공출판의 파트너

북랩 홈페이지와 패밀리 사이트에서 다양한 출판 솔루션을 만나 보세요!
홈페이지 book.co.kr • **블로그** blog.naver.com/essaybook • **원고모집** book@book.co.kr

메노나이트, 아미쉬, 후터파, 퀘이커 사회의 이념과 현실

The Christian
Community
in North America

임종운 지음

북미 기독교
공동체 사회

북랩 book Lab

머리말

이 책은 필자가 캐나다 온타리오 작은 마을에서 지난 15~6년간 서툰 농부 생활을 하는 가운데 이웃 사람들인 메노나이트들과 아미쉬들을 접촉하면서 직접 경험하고 느낀 것들을 중심으로 그들과 밀접한 관계에 있는 북미 기독교 공동체들에 대한 역사와 이념, 그리고 실제 모습들을 약간의 이론적 바탕을 첨가하여 만든 기록물들이다. 메노나이트 공동체와 그의 친척뻘 내지 이웃 사촌뻘에 해당하는 다른 공동체에 관한 사항은 차후 본문에서 분명한 개념으로 정리되겠지만, 이 책은 기본적으로 필자 개인의 체험을 바탕으로 진행되었기 때문에 먼저 필자 자신에 대한 소개와 살고 있는 지역 환경에 대해 조금 언급해 두는 것이 좋겠다는 생각이 든다.

하지만, 필자의 경력은 오래전 한국에서 교직 생활을 하다 은퇴한 것 말고는 특별히 소개할 만한 것이 없고 보니, 독자들의 이해를 돕기 위해서는 오히려 필자가 현재 생활하고 있는 주위 농촌 환경에 대해 조금 자세히 소개하는 편이 더 나을 것 같다. 필자의 작은 농장은 캐나다 온타리오 주 South Grey 지역(County)에 있는 Mount Forest라는 작은 마을의 외곽에 있다. 이 지역은 남쪽 나이아가라 반도 지역과 더불어 온타리오의 대표적 농경 지역이라 할 수 있는데, 남쪽 지역이 과일과 채소 등이 주 작물이라면 이곳은 다양한 곡물 생산과 목축, 양계와 낙농업이 발달해 있다고 할 수 있다. 이런 배경을 반영하듯이 인근 도시 Guelph에는 농림부와 캐나다 제일의 농·임업 관련 학문과 축산, 수의과 등이 유명한 종합 대학교인 Guelph 대학교가 있고, 이곳과 멀지 않는 지역인 ST. Jacob와 Keady 타운에는 대규모 Farmer's Market들이 있는데, 그곳에는 각종 청과물과 농산물은 물론 거대한 가축 경매장까지 갖추고 있다. 또한, 필자의 농장에서 가까운 거리에 있는 Elmira라는 작은 타운에는 매년 4월 초 '메이플 시럽 축제'가 열리는데, 온 거리가 사람으로 가득 차 어깨를 부딪쳐 헤쳐 나가야 할 정도이다. 필자의 마을인 Mount Forest에도 인근 소도시의 각 농업 관련 축제들과 어울려 여러 가지 행사를 하고 있지만, 그 중에도 일 년에 두 번 열리는 가축 및 애완동물 시장(Fur and Feather Show)이 볼 만하다. 온갖 종류의 가금, 조류, 애완동물들이 축구장 두 개 정도 규모로 장이 선다.

이 지역이 이런 특성을 갖게 된 배경에는 비옥한 토지를 가진 농업 지역이라는 점이 지적될 수 있겠지만, 그보다도 더 중요한 것은 이곳에 독특한 기독교 공동체인 메노나이트들과 아미쉬들이 이 지역의 특성을 주도적으로 만들고 있다는 점이다. 이들은 주로 농촌 지역에서 농사 관련 일에 종사하는데, 자신들만의 고유한 종교, 언어 및 생활문화를 고수하면서 주류 사회와 제한적 관계를 유지한 채 살아가지만, 지역 사회를 대표하는 독특한 개신교 공동체 집단으로 이름이 나 있다. 필자는 지난 십수 년 동안 그들과 교류하면서 그들의 문화와 믿음체계에 대한 특별한 관심과 애정을 갖게 되었으며, 결국 이런 필자의 호감이 이 책의 형태로 나타나게 된 것이다.

　본문 설명에 앞서 미리 큰 그림으로 북미 비주류 기독교 공동체의 대표 격인 메노나이트들과 아미쉬들을 간략히 소개하고자 한다. 이들은 주로 농촌 지역에서 독특한 공동체생활을 하는 종교·문화 집단이며, 지역적으로 주로 북미에 집중되어 거주하고 있다. 이들은 16세기 유럽 종교개혁파 중 급진적 집단에서 발전되어 나와 오늘날까지 북미에서 공동체생활을 하고 있으며, 자신들만의 수제 복식과 모자를 착용하고 핵심 구성원들은 자동차 대신 Buggy라는 마차를 타고 다닌다. 일부 극히 보수적인 집단은 외부 기관에서 공급하는 전기를 전혀 사용하지 않기 때문에 집안에는 TV set, 라디오, 컴퓨터 등의 전기·전자 제품을 비롯한 많은 문명의 이기들을 가지고 있지 않다. 이들은 자신들의 학교를 세우고 운영하며, 국가에 세금은 납부하지만, 전쟁과 병역의 의무를 반대하고, 일부 분파들은 공공의료보험제도를 비롯한 국가나 공공단체가 제공하는 각종 복지제도의 수혜를 받지도 않는다. 교육은 자신들이 직접 세운 학교에서 해당 공동체 출신 교사들에게 교육을 받고 그것도 초등교육에 불과한 8학년(혹은 12학년) 수준을 끝으로 일찍부터 농사 관련 일들을 거들고 배운다. 그들이 세운 교회 외관에는 십자가는커녕 아무 장식이 없어서 교회건물인지 아닌지 잘 알 수 없고, 교회 지도자도 따로 월급을 받지 않는다. 그들의 예배 시간에 사용하는 찬송가에는 대부분 악보도 없고, 동원되는 악기도, 반주자도 없다. 그러나 예배시간은 3시간 남짓 계속되는데, 여기에는 세 살배기 어린아이들과 거동이 불편한 팔구십 노인들이 같은 장소에서 함께 모여 예배를 보며 찬송하지만, 한국에서 흔히 보이는 어린아이들의 응석은 찾아볼 수도 없다. 바쁜 농사철이나 지역 사회에 큰일이 생기면 그들은 함께 모여 벌떼처럼 협동하곤 하는데, 이런 모습의 일부가 오래된 영화인 '증인'(Witness, 해리슨 포드 주연)으로 상영되어 한국에도 소개된 바가 있었다.

대부분의 다른 아시아 사회와 마찬가지로 현재 한국사회는 주류 서구 문화와 종교의 영향을 받아 점차 서구화의 길을 가고 있다. 그런데 우리가 모두 동의하듯이 한국의 서구화의 길은 단순한 모방과 답습이 아니라 문화의 상호침투 과정에서 보다 한국사회에 걸맞은 모습으로 발전되어야 하는 것이고, 맹목 모방과 편향 모방은 물론, 문화 충돌(Culture Crash)의 오류와 대가를 치르는 일이 없어야 하는 점은 명확하다. 주지하다시피, 서구 문화의 핵심은 Europeanism이 그 실상이고, Europeanism은 Christianity, Jewish, Greek, Roman, 더 나아가 독일, 영국, 프랑스 철학자들의 사상들이 복합적으로 조합되어 있는 사상체계라고 할 수 있겠는데, 그중에서 기독교는 Europeanism의 핵심 종교로서 서구의 문화와 종교의 기본 배경이 되고 있다고 볼 수 있을 것이다.

그러나 한국에서는 서구의 주류 기독교만을 중심으로 받아들이고 있을 뿐 기독교 안에 존재하는 다양한 비주류들을 접하고 있지 못하고 있다. 어느 사회나 마찬가지로 주류와 비주류는 항상 상호 영향을 주고받으며 발전하는 것이고 여기서 여러 가지 문화가 진화의 길을 가는 것인데 주류 기독교만을 접하고 보면 서구 문화와 종교에 대한 오해와 편견이 생기기 마련이다. 비록 본서에서 소개하는 여러 종파가 서구 비주류 기독교 종파들의 모습을 전부 대변한다고는 볼 수 없겠지만, 적어도 확실한 대표성을 가진 유력한 종파라고는 말할 수 있을 것 같다. 이런 점에서 본서에서 검토하는 북미 비주류 기독교 종파들의 주요 이슈들은 자체적으로 의의가 있다고 볼 수 있다.

필자가 비주류 북미 기독교 종파 중에 일부를 특별히 선정한 이유는 이들이 현존하는 북미의 대표적 종교공동체들일 뿐만 아니라, 과거 신생국 미국의 건국과정에 상당한 영향을 미친 독특한 종교 집단이라는 점이었다. 필자는 오래전부터 이들의 역사와 문화, 그리고 믿음체계에 호기심이 있었지만, 이를 해소할 기회를 미룬 채 수십 년이 지난 뒤 최근에야 필자 자신이 바로 비주류 북미기독교 공동체 사회의 중심부 하나에 있다는 사실을 깨닫게 되었다. 즉 무심한 방관자에서 관찰자로 그리고 연구자의 눈으로 바뀌는 과정에 십수 년이 걸렸다고 할 수 있는데, 이것은 필자의 무지뿐만 아니라, 비주류를 이단으로 매도해 버리는 압도적인 주류 기독교의 영향력, 그리고 이에 편승하는 대중적 무관심에 자연스럽게 필자도 편승했기 때문이었을 것이다.

근년에 이 문제를 재인식하고 연구자의 입장으로 선회한 것은 개인적으로 다행한 일이다. 더구나 필자가 근거리에서 그들과 실제 생활을 접하고 있기 때문에 연구 과정에 입지적 조건이 매우 유리한 점도 큰 장점이 되었다. 초보 연구자로서 필자는 대학 도서관을 비롯해 여러 공공도서관을 찾아다니며 주제와 관련된 문헌들을 많이 접하게 되었고, 다른 한편으로 현장방문을 위해 직접 발품을 팔아 온타리오 남쪽은 물론 주의 경계를 넘어 멀리 Manitoba 까지 먼 여행을 다녀오기도 하였다, 필자의 현지 방문은 직접 그들의 일상생활을 둘러볼 수 있어 유익했지만, 직접 인터뷰를 통해 필자가 독서로 해결하지 못했던 여러 가지 궁금증을, 해소할 수 있어서 일거양득의 효과를 얻게 되었다.

필자가 비록 이 분야에 관하여 충분한 연구를 했다고는 볼 수 없지만, 일단 책의 형태로 발표하게 된 배경에는 북미 기독교 공동체 사회 운동을 둘러싼 방대한 자료와 정보를 일단 필자의 수준과 시각으로 정리할 필요가 있었다. 그리고 또 하나의 배경은 비록 기초적 수준이지만, 가능한 한 빨리 북미 소재 비주류 기독교 공동체 사회의 이슈들을 한국 독자들과 나누고 싶었던 필자의 조바심과 희망이 있었다.

즉 필자는 북미 비주류 기독교 공동체 연구를 통하여 한국의 독자들에게 기독교 역사와 이념을 재검토할 계기를 마련하고자 하는 조바심이 있으며, 메노나이트들과 아미쉬들의 공동체 사회가 북미 주류 사회에 미친 영향과 한계들을 공론화함으로써 향후 한국 기독교 공동체 사회 운동의 방향에 한 가닥 실마리를 제공할 수 있을 것이라는 희망을 가져 보는 것이다.

한편 이들에 관한 연구는 주로 그들의 뿌리인 유럽의 일부 국가들과 현재 집중적으로 살고 있는 북미에서 약간의 연구가 진행되고 있지만, 한국을 비롯한 그 외 다른 나라에서는 거의 주목을 받지 못하고 있는 듯하다. 과문한 탓인지 모르겠지만, 필자가 아는 한 아직도 국내에서는 그들의 삶과 철학 그리고 종교적 지향점들을 자세히 소개하거나 분석한 책은 아직 없는 듯하다. 그 원인은 여러 가지가 있겠지만, 그들이 북미에 집중돼있는 소규모의 특수 종교공동체 정도로 치부되어 있거나 주류 이외에는 모두 이단시하려는 한국 주류 기독교단과 신도들의 편향적 영향력 때문에 한국 연구자들이 이들에 대한 특별한 관심을 가질 여유를 가지지 못했기 때문인 것처럼 보인다.

그러나 필자의 견해로서는 공동체 전통이 빈약한 한국에서 이들의 공동체 종교 문화유산은 좋은 참고가 될 뿐만 아니라, 급진적인 종교 지향성, 철저한 평화 지향성, 농업경제 분야에서의 강력한 협업구조, 견고한 공동체의 재생산성, 무엇보다 정치적 측면에서 그들이 설정하는 정부 및 권력기관과의 독특한 관계설정, 문화적 측면에서 현대 물질문명을 제한하여 선택적으로 받아들이는 독특한 종교, 문화전통 등에 대한 측면들을 고려할 때 이 공동체연구야말로 지금까지 우리가 주어진 여건으로 받아들였던 자본주의 인습과 제도, 현대 물질만능주의, 그리고 세속화된 기존 종교문화에 대한 뼈아픈 성찰을 불러일으키는 매우 좋은 실마리를 제공하는 계기가 될 것이다. 바로 이러한 관점이 필자로 하여금 한국 독자들을 대상으로 주제넘은 글을 쓰는 구체적 동기가 되었다고 볼 수 있겠다.

필자의 일차적 관심은 특이한 그들의 일상과 종교생활을 한국 독자들에게 평이하게 소개하는 데 있지만, 이런 시도를 하는 가운데, 필자가 의도하는 것은 메노나이트들과 그들의 친지와 이웃들이 지켜온 생활양식과 믿음체계를 약식 기독교 역사의 일부로 정리해 보고, 그들이 취하고 있는 사회 종교공동체의 특징과 내부 모순들을 정리하는 것, 나아가 그들의 독특한 사회 종교공동체 삶에 나타난 모순들과 현대 주류 기독교 종파들의 병폐와 모순에 대한 함의를 도출하는 것 등이다.

이런 작업을 효과적으로 진행하기 위해 필자가 택한 분석틀은 기독교 역사 가운데, 종교개혁운동과 관련하여 메노나이트들을 포함한 비주류 기독교 종파들이 어떤 종교 운동으로 출발했으며, 그 과정은 어떤 역사적 배경을 가지고 있는가를 살피는 것이고, 이와 관련된 분석시각을 정리한다(제1부). 둘째로, 필자가 관심을 가진 것은 북미의 비주류 기독교 종파들이 총론적 입장에서 어떤 단계별 발전 양상을 보여주고 있으며, 그들의 믿음 생활이 어떤 현실적 경제형태 속에서 작동하는가, 그리고 그들 간의 관계는 어떠한가

하는 점이다(제2부 전반부). 셋째로 북미의 비주류 기독교 종파들의 분화과정과 그에 따른 각 분파 간의 이슈와 내부 모순 그리고 향후 과제와 전망을 점검하는 일이다(제2부 후반부). 마지막으로 주요 북미의 비주류 기독교 공동체들을 차례로 하나씩 살펴보고, 그들 상호 간의 관계를 추적해 보는 것이다(제3부). 마지막 제4부에서는 이상의 논의들을 종합하고 분야별 논점들을 정리하면서 가능한 범위 내에서 한국과의 관련성도 검토해 보기로 하겠다.

분명 이러한 거창한 요점들을 잘 소화해 내기엔 필자의 제한적인 지식과 정보로서는 다소 부족한 일이지만, 이 소책자가 향후 보다 다양한 전문성을 가진 여러 연구자들의 차후의 몫을 안내하는 작은 이정표라도 된다면 큰 다행이겠다. 따라서 본서는 그들의 구체적 역사와 그들의 구체적 신앙체계 그리고 그들의 독특한 공동체 생산양식과 재생산양식을 뒤로 미루어 놓고 오직 입문서에 가까운 것에 되는 것에 만족해야 하겠다. 요컨대, 필자가 바라는 것은 한국의 독자들이 이 책의 독서를 통해 나름대로 북미 기독교 공동체들이 수행하는 공동체 경제와 문화를 이해하고, 더 나아가 각자가 속한 한국사회구성체에 스스로 보태는 마음이라도 갖는다면 더 바랄 것이 없을 것이다.

먼저 고백하지만, 필자는 내 친구들을 소개할 때 신학적 논쟁과 이슈들을 주 대상으로 하지 않았다. 필자는 아주 평이하게 내 이웃들에 대한 실제 이야기를 할 뿐으로 무슨 거창한 분석을 할 생각이 추호도 없다. 객관적 고찰과 이론의 무기로 냉철해질 때 한층 진실에 가깝다는 식의 학계의 엄숙한 태도에 필자는 별로 내키지 않거니와 적어도 필자의 경험과 그들과의 생활 가운데 발견되는 현실감을 더 표현하는 것이 오히려 독자들에 대한 필자의 권리이자 의무라고 보고 있기 때문이다.

유감스럽게도 이 책에는 독창적인 것이 거의 없고 대부분 이들과 교류하면서 얻은 정보와 이들을 다룬 기존의 서적과 자료들을 참고하여 필자의 시각으로 재구성한 것이 대부분이라고 할 수 있다. 아마도 필자가 조금이라도 공헌한 것이 있다면 그들과 교류하면서 필자가 직접 경험한 것 중에서 중요하게 발견되는 포인트들을 필자의 관점으로 정리하여 강조했다는 점일 것 같다. 이러한 태도는 분명 결점이 있다. 왜냐하면, 독특한 문화적 종교적 배경을 가지고 긴 역사를 통해 그들이 지향하고 규정해 온 삶의 방식과 필자가 선택한 포인트와는 다소 차이를 보일 수 있기 때문이다. 하지만 필자는 이 결점을 필자의 주제에 대한 자유스런 선택권이라고 부르고 위험을 감수하기로 하였다. 따라서 이 책에서 발견될 수 있는 필자의 판단 오류와 소개되는 내용에 미숙하고 불완전 표현 등에 대한 책임은 전적으로 필자의 책임이다.

이 책을 만드는 데 여러 사람의 도움을 받았다. 평소 친하게 지내는 이웃 메노나이트들과 아미쉬는 물론이고, 현장방문과 인터뷰 과정에서 생생하게 증언을 들려주던 많은 후터파, 아미쉬와 메노나이트들, 귀중한 자료와 사진들을 친절히 구해 주던 여러 익명의 도서관 직원들, 그리고 무딘 필력을 교정해주고 많은 조언을 아끼지 않았던 친우 경성대 이재희 교수님께 감사를 드리며, 출판비 일부를 후원해 주신 C. J. 전기(주) 김해숙 대표님에게도 감사를 표하고 싶다.

2017년 8월
마운트 포레스트 농장에서
임종운

CONTENTS

제3부_ 메노 아저씨의 친척들

▎그림 및 표 목차

제1부

메노나이트(Mennonite) 사회의 개요:
기원과 기본시각

*John Calvin 사후 50년에 나타난 Cartoon. 성채 4개 축은 교황, 로마황제, 스페인 국왕, The King of Bavaria이다. 가톨릭 아성을 무너뜨리려는 무리는 프로테스탄트 군대이고, 그들의 옆에서 악마 모습을 한 다섯 존재물들은 칼빈주의를 나타낸다고 한다. 유의할 점은 만약 이 그림이 좀 더 후대에 그려졌다면 칼빈주의를 악의적으로 표현할 수 없었다는 점이다.

I 종교 그룹의 발전 유형과 기독교의 탄생

　큰 범주로 볼 때 메노나이트 집단은 16세기 종교개혁운동의 하나인 Anabaptism[1])에서 유래된 급진적 Protestant 분파라고 할 수 있다. 따라서 이들을 설명하기 위해서는 Anabaptism과 Protestant의 발흥을 이해하여야 하고 이에 앞서 근본적으로 하나의 유력한 종교로서 기독교의 탄생을 살펴보는 것이 필요할 것이다. 즉 하나의 종교로서 기독교가 탄생하고 발전되어 나온 경로를 추적하고, 그 과정 속에 Anabaptism와 메노나이트 집단 운동이 어떤 역사적 배경과 사회적 의의를 가지는가를 검토해 나가는 것이 유익할 것이다.

　일반적으로 종교 집단을 분류하는 경우, 서구 사회학자들은 대

---

1) 재세례운동으로 불리며 자세한 것은 제 III에서 자세히 다루기로 함.

중들의 수용단계를 기준으로 하여 Cult 단계, Sect 단계, Church 단계, 그리고 마지막으로 Ecclesia 단계로 발전한다고 주장하였다.[2] 이런 기준을 근거로 [그림 - 1]에는 가장 단순한 형태로 본 종교 발전 유형을 보이는데, 이 그림에 의하면, 종교 태동의 가장 초기 형태라고 할 수 있는 Cult는 영적 카리스마를 가진 지도자가 강력한 영성적 힘을 발휘하여 추종자들을 모으는 단계이다. 이 단계는 창시자로서 지도자의 새로운 메시지가 전파되고, 의식집행이 시행되는 단계로서, 대개의 경우 기존의 종교 및 문화와 마찰하거나 반대에 직면한다고 알려져 있다. 이러한 부정적인 사회 반응에 대해 추종자들은 일부가 반대 혹은 저항세력에 굴복하여 Cult가 와해 되는 길을 걷게 될 수도 있지만 남아 있는 추종자들은 오히려 조직을 강화하여 외부인들과 접촉을 멀리하고 자신들만의 결속을 강화하기도 한다. 이 경우 세뇌활동이나 기이한 의식을 행하기도 하는 경우가 있어 사회적 물의를 일으킬 수도 있다.

[그림 - 1] 종교 그룹의 발전

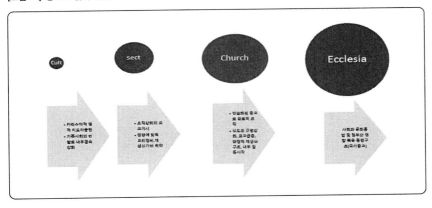

---

2) James M. Henslin, Dan Glenday, Norene Pupo, Ann Duffy(2010), pp.334-335.

시간이 지나면서 지도자의 메시지를 따르는 추종자들이 많아지면 다음 단계인 Sect로 발전하게 된다. Sect는 Cult보다 큰 집단이기 때문에 조직문제가 발생하고 주로 개인과 가족 중심의 기복과 구원신앙이 중심을 이룬다고 할 수 있다. 또한, 사회와 더 많은 접촉을 하게 됨으로써 기존사회와 마찰을 줄이는 한편, 일부 교리를 수정하거나 관습을 바꿈으로써 기존사회와 조화를 모색하기도 한다. 그러나 아직 주류 종교가 아니기 때문에 교세 확대를 위한 전교 활동이 탄력을 얻게 되는 단계라고 할 수 있다. 즉 자녀와 가족 중심의 교인 중심에서 점차 일반 신도를 확충함으로써 종교로서 위치 확보를 위해 추종자들의 확대재생산을 시도하는 것이다.

세 번째 단계는 교회(Church)이다. 이 단계에 오면 sect는 이미 종교로 인습화되어 규범과 의식이 정비되고 조직이 정밀하게 관료화되어 안정적인 재생산구조를 갖추게 된다. 이러한 안정성을 바탕으로 선교는 국외까지 확대되고 교회조직은 해당 사회의 중요한 사회세력이 되어 있는 동시에, 방대한 조직운영은 때때로 다른 종파의 탄생을 가져오는 등 내부 갈등이 고조되는 시기이기도 하다.

마지막 단계는 신정(神政) 국가라고 할 수 있는 Ecclesia 형태이다. 국가 종교로 된 이 구조는 종교가 완전히 문화에 통합되어 있고 정부도 종교와 동맹 구조로 되어 있는 형태이다. 이런 형태는 오늘날 티베트나 이란의 경우에 적용될 수 있을 것이고 과거 18세기 스웨덴의 형태와 유사하다고 볼 수 있다.

예수의 가르침을 따르는 크리스천들의 집단을 기독교단이라고 통칭한다면 기독교는 오늘날 세계 제1위의 신도 수를 보이는 가장 유력한 종교 집단이다.[3] 이러한 기독교도 다른 종교와 마찬가지로

---

3) 세상에 존재하는 종교는 수천을 헤아리지만, 그중에서 신도 수를 기준으로 할 때, 기독교(약 20억

상기 그림과 같은 경로를 거쳐 발전되어 나왔다고 생각할 수 있다. 즉, 기독교가 교회의 모습을 갖추기까지 예수의 추종자들은 예수 사후 2세기 동안 일종의 sect로서 선교활동을 활발하게 전개했지만, 로마제국의 탄압 속에서 제대로 성장할 수가 없었다고 한다. 그러다가 3세기 들어 특히 서기 250년대에는 가장 역동적인 성장을 보였다고는 하지만 그때까지 당시의 유력한 종교인 유대교 집단보다 적은 규모를 벗어나지 못했다고 한다. 이때를 지하교회라고 부르는 경향이 있는데, 이것은 로마제국의 가혹한 박해를 피해 자연스레 비밀결사적인 모임을 가져온 데서 유래한 것이다.

여기서 로마제국이 크리스천들을 가혹하게 박해한 배경을 자세히 다룰 수는 없지만, 이러한 가혹한 국가 테러인 대규모 박해가 결과적으로 오늘날 서구 문화의 기반이 된 그리스-로마 문명의 서막을 예고하는 것으로 평가할 수 있기 때문에 중요한 포인트가 되고 있다. 우선 지적될 수 있는 점은 거대한 제국 운영에 새로운 비밀 조직이 발생하여 민심이 흉흉해지는 것에 대해 로마제국의 엘리트들이 긴장할 수밖에 없었다. 일례로 크리스천들이 유기된 어린이들을 수습하여 비밀리에 훈련을 시킨다든지(고아와 유기된 아이들을 보살펴 주는 선행을 곡해한 사례), 비밀리에 모여 다 함께 인육을 먹는 의식(성체성사를 오해한 사례)을 행한다는 흉흉한 소문이 그것이다.

즉 크리스천이란 예수의 가르침을 따라 삶의 기준을 세운 사람들이므로, 예수의 가르침을 따라 병든 이와 가난한 이, 그리고 버림받은 사람들을 보살피는 일은 당연한 삶의 형태였지만, 당시의

명), 무슬림(12억 명), 힌두교(약 8억2천 명), 불교(3억6천 명) 순으로 되어있다고 한다. -Adherents of All religons, by Six Continental Area(2003), World Almanac and Book of Facts.

로마 사회는 크리스천의 이러한 태도는 자신의 인습체계에 도전하는 세력으로 인식한 나머지 크리스천의 대중 조직 움직임을 제거할 필요를 느낀 것이다. 특히 크리스천들의 대부분이 여성들이라는 점은 로마 사회를 긴장시켰다. 극히 가부장적인 로마 사회는 여성의 사회적 지위는 극히 열악했는데, 어린 딸을 나이 많은 사람에게 시집보내는 사회적 풍토는 많은 가난한 과부들을 만들어 냈으며 가난한 집에 딸이 태어나면 거리에 내다 버리는 일들이 빈번했고, 수많은 늙은 노예들과 창녀들이 비참한 생활을 하고 있었는데, 만약 이들을 중심으로 대중 조직이 발전하게 되면 가부장적 구조는 도전을 받게 되는 것이고, 그것은 로마 사회로서는 간과할 수 없는 위협이 되는 것이다.

요컨대 당시 크리스천의 믿음과 그 실천은 주류 로마 사회의 기존 문화양식과 가치체계에 큰 혼란을 야기했다는 점은 분명하다. Niebuhr[4]가 적절히 지적하듯이 크리스천의 믿음은 로마의 영광과 근대 문명을 찬양하는 사람들에게 거북한 느낌을 주거나 때로는 불쾌감을 제공하는 요소를 가지고 있었기 때문이다. 즉 크리스천들은 현재 삶에 가치를 두지 않고, 영생을 추구하기 때문에, 현세의 문명에 만족하고 찬양하는 로마 사람들에게 거슬리는 존재였다. 당시 크리스천들은 하나님의 은총에만 의지할 뿐, 인간 의지와 성취를 무시함으로써 로마제국 운영에 방해가 된 것이다. 또한, 크리스천들은 로마제국의 다민족·다문화 포용정책에 정면 배치되는 믿음을 추구했던 점도 박해의 원인으로 추가할 수 있는 점이다. 당시에 로마제국은 여러 민족의 문화와 종교에 관용적 태도를 보였으나, 크리스천은 유일신만을 신봉함으로써 일체 타협의 소지를

---

4) Niebuhr, H. Richard(1951), pp.4-11.

없애고 만 것이다. 유일신 신앙이야 유대교가 더욱 강경한 것이지만, 유독 크리스천의 유일신 신봉이 문제가 되었던 것은 로마가 이미 유대인들을 특수한 소종교 집단으로 인정하고, 여러 부족의 일부로 편입된 정도로 간주했던 것과는 대조적으로 크리스천은 로마사회의 일반 구성원으로 확대되어 세를 넓혀나갔기 때문에 유대인들과는 차원이 다른 문제였던 것이다.

어쨌든 로마제국의 혹독한 박해는 수만의 순교자들[5]을 밑거름으로 하여 제자들의 리더십을 더욱 공고히 하였고, 불법적 소규모 sect였던 크리스천들은 A.D. 311년 합법화를 거쳐 A.D. 313년 밀라노칙령(the Edict of Milan)을 통해 박해 시대를 끝내고 로마 종교의 하나로 인정을 받게 되었으며, 마침내 A.D. 391년[6] Theodosius 황제에 의해 로마제국의 공식 종교로 승격되게 되었다.

유럽의 대부분과 북아프리카, 중동을 아우르는 거대 제국의 공식 종교로 인정된 것은 제국의 정치·사회적 안정과 정신적 통일에 기여한 측면이 있겠지만, 동시에 기독교가 로마제국이라는 통로를 통해 세계종교로 기반을 굳히는 계기를 제공한 것은 당연한 일이었다. 사실 로마제국이 차지했던 영토 대부분은 일찍이 알렉산더 대왕이 통치했던 지역을 포함하고 있었기 때문에, 그리스도교

---

5) 순교에 대해 광범위한 검토를 한 Mitchell에 의하면, 초기 기독교도들은 자신들의 예배 대상인 예수가 '순교자의 원형(proto-Martyr)' 혹은 순교의 초석(Founding Martyr)'으로 파악하고 그를 모방하려고 노력했다고 한다. 최초의 교회 순교자라고 할 수 있는 사도 Stephen의 순교 이후 크리스천에서의 순교자는 이른바 '피의 증인(Blood Witness)'으로서 이는 자신의 믿음을 위해 자기 목숨을 자발적으로 포기하는 신도를 일컫는 말로 정착된 것인데, 이 용어가 정착된 것은 4세기 중엽이라고 밝히고 있다. 로마제국은 박해를 통해 크리스천을 말살하려 했지만, 오히려 수많은 순교자를 양산하여 교회에 오히려 일종의 '미디어효과를 가져온 자산(Media asset)'이 되어 대중 신도들의 신심을 한층 고취하는 홍보를 한 셈이 되었다고 한다. Michell은 교파의 성장에 순교자의 영향이 절대적 영향을 미치고 있음을 여러 사례를 들어 설명하고 있다. -Mitchell, Jolyon(2012), pp.12-30.
6) 다른 참고 문헌은 기독교의 로마 공식 종교 성립 연대를 379년으로 밝히고 있다. -Jeffrey B. Webb(2004), p.31.

의 공인은 대제국 로마로 하여금 정치, 경제, 군사 측면의 절대 우위에 더하여 그리스 철학과 문학, 예술뿐만 아니라 신학이라는 새로운 문화적 토대를 세울 수 있게 만든 중요한 계기가 된 것이다.

그러나 하나의 작은 sect에서 막강한 국가 종교로 성장하는 과정은 상기에 언급한 외부적인 탄압과 박해만이 있었던 것은 아니고, 크리스천 공동체 내부에서 일어난 파벌 내지 후에 결정된 이단과의 갈등이 더욱더 심각한 문제였다. 초기 크리스천 공동체의 분열이나 분화발전은 이후 언급될 메노나이트 탄생과 관련된 중요한 부분이므로 우리는 이 부분을 별도의 장에서 더 자세히 검토할 필요가 있다.

*John Bunyan의 천로역정(The Pilgrim's Progress). 이 그림은 크리스천 여정을 보여준다. 즉 순례자는 멸망의 도시(The City of Destruction)를 떠나 온갖 고난을 겪은 뒤 마침내 죽음의 강(River of Death)을 지나 천국(Celestial City)에 도착한다는 것을 표현하고 있다.

초기 크리스천 공동체 성장과 기독교의 종파 분열

종파를 떠나 기독교인(Christian)이란 적어도 예수의 가르침을 믿고 따른다는 측면에서 통일성을 가진다고 볼 수 있지만, 바로 그 통일성을 강조하고 초점을 맞추다 보면 그것이 오히려 분열의 원인이 되는 모순이 존재할 수 있다. 즉 교인들 간 믿음의 통일을 위해 수많은 노력을 해 왔음에도 불구하고, 예수가 행한 가르침의 프레임을 해석하고 이해하는 차원이 주체마다 제각기 달라져서 결과적으로 내부 분열이 심화된 것이다. 심지어 이런 분열상은 예수가 직접 가려 뽑은 제자들과 뒤에 합류한 바울이 중심이 된 초기 크리스천 공동체 간에도 발생하였으며, 각 분파는 예수의 가르침을 이해하는 수준과 방식을 달리하여 혼선과 불화가 있기도 하였다. 이런 혼선은 많은 부분 예수 자신이 즐겨 사용한 각종 비유와 수수께끼 같은 언사를 해석하는 데서 유래하고 있다. 성서도 예수가 직접 쓴 것도 아니거니와 성서가 예수의 가르침 전부를 다 기록한 것이라고 볼 수도 없기 때문에 이런 혼선과 이해 부족은 애초부터 피할 수 없는 것이었다.

이러한 차이들에도 불구하고 초기 크리스천 믿음을 독특한 유일신 믿음과 독특한 종교로 확정시킨 것은 예수의 특별성, 즉 하나님과 인간의 통합성을 공통적으로 받아들였기 때문이다. 그 통합적 존재성 안에서 하나님의 자비와 권위, 위엄이 인간에게 가시적으로 보였고, 접근 가능하게 되어 우리 인간은 죄에서 해방될 수 있고, 사망의 권세에서 벗어나 '하나님 나라'로 들어갈 수 있게 된다고 보는 것이다. 즉 초기 크리스천 공동체는 그런 예수를 구세주로 믿고 따르며 예수가 직접 언급한 성령까지 합하여 삼위가 하나 되는 독특한 새로운 종류의 믿음 공동체(교회)였다고 할 수 있다.

한편 이러한 초기 크리스천 공동체는 4세기부터 근대에 이르기까지 교회 중심 기독교(Church Christianity)와 성서 중심 기독교(Biblical Christianity)이라는 두 가지 양상으로 분화 발전하게 되었다.[7] 전자는 구교인 로마가톨릭교회(Roman Catholic Church), 동방정교회(Eastern Orthodox Church), 그리고 신교인 루터교회(Lutheran Church), 장로교회(Presbyterian Church), 성공회(Anglican Church)를 의미하며 현재 주류 기독교단으로 국가와 교회가 일종의 동맹관계를 형성하고 있는 집단이라 할 수 있다. 반면, 후자는 본서가 초점을 두고 있는 비주류 기독교 집단인 재세례교(Anabaptism)의 전통을 이어받은 집단과 Baptist, 퀘이커 등을 지칭하는 집단이다. 전자는 성서에 의해 설립된 교회의 권위를 내세우는 데 반해 후자는 교회의 권위보다 성서에 보다 더 큰 권위를 부여하여 성서의 가르침에 보다 엄격하고 급진적 해석을 함으로써 주류인 전자 측의 미움을 받게 된 것이다. 즉, 후자는 성서의 가르침에 따라 세상과 구별된 삶을 추구하여 세속 정부와 국가와의 관계를 멀리하고, 초기 크리스천 공동체의 전통에 따라 하나님 앞에 모두 죄인 신분으로

---

7) 사실 기독교 교회와 분파들은 교회 중심파와 성경 중심파뿐만 아니라 신비주의파(Mystical Church), Swedenborg파, 수도원파(Monasticism) 등 여러 가지 형태의 기독교 양식들이 있어 이들을 모두 분류하여 분석하기가 쉽지 않다. 여기서는 분석의 편의상 보다 큰 세력이라고 할 수 있는 상기 두 양식만을 중점으로 살펴보기로 한다. -Linda Woodhead, Christianity(2003), p.46.

평등 정신을 추구하여 교회 내부의 위계 구조를 거부하는가 하면, 전쟁반대와 평화추구 서약거부 등 기존사회 인습에도 저항적 태도를 견지하여 주류 기독교 세력과 국가와 갈등을 겪은 것이다.

이상과 같은 전체 그림을 염두에 두고 주류 기독교단과 비주류 기독교 집단들의 관계와 각각의 분화과정을 간략히 살펴보기로 하자. 초기 기독교가 로마제국의 공인을 받아 국가 종교 형태가 되는 과정에 초기 교회는 내부적으로 심각한 신학적 논쟁을 피할 수 없었다. 각종 이단들의 척결을 통하여 주류 교단은 삼위일체 유일신 전통을 확립하고 신학의 교리를 확실히 하기 위해 오늘날 크리스천들이 거의 통일적으로 암송하는 사도신경(the Apostles' Creed)을 확정하는 데 성공하였지만, 그 과정의 대부분은 정치권력과 공조를 통해 그리고 내부의 관료주의적 일 처리 방식으로 진행되었을 뿐, 엄밀히 말해 크리스천의 믿음을 실천하는 방향으로 진행된 것은 아니었다. 기독교란 예수의 가르침을 믿고 따르는 신도들의 믿음이라고 한다면 그 신도들이 많아질수록 믿음의 종류도 다양하게 되어 교리정립 문제는 교회 지도자들에게 가장 중요한 이슈가 되는 것은 당연한 일이었다. 즉, 예수의 사후, 예수가 직접 가르친 유대인 제자들이 소위 '예루살렘 교회(the Jerusalem Church)'를 만들어, 히브리 성경을 사용하고 차이점이라고는 나사렛 예수의 독특한 가르침을 보탠 정도의 일종의 유대교의 sect 중에 하나로 출발하였지만, 유대인들에 의해 리더의 한 사람인 Stephen이 돌로 처형될 정도로 예루살렘의 기존 유대교는 이들을 용인하지 않았다.

따라서 초기 교회 교인들은 유대 지방을 떠나 로마제국의 다른 지방으로 거점을 옮기게 된다. 성서에서 초기 크리스천의 실태를 잘 보여주는 사도행전의 거의 절반은 바울 사도의 행적으로 기록

되어 있는데, 그의 대표적 공적은 이방인들을 대상으로 한 열렬한 복음전파자라는 점, 그리고 유대교 sect의 유산에서 독립하려고 노력한 최초의 뛰어난 신학 이론가라는 측면에서 기독교 설립의 제2인자라고 칭송받을 만하다.

최초의 크리스천 공동체를 이끌던 바울과 베드로는 기원후 64년경에 거의 비슷한 시기에 순교하였고, 그 뒤에 초기 교회 지도자들은 예배의 양식을 비롯해 세례성사 등의 의식을 제도화하고 느슨한 리더십을 강화하기 위해 Bishop, Deacon, Elders 같은 조직을 제정하였으며, 신약성서를 생산하는 등 교단으로서의 체제 정비를 하나하나 이루어 나갔다.[8] 이 체제 정비 시기는 약 서기 90년대와 100년 사이에 집중적으로 이루어졌다고 한다.

일찍이 Constantine 황제와 Theodosius 황제에 의해 확립된 중요한 원칙은 정치와 종교를 혼합한 형태로 제국을 운영했다는 점이다. 특히 Theodosius 황제 이후로는 정치권력이 종교권력의 영

---

8) 초기 교회의 예배 양식은 형식적으로 유대교의 절차와 비슷하게 진행되었겠지만, 성찬과 세례성사 양식이 보태짐으로써 자연스레 독자적인 기독교 예배 양식으로 발전되었다고 한다. 한편 베드로가 로마에 가서 그곳의 리더가 되었고, 그의 후계자들이 자연스레 Roman Church의 Bishop(shepherd의 그리스어)이 되었으며, 후일 교황이 된 것이다. Deacon은 예루살렘 교회에서 선출된 최초 일곱 사람을 지칭하는 것으로서 그리스어인 diakonos(servant)에서 유래한 말이라고 한다. 교회의 지도자로서 Elders라는 말은 presbyteroi에서 유래한 말로 교회의 리더를 의미한다고 한다. Elders는 유대교의 원로 혹은 연장자의 유제를 받아들인 것으로 보이며, 교회에서 가르치거나 설교할 수 있는 자격이 주어진다. 그 이외에도 신약성서에는 각종 직분 등과 관련하여 성경에는 evangelists, prophets, apostles, pastors, teachers 등의 이름이 있기는 하지만 명확한 직무가 나타나 있지 않다. 메노나이트들의 직무체계도 이러한 가톨릭 유제가 남아 있어 Bishop, Deacon 등이 교회의 중요한 리더로서 있지만, 가톨릭의 경우와는 달리 그들의 권위는 매우 제한적이다. 마지막으로 신약성서의 생산과 관련하여 유의할 부분은 무엇보다 성서를 기록한 집필자들이 명확하지도 않고, 초기 교회의 신자는 예수가 곧 재림할 것으로 생각하여 예수의 가르침을 주의 깊게 기록할 생각이 없었다고 한다. 따라서 내용이 서로 다르고, 연대도 확실하지 않은 원본이 많다. 비록 사제회의에서 공식적인 인준이 있었지만, 일부 복음서 특히 히브리서, 야고보서, 계시록 등과 관련하여서는 의문이 제기되고 있다고 한다. 이렇게 하여 기원후 30년에서 150년간 진행된 신약성서를 기반으로 한 기독교 교회가 성립되었다. -Hopfe, Lewis M.(2001), pp.288-293.

향력 밑에 위치되는 역전된 상황에 있었기 때문에 종파의 분열은
제국의 통일성을 위협하는 것이자 제국의 분열을 의미하는 것과
같아서 역대 로마 황제들은 종파 분열을 막기 위해 엄청난 노력을
하였으나 노력에 비하여 큰 성과를 얻지는 못했다.

그 후 예수 사후 4세기 동안 로마제국은 신학적 논쟁 해소와 정
치적 타결을 시도했지만 결국은 1054년 기독교는 로마가톨릭교회
(Roman Catholic Church)와 동방정교회(Eastern Orthodox Church)[9]
로 양분되고 말았다. 양분의 원인은 인종 문제, 소수민족, 사용 언
어의 차이 등으로 알려져 있다. 소아시아(오늘날의 터키)와 그리스
가 본부인 동쪽 교회는 이른바 비잔틴 문화를 구가했지만, 서쪽 교
회는 로마 문화와 라틴어를 구사하고 있었다. 분열 이후 비잔틴
기독교는 불가리아, 세르비아, 러시아 계통의 슬라브 민족으로 퍼
져 나갔지만, 라틴 기독교는 유럽의 북서쪽과 영국으로 전파되어
나갔다. 서쪽 교회 입장에서 보면, 로마는 예수가 친히 반석으로
부른 베드로가 직접 교회를 세운 곳이자, 베드로와 바울이 순교한
성스러운 도시이며, 오랫동안 로마제국의 허브 도시였기 때문에

---

9) Orthodox Christian은 자신들이야말로 다른 종파보다 더 순수한 종파라고 주장하고 있다. 그들의
주장은 자기들은 8세기 '주교회의'의 결의를 그대로 따르고 있는 데 반하여 다른 종파 특히 로먼
가톨릭과 개신교라 교회는 그것에다 새로운 것을 보탠 형태이므로 순수한 형태는 아니라고 보는
것이다. 그들 교리는 거의 대분 개신교나 가톨릭과 다르지 않지만 다만 몇 가지 측면에서 차이가
있다. 핵심차이는 삼위일체의 본성에 관한 것인데, Orthodox 측은 성부, 성자, 성령이 어떻게 어우
러져 유일신 하나님을 형성하느냐(혹은 유일신 하나님이 어떻게 하여 삼위로 병행하느냐)를 둘러싸
고 가톨릭과 의견을 달리하고 있다. 간단히 말하면, 가톨릭과 그 영향권에 있는 교회들은 성령이
하나님과 예수의 양쪽에서 강림하는 것으로 보지만, Orthodox 측은 그것은 성령을 존중하는 태도
가 아니라고 보는 것이다. 즉 성령은 오직 하나님에게서 오는 것으로 봐야 진정한 삼위일체라고
보는 것이다. 실제로 Orthodox의 예배에는 가톨릭보다 성령에 대한 배례를 보다 비중 있게 다룬다
고 한다. 아이콘 혹은 성스런 이미지에 관해서도 양쪽이 차이가 있다. Orthodox 측은 입체상은
금지하고 있고 오직 허락되는 것은 이차원 아이콘인 Frescoes와 Mosaics뿐이다. 그 이외에도 사제
복식의 차이라든지, 예배 의식의 차이 등을 생각할 수 있다. 요컨대 Orthodox 교회는 자신들이
명칭 그대로 일세기 초대교회의 기독교와 흡사한 믿음을 실행한다고 믿고 있다.

이곳이 우선적인 위치를 갖는 것은 당연하였다. 그러나 동쪽 교회들은 서쪽의 우선순위를 인정하지 않았으며, 성령의 출처를 직접 하나님만으로 한정한다든지, Nicene Creed를 약간 다르게 채택한다든지, 서쪽 교회가 규정한 성찬의 전례 시 사용하는 특정 빵의 사용을 인정하지 않음으로써 서쪽 교회와는 차이를 두고 있었다. 이런 문제들은 엄밀히 말해 큰 차이는 아니고 타협이 가능할 수도 있었지만, 지리적, 문화적 언어적, 인종적 차이들이 정치적 차이와 더불어 분열의 길을 걷게 만든 것이다. 그 뒤 잘 알려져 있듯이 동로마제국의 멸망, 이슬람교의 진출과 함께 동쪽 교회는 세력이 약화되었고, 서쪽 교회는 번창하여 중세로 이어졌다. 잘 알려져 있듯이 로마 가톨릭 교회는 7세기경부터 로마제국의 권위와 직무를 그들의 권위로 대신하여 15세기까지 이른바 중세 시대를 이끌게 되었다. 그러나 서쪽 교회의 번영과 성공은 그 자체적으로 성공의 희생물이 되었다. 16세기 Protestantism이라는 거대한 종교 개혁 운동에 직면하게 된 것이다.

# Protestantism의 분열과 Anabaptism의 발흥

1. 종교개혁 후 Protestantism의 분열

로마제국 시대 이래 종교와 정치가 결합된 기독교는 중세에 들어 경제 분야와 문화, 예술까지 두루 포섭하는 전방위의 영향을 미치는 종교가 되어 관료화, 세속화의 길을 가게 되는데 결국은 면죄부 판매까지 이르러 부패와 타락의 극을 보게 되었다. 잘 알려져 있듯이 이런 부패와 타락은 많은 중세 기독교인들의 분노를 야기시켜 초기 개혁주의들을 탄생시켰다. 후일 걸출한 종교 개혁자인 Martin Luther(1483-1546)에게 많은 아이디어를 제공했다고 알려진 John Wycliffe(1324-1384), 200년 뒤에 나타난 John Calvin(1509-1564) 같은 개혁주의자들은 하나님과 기독교인들 사이에 중개자가 필요하지 않으며, 모든 기독교인들은 모두 사제들이라고 역설하기도 했다. 또한, Wycliffe는 성찬식, 성인 숭배, 의식, 순례 등이 구원과는 상관이 없다고 주장하여 배격할 것을 주장하였다. 비슷한 주장은 보헤미아(Bohemia; 오늘날의 체코지역)의 Jan Hus(1369-1415), 독일 지방의 John Wesel(1703-1791), 플로렌스(Florence) 지방의 Girolamo Savonarola(1452-1498) 등도 가톨릭 교회와 사회의 정화를 외치게 되었다. 이런 주장은 교회주의에서 성경주의로 환원을 주장하는 것이 되었으며 자연스럽게 사제뿐만 아니라 평신도들도 스스로 성서를 읽을 수 있도록 해야 하며, 반드시 성서를 이용하여 신앙에 무엇이 필요한지를 결정해야 한다고 보았다. 이러한 관점들이 1519년 독일의 Wittenberg에서 루터의 세 가지 원칙들로 정리되어 나타났으며, 이것은 이후 Protestantism의 핵심 원칙이 되었다. 첫째, 기독교인은 하나님으로부터 정당함을 받아야 하는 것이다. 즉, 참회나, 면죄부, 고백성사 같은 교회의 의식으로부터가 아닌 영혼의 정화나 신앙을 통해야 하는 것이다. 둘째, 크리스천이 죽음과 죄에서 구원되는 것은 하나님의 은총에 힘입어 가능한 것이지, 자신의 선행이나 개인적 업적에 의해 결정되는 것은 아니다. 셋째, 크리스천의 신앙은 성서에 기초해야 하는 것이지, 교황의 칙령이나 교회 전통과 전례에 기초하는 것이 아니다.

이러한 프로테스탄트들의 기본 원칙을 종합하면 크리스천의 구원이 성서에 기초한 신앙을 통해서 하나님의 은총에 의해서만이 가능하다는 것인데, 이런 주장은 당시 가톨릭에서는 용납할 수 없었다. 왜냐하면, 이런 주장은 사제들이 가진 성서 해석권위를 부정할 뿐만 아니라, 교회가 필요로 하는 위계질서의 부정, 나아가 교회 중심의 신앙이 아니라, 개인편향 중심의 신앙의 길을 주창하기 때문이었다. 만약 모든 신도가 성경을 제멋대로 해석하고 모든 신도가 모두 사제의 위치에 선다면 교회가 설 자리는 어디란 말인가? 돌이켜보면 The Roman Catholic Church는 그동안 교회의 가르침과 교회의식을 통해 대중들에게 생의 의미를 부여하고, 잦은 이민족의 침입과 곤궁한 생활고에서 큰 위로를 제공하는 역할을 담당했었지만 전술한 바와 같이 그 같은 성공적 종교활동은 곧 방만한 교세 확장과 관료화와 부패로 연결되어 대중들의 공분을 사는 결과를 빚은 것이다.

몇몇 교황들은 당대의 부유한 은행가와 상인계층 출신의 명문가

중의 명문가인 메디치 가문(Medici family) 출신이었으며, 영성 활동과 종교적 헌신 활동보다는 베드로 대성당 건축 같은 대건축물의 건축과 조각물을 완성하기 위해 바티칸의 인력과 재물을 쏟아붓는 등 외형적이고 정치적 내지 사회적 야심을 충족시키는 노력에 치중했었다. 이런 교계와 사제직의 오염을 정화시키려는 개혁주의자들의 노력은 루터의 가톨릭 개혁으로 나타나서 면죄부, 고백성사 등을 비롯한 사제의 여러 역할을 제거했지만, 이것은 어디까지나 개혁이었지 가톨릭의 부정이 아니었다. 따라서 루터의 개혁은 혁명적 위치에까지 나아가지 못하고 하나의 개혁 종파로서 루터파(Lutheran)의 탄생을 의미하는 것으로 볼 수 있을 것이다.10)

---

10) 여기서 Denomination과 Lutheran 혹은 Lutheranism에 대한 간략한 설명이 필요한 것으로 보인다. 먼저 전자에 대해서 살펴보면 오늘날 개신교는 수백 개에 이르는 많은 파벌 내지 종류를 가지고 있는데, 이들을 기술적 용어로 표시하는 것이 통상적 의미의 '종파(denomination)'로 불리고 있다. 일반적으로 이 개념은 교회(church)와 sect라는 개념과 구별되어 교회 내의 분파를 통칭하여 쓰인다고 한다. 개념적으로 '교회'는 로마제국과 중세 유럽시대에서 보였듯이 종교 집단이 정치권력과 협조하여 제도권 하의 종교 집단으로 시민적 의무를 잘 수행하는 종교 집단을 말한다. 따라서 세금 납부는 물론 모든 정부 권한에 부응하고 내부적으로는 교리의 확정과 세례를 통한 교인의 자격을 정례화시켜 조직을 재생산하는 모습을 보이고 있다. 반면에 Sect는 약간 다른 목적을 가지고 있는데, 그것은 자신들을 사회 일반과 분리하고, 교회를 정화시키려는 일종의 미션 그룹으로서 인식된다. 따라서 이들은 정치 개입을 거부하고, 예수의 복음주의 정신을 구현시키는 천국 시민권 운동을 전개한다고 한다. 따라서 이들은 인습으로 치장된 형식과 절차를 거부하고 오직 초기 교회의 신앙을 기초로 정치적, 사회적 국외자로 남기를 원하는 집단이다. 후술하는 아미쉬와 Old order 메노나이트들과 퀘이커들이 이들의 모습을 보이고 있다. -Jeffrey B. Webb(2004), p.40-42. 두 번째로 Lutheran 혹은 Lutheranism은 이른바 루터교를 말하는 것으로 가톨릭의 병폐를 개선한 형태로 개신교와 가톨릭의 중간 형태로 생각할 수 있겠다. 실제로 루터는 파문당한 후 자신의 조직을 만들었지만, 완전히 새로운 기독교 종파를 만들려고 한 것은 아니며, 가톨릭 사제 출신답게 오직 가톨릭의 병폐를 개선하려는 목적을 구현하려고 했다. 이러한 그의 성향은 유아세례를 거부하는 Anabaptism을 반대한다든지, 곤란에 처해 어쩔 수 없이 봉기한 1524년의 농민반란을 폭력에 반대한다는 명분 하나로 냉정히 비난하는 등의 태도를 취했던 점 등에서 여실히 볼 수 있겠다. 어쨌든 Lutheranism은 오늘날 독일 지방인 Saxony의 국가 교회가 된 후 다른 독일 지방의 국가 교회가 되었고, 뒤이어 덴마크, 노르웨이 스웨덴, 이이슬란드, 핀란드의 국가 교회로 성장하기도 하였다. 그러나 후에 종교개혁운동이 고조된 후에는 이들과 Lutheranism 사이가 좋지 않게 되어 갈등을 겪기도 하였다. 종교사적으로 볼 때, 루터파 내지 루터주의는 종교개혁의 물꼬를 튼 공헌이

결국 루터의 종교개혁운동 이후 여러 신생종파가 탄생하였고, 많은 신생종파 중 주류로 남은 Protestantism은 루터파(Lutheran), 재세례파(Anabaptist-다음절에서 상술함) 그리고 개혁 프로테스탄트파(Reformed Protestantism)의 세 가지 부류로 알려져 있다. 주지하다시피 루터파는 정부 관리들과 마찬가지로 기존질서의 온존을 바랐기 때문에 혁신의 선구적인 위치에 있지 못하였다. 따라서 재세례파들이 제기한 교회의 구성이 과연 누가 되어야 마땅한가에 대한 의식을 갖지 못하고 교회는 정치적 권력 아래 특정 지역에 사는 모든 사람들을 대표하고 있어야 한다고 보았다. 또한, 재세례파들이 반대하는 유아세례 문제도 가톨릭의 입장을 견지하고 있었다. 이러한 루터파 입장에 대하여 재세례파들은 교회가 정치권력과 분리·독립되어야 하고, 자유의사가 있을 수 없는 유아세례는 비성경적이라고 주장하여 극명한 입장차이를 보이고 있었다. 재세례파 시각에서 보면 교회란 사악하고 속죄받지 못한 세상 것과는 떨어져 있어야 하고, 진정한 그리스도의 신자들이 서로 모여 있는 것이 되어야 한다는 것이다. 재세례파의 초기 지도자들 중의 한 사람인 Conrad Grebel(1498-1526)에 의하면 재세례파들은 강제적인 교회와 유아세례는 반대하며 성서에 없는 다른 관습들도 배격한다고 주장하였다.[11] 이러한 그들의 입장은 기득권층인 가톨릭과 개혁 프로테스탄트파의 양쪽에서 무자비한 탄압을 받아 유럽 각국

있으며 동시에 다른 새로운 기독교 종파의 탄생을 견인하여 유럽전역에 종파주의 운동을 견인한 결과가 되었다는 것은 확실하다. 그러나 보다 중요한 점은 신앙의 원칙을 둘러싼 분열 그 자체가 개혁주의자들의 도덕적 의무처럼 느껴지도록 유도한 셈이 되었다는 것이다. 바야흐로 종파주의가 널리 퍼져 신학적 위치를 자리매김하는 운동으로 내닫게 된 것이다.

11) Canada, Ontario에 있는 University of Waterloo에는 그를 기념하는 도서관, Conrad Grebel Library가 있는데, 여기에는 Conrad Grebel Review라는 학술지를 비롯해 Anabaptism과 관련된 여러 자료들이 소장되어있다.

으로 숨어들어 가서 독일, 스위스, 헝가리, 네덜란드 등으로 퍼져 나가 겨우 명맥을 유지하거나 혹은 특정 지역에 일정한 세력으로 성장하게 되었다. 특히 네덜란드에서 대규모 신자 수를 확보하였고, 그것을 가능케 한 사람이 오늘날 잘 알려진 Menno Simons(1496-1561)이었다. 오늘날 그의 지도력이 널리 인정되어 여러 이름으로 불리던 재세례파들은 마침내 메노나이트로 통칭되었다. 마지막 그룹은 개혁 프로테스탄트파로 불리는 그룹으로, 지도자는 Ulrich Zwingli(1484-1531)와 John Calvin이었다.

루터와 쯔빙글리의 주된 불협화음은 성찬식에서 거행되는 빵과 포도주의 성체와 성혈로의 변환에 관한 건이었다. 루터는 가톨릭 입장인 성체 성혈 변환에 관한 교리를 배격하여 가톨릭과 거리를 두고 있기는 하지만 그는 여전히 성찬식에서 그 요체는 현존한다고 생각하였다. 하지만 쯔빙글리와 후대의 칼빈은 그것은 다만 단순한 기념 의식에 불과하다고 보았다. 칼빈의 신학적 오류로 판명된 구원의 예정설을 제외하고서도 교회와 국가 간의 관계설정 면에서도 세 그룹은 차이를 보이고 있었다. 루터는 협조관계를 설정한 데 반하여, 개혁 프로테스탄트파들은 국가가 성경의 원리에 근거해야 하며, 하나님의 의지를 추구해야 한다고 보았으나 재세례파들은 국가와 교회의 완전 분리에 있었다. 수구적이고 반 개혁적인 가톨릭 측면에서 재세례파의 주장은 받아들일 성질이 아니었고, 개혁 프로테스탄트들도 이들의 급진적 주장에 동의하지 않았다. 여기서 우리는 이들 상호 간 입장 차이의 배경을 자세히 분석할 여유는 없지만, 당시 시대 상황을 고려할 때 국가와 교회와의 관계설정 문제는 단순한 교회 문제라기보다는 당시 주류 사회 기득권층의 이해관계가 예민하게 표출되는 계기라고 보는 것이 보다 설득력이 있을 것이다. 즉, 국가와 종교의 협조를 원했던 세력들이 세속적 국가 권력을 경원시했던 세력을 제거하기 위해 일종의 동맹관계를 형성하는 것은 극히 자연스러운 결과일 것이다. 이런 맥락으로, 가톨릭과 루터파와 개혁 프로테스탄트파들은 합세하여 가장 급진적인 재세례파의 세력확장을 방지하기 위한 혹독한 공동박해를 시작한 것이다.

2. Anabaptism 기원과 메노나이트의 확산

재세례운동(Anabaptism)은 1525년 스위스 취리히에서 시작되었으며, 몇 사람의 젊은이들, 예컨대 Conrad Grebel(1498-1526), Felix Manz(1498-1527), George Blaurock(1491-1529), Simon Stumpf 등이 주축이 되어 당시 기독교계의 교리와 관행에 반기를 들고 종교개혁과 사회개혁을 추동한 운동이었다. [그림 - 2]에 잘 나타나 있듯이 오늘 날 북미에 집중적으로 분포하고 있는 후터파(Hutterite), 메노나이트(Mennonite), 아미쉬(Amish)들은 모두 이 운동에 그 뿌리를 두고 있다고 알려져 있다. 그들은 유아세례를 반대하고 다시 세례의식을 실시했다고 해서 그들을 재세례파(Anabaptist)라고 하고, 그들의 주장을 재세례운동으로 부르게 되었다고 한다. 여기서 그 명칭만으로 본다면 그들의 주장은 당시 종교행사 중에 주요한 의식인 세례(성사)문제에 국한된 종교개혁을 추구한 것으로 보일 수 있다. 즉 기독교의 가장 중요한 전례의 하나인 세례(성사)는 일정한 연령에 달한 사람이 자유스러운 의지에 의해 선택할 문제이지, 부모와 교회가 강제할 성질이 아니라고 주장한 것이다.

[그림 - 2] Anabaptism의 탄생과 발전

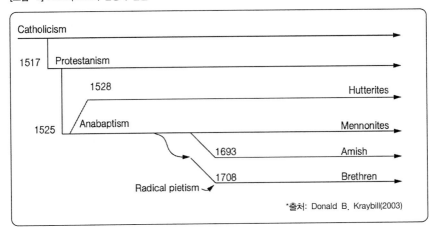

*출처: Donald B. Kraybill(2003)

그러나 그들이 주장하는 내용은 세례의식의 시기나 방법에 관한 것 외에 교회와 국가 권력의 분리를 주장한 것이고, 더 나아가 교회 권위, 더 나아가 교회 개념 자체에 일격을 가하는 과격한 운동이었다. 이들의 주장은 교회와 국가의 완전 분리뿐만 아니라, 죄인들(특히 오염된 성직자)의 파문과 기강 확립을 통한 교회의 순결성 유지, 신앙과 행동에 있어서 오직 성서의 권위에 기초할 것, 어떤 경우든 선서나 맹세의 거부, 전쟁과 군사 활동 등 폭력적 행위와 신앙에 반대를 천명하고 나섰다. 결국 이러한 과격한 주장은 로마 가톨릭과 일반 개혁주의자들 그리고 행정관들 모두를 공격하는 것이 되어 전방위 박해로 이어지게 되었다.

한 가지 유의할 점은 재세례운동의 창시자들이 상기에 언급한 Conrad Grebel 등의 소수 인원에 국한된 것이 아니며, 지역적으로도 취리히(1525년 시작)뿐만 아니라 스위스 각 지방(Canton), 오스트리아 티롤(Tyrol) 지역, 남독일 지역뿐만 아니라, 모라비아(Moravia) 지역과 1530년에는 다른 북유럽 지역을 아우르는 광범위한 종교개혁운동으로 전개되었다는 점이며([그림 - 3] 참조), 이런 광범위한 개혁운동의 배경에는 1400년대 인쇄술의 발전과 직접 성경을 독해하게 된 대중들이 그들의 원론적이고 급진적인 종교개혁에 대해 높은 호응을 보였기 때문이었다.

[그림 - 3] Anabaptism의 확산(1525년 이후)

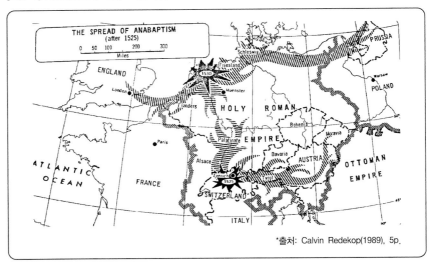

*출처: Calvin Redekop(1989), 5p.

기본적으로 재세례운동의 유럽지역 확산은 가톨릭과 주류 개신교 양측의 혹독한 박해로 인한 것이었지만 각 지역마다 역사적 전개 과정이 차이가 있고 개혁운동을 둘러싸고 지도자들의 주장이 서로 다른 특징을 보이고 있다. 먼저 운동의 시발점이라고 할 수 있는 취리히 지역에서 Conrad Grebel 등 젊은이들은 가르침을 받았던 쯔빙글리의 개혁속도와 방향에 불만을 가지고 그들만의 성경연구 모임을 가지며, 지지자들을 포섭하는 등 세력확장을 적극적으로 추진해 나가자, 교구의 평의회는 그들을 취리히에서 추방하는 결의로 대응하였다. 결국, 그들은 정식 서품을 받지 못한 교우

들끼리 상호 세례를 행함으로써 스위스 재세례운동(Swiss Anabaptism)의 탄생과 함께 고난의 역사가 시작된 것이다. 유감스럽게도 한때 같은 입장에서 가톨릭과 대립했던 쯔빙글리 영향의 개신교 측이 맨 먼저 이들의 운동을 탄압했다는 점은 역사적 아이러니를 보여주는 경우라고 할 수 있겠다.

취리히에서 박해가 계속되자 운동은 현재의 오스트리아의 Tyrol 지역으로 전파되었다. Tyrol 지역으로 운동을 전파한 지도자는 George Blaurock으로 그는 1529년 9월 6일 Klausen에서 화형으로 순교하기 전에 South Tyrol 지역을 중심으로 평화지향의 재세례운동을 전파하게 되었다. 당시 South Tyrol 지역은 재세례운동이 들어오기 전에 이미 프로테스탄트적 사상이 전파되어 있는 상태인데다 한 차례 종교적, 정치적, 경제적 급진파 봉기[12]가 지나고 평화적 운동 분위기가 조성되고 있었기 때문에 이 지역의 평화지향 재세례운동은 교파를 초월하여 우호적 입장에 있었다고 한다. 그러나 이 지역 역시 주류 세력의 박해를 피할 수 없었고, 1540년경에는 이 지역에서 재세례운동은 거의 소멸되어 운동의 중심은 Moravia 지역으로 옮겨 나갔다.

재세례파들이 South Tyrol 지역의 박해를 피해 Moravia(구 체코슬로바키아 중부의 한 지역)로 유입된 배경에는 당시에 이 지역이 주류 탄압세력들과는 거리적으로 떨어져 있고, 이 지역이 다른 지방에 비해 종교적 관용이 통용되고 있었기 때문이었다. 이 지역에는 당시에 유럽 각지에서 유입된 종교 난민이 집결되어 열 개 이상

---

12) 이른바 'Gasmaier Uprising'이라고 불리는 무장봉기를 말하는데, 그 지도자는 Michael Gasmaier였다. 그는 농민들을 중심으로 한 무장봉기를 통해 사회 전반을 개혁하려고 시도했으나 무자비한 탄압으로 개혁에 실패하였다. 이 봉기는 Tyrol 지역 재세례운동과는 무관한 운동으로 알려져 있지만, 재세례운동이 평화주의적 경향으로 굳어지는 전기를 제공했다는 평을 받고 있다고 한다.

의 서로 다른 재세례운동이 혼재하고 있었지만, Balthasar Hübmaier (1480-1528)의 지도력으로 인해 그가 이끄는 Swiss Brethren의 평화지향 재세례운동이 점차 주도세력이 되었다고 한다.

Moravia 지역과 특별한 관련을 맺고 있는 재세례운동은 후에 후터파라고 알려져 있는 일군의 재세례파 집단도 있었다. 이 집단은 일찍이 South Tyrol 지역에서 Jacob Hutter의 리더십으로 모인 독특한 공동체, 즉 공동재산 공동체였다. 당시에는 소규모에 불과했던 이 집단은 Hutter의 뛰어난 지도력으로 점차 세력을 확장해 나갔는데, Hutter가 1536년 Innsbruck에서 화형으로 죽자 남은 세력들은 Moravia로 이주해 왔다. 하지만 Moravia도 박해를 면할 수 없었고, 다른 재세례파들과 마찬가지로 혹독한 탄압을 받아 조직으로 생존이 위태롭게 되었는데, 다른 재세례파들은 거의 다 소멸되었지만, 후터파만은 유일하게 끝까지 살아남은 집단으로 알려져 있다. 따라서 후터파의 출발을 말하는 경우 대개 문헌들은 Moravia를 중심으로 말하는 경우가 많다. 결국 살아남은 후터파들도 제정 러시아의 Ukraine 지방으로 이주하게 되었고, 러시아 혁명 후 1874년에는 다시 북미로 이주하게 되는 기나긴 여정을 경험하게 되었다(이들에 관해서는 추후 제3부에서 보다 자세히 살펴보기로 하자).

한편 오늘날 네덜란드 지방에서의 재세례운동은 초기 지도자 Melchior Hoffmann(1495-1543)의 열렬한 노력을 통하여 신도 수가 급증하였는데, 그 배경에는 주류 세력인 상인계급들의 자유 사상과 당시 구교와 치열한 대립각을 세웠던 민중의 우호적 분위기가 일익을 담당하고 있었다고 한다. Hoffmann의 종교적 지향은 종말론적으로 치우쳐서 이른바 Münster 반란에도 간접적 영향을 주었다고 하는데 결국은 그의 제자인 Dirk Philips(1504-1568) 같은 지도자들의 노력을 통해, 폭력적 수단을 거부하고 평화주의 경향으로 정착하게 되었고 한다.

그 뒤를 이어 두 사람의 지도자인 David Joris(1501-1560)와 Menno Simons(1496-1561)가 나타나 평화주의 원칙을 계승하였다. 그런데 비록 평화주의 원칙에는 두 사람의 공통점이 있었지만 유감스럽게도 두 사람의 입장은 서로 대립적 위치에 서 있었다. 즉 David는 영성과 예언의 은사를 강조하여 내적 영성[13]을 강조하는 데 반하여 Menno는 성경권위 중심의 의견을 강조했던 것이다.

David 입장에서 볼 때 Menno의 견해는 사문화된 성경의 철자에 의존하는 것이고, 이것은 신앙의 올바른 태도라고 볼 수 없다는 것이며, Menno의 입장은 David가 지나친 내적 영성을 강조하는 것은 성경을 등한시하는 것이며, 결국 박해를 모면하기 위한 책략이므로 올바른 신앙의 태도가 아니라고 본 것이다.

결국 잘 알려진 대로 네덜란드 지방의 재세례운동은 Menno-Anabaptism (후에 Mennonitism)으로 명명되어 오늘날 재세례파의 주류가 되었다고 할 수 있겠다. 그러나 비교적 자유스럽던 네덜란드 지역에서도 박해는 계속되었고, 많은 메노나이트들이 프러시아를 거쳐 우크라이나 지역으로, 다시 1880년대엔 북미로 들어와 러시안 메노나이트로 이름을 얻게 되었으며, 제2차 세계대전 전후 냉전이 격화되어 북미에 국가주의가 고조되자 다시 멕시코 지역으로 이주하였다가 그 후 북미로 다시 돌아온 집단이 멕시칸 메노나이트라는 이름으로 불리게 되는 등 메노나이트 이름이 복잡한 양상을 가지게 되었다. 오늘날 남미에는 멕시코뿐만 아니라 파라과이, 볼리비아, 아르헨티나, 브라질 등에 수천의 메노나이트들이 아직도 그 명맥

---

13) 내적 영성을 강조하는 David의 입장은 후일 영국에서 일어난 퀘이커리즘 운동과 일맥상통하는 점이 있다고 할 수 있다.

을 유지하고 있다.

• M. Simons(1496-1561)

이상에서 살펴본 재세례파의 역사적 진행 형태는 지역별로 복잡한 양상으로 전개되어 재세례운동에 대한 개요 파악을 다소 어렵게 하고 있는 측면이 있다. 더구나 당시 재세례운동에 매료된 대중 중에는 무식한 농민층도 있었고, 학식이 있는 사람도 있었고, 신비주의자와 말세주의자도 있었으며, 평화주의자와 무정부주의자들도 포함되어 있었기 때문에 운동참여자들의 동기가 모두 다를 수밖에 없다. 따라서 초기 재세례운동은 때로는 모순적이고, 혼란한 양상을 보이는 것은 당연한 일이었다.

그렇지만 그들 간에 존재했던 공통점도 있었는데, 그것은 일상생활에서 예수의 가르침을 진실하게 따르자는 것이었고, 바르게 믿는 신자들의 교회를 건설하는 것이었다. 이런 공통점을 바탕으로 Hostetler는 크게 두 가지 양상으로 재세례운동을 구분하고 있다. 그에 의하면 초기 재세례운동 안에는 구약에 근거한 혁명주의자들과 신약에 근거한 평화주의자들로 양분된다.[14] 전자는 1520년 Saxony 지방의 Zwickau에서 발흥하여 실패한 1525년 농민반란과 또한 Münster시(독일의 북부 소재)에서 성행되었던 군사반란적 경향과 Communist적인 'kingdom of God' 건설 시도 및 재림 후 예수가 1,000년간 신성한 왕국을 건설한다는 천년왕국설(millenarian)의 배경이 되었다고 할 수 있는데, 이러한 구약중심 혁명주의 경향

---

14) John A. Hostetler(1974), pp.5-7.

은 모두 참혹한 탄압을 받아 비극적 최후를 맞아 사멸되어 (1533-35)[15] 그 후 그 어떤 종파와도 연관성을 갖지 못하였다. 두 번째 양상인 신약 말씀을 지향하는 평화주의자들의 운동이 바로 후터파와 메노나이트 그룹의 종파적 뿌리가 된다고 할 수 있는데, 주도적 인물은 앞에서 잠깐 언급한 당시 저명한 종교개혁 운동가인 Ulrich Zwingli의 측근이었던 Conrad Grebel, Felix Manz, George Blaurock, Balthasar Hubmaier였다고 주장하는 것이다.

한편 재세례운동을 둘러싼 사회학 연구자들의 시각들[16]도 다양하게 표현되었다. 먼저 마르크스주의자들은 급진적 종교개혁이라는 성격을 강조하여 재세례운동을 종교적 외피를 입은 계급투쟁 혹은 초기형태의 사회주의 혁명(protosocialist revolution)으로 규정하기도 하고, 계급 분석이나 이데올로기적 분석을 멀리하는 연구자들은 신학적 분쟁의 결과라든지 이데올로기적 접근이 아니라 일반적 사회정치적 상황에 대한 단순한 불만 표출 내지 단순한 종교 사회적 운동의 차원으로 평가하고 있다. 후자의 입장에 대한 근거로 제시되는 것은 재세례운동이 여러 특수한 환경의 지역에서 발생하였고, 대항세력에 대해 방어적이고 수동적인 대응을 했다는 점을 지적하고 있다. 마지막으로 정통 메노나이트 역사학자들과 신학자들이 취하는 입장은 재세례운동을 기존교회 관습을 혁파하려는 독특한 영성적 시도라고 평가하고 있는데, 물론 이런 평가는 사회적 요인을 강조하는 다른 역사학자들의 비판을 받고 있다.

---

15) Münster시에서 진행된 반란은 Millenianism의 가장 극단적 표현이자 독일 북부의 경제적, 종교적 갈등과 모순의 표현이라고 알려져 있다. 기본적인 이슈는 성년 세례를 실천하는 순결한 신자 사회의 건설, 나아가 사회적 경제적 평등을 기초로 하는 공동체의 건설이었다고 한다. -Redekop (1989), pp.8-9.

16) Calvin Redekop(1989), pp.7-8.

사회종교운동적 차원에서 재세례운동의 평가와 성격을 규정하는 것은 본서의 범위를 넘어서는 일이지만 한 가지 분명한 사실은 이 운동이 직간접적으로 1525년의 농민반란과 관련을 맺고 있는 유토피아 지향의 종교-사회적 반란이라는 점이다[17]. 이러한 반란은 기층 국가종교세력의 탄압을 불가피하게 만들었으며, 1525년 5월 스위스 Schwyz 지방에서 최초의 순교자가 된 Hippolytus Eberle을 시작으로 17세기까지 네덜란드와 독일의 Strasbourg, Augsburg를 포함한 광범위한 지역에서 수많은 순교자들을 양산하게 되었다. 그 과정 중에 재세례파들은 폭력적 저항을 포기하고 평화주의적으로 맞서고 오직 이주와 도피로 일관하면서도 그들과 정치적 타협을 거부하고 그들만의 신앙공동체를 이어 갔으며 후터파 탄생에서 보듯이 가장 급진적인 형태의 재세례운동이 만들어지기도 하였다. 즉 1528년 후터파의 탄생은 재세례운동의 성장에 한 획을 긋는 중요한 위치를 가지고 있다.

당시 대규모 종교적 박해 속에서 재세례파들의 생존 형태는 지역적으로 약간의 차이를 보이고 있다. 대체로 독일과 스위스 지역에는 보다 강력한 탄압이 이루어져, 구성원들이 모두 뿔뿔이 흩어지고, 겨우 지하조직으로 연명한 데 비하여, 전술한 바와 같이 네덜란드 지역의 경우는 Menno Simons의 지도력 아래 안정적 성장을 구가하고 있었다. 이런 사정을 감안하여 북유럽과 네덜란드 지역의 재세례운동을 대표적 메노나이트 운동이라고 부르게 되었다[18]. 그러나 그것은 아무 대가 없이 그저 얻어진 것은 아니고, 네

---

17) 농민반란의 리더인 Thomas Müntzer는 스위스 Anabaptist들과 상당한 접촉을 하고 있던 인물로 알려져 있다. Calvin Redekop(1989), pp.4-9.

18) 메노나이트 이름은 여러 가지로 불린다. 네덜란드에서의 초기 명칭은 비하적 표현으로 Menists로 불렸고, 네덜란드 내에서는 그들 스스로를 the Algemene Doopsgezinde Societeit라고 칭하였으

덜란드만의 경우를 보더라도 1530년과 1578년간 무려 이천 명 이상의 순교자 희생으로 얻어진 결과였다. 그중에는 삼 분의 일 정도가 여성신도였다고 알려져 있는데, 이것은 그만큼 기존 종교세력인 로마 가톨릭, 루터교, 주류 개신교의 탄압 정도를 보여주는 것으로 평가할 수 있다. 이들은 심지어 재세례파 사냥꾼을 고용하여 추격함으로써 집요하게 그들을 거세하려 했지만, 비공식 부문으로 들어간 그들은 은밀한 포교와 교묘한 리더십을 이용하여 오히려 세력을 넓혀 나갔다고 한다.

오늘날의 입장에서 볼 때 재세례운동은 현대 비주류 기독교 집단인 Baptist, 메노나이트, 퀘이커, 아미쉬의 정신적 뿌리를 이루고 있다고 볼 수 있다. 재세례운동은 기층 교단과 교파의 관습과 예배 양식을 거부하고 오직 기독교의 원류적 뿌리라고 할 수 있는 3세기경까지의 초기교회의 모습을 모델로 했다는 점에서 이들은 모두 동일한 정신적 뿌리를 이루고 있다고 볼 수 있는 것이다.

16세기와 17세기를 통해 혹독한 종교적 탄압을 받아야만 했던 그들은 자신들의 핍박을 초기교회 신도들이 감수해야 했던 순교자들의 삶과 고통과 동일시하고 곧 닥쳐올 예수 재림을 기다리는 삶을 유지하고자 하였다. 이것은 재세례운동의 궁극적 핵심이라 할 수 있는 예수의 산상복음을 해석하는 그들의 태도에 명백히 나타나 있다. 첫째, 그 어떠한 선서와 맹서를 하지 않으며, 그 어떤 분

며, 스위스에서는 Taufgesinnte 혹은 간단히 the Swiss Brethren라고 하였으나, 그 뒤 Menno Simon의 지도력을 고려하여 이들 모두를 메노나이트로 통일하여 부르게 된 것이다. 그러나 메노나이트 Identity 문제는 간단하지 않다. 수많은 메노나이트 종파들이 많은 차이를 보이고 있는데다가 종파마다 명칭마저 달리하는 경우가 많기 때문이다. 본서의 제1부에서는 편의상 역사적 개념을 기초로 Anabaptist-메노나이트 일반을 통칭하는 수준에서 같은 뿌리에서 출발한, 아미쉬, 후터파, Bretheren 등을 모두 포함해서 큰 범주로 모두 메노나이트라고 부르기로 한다.

쟁도 세상 법정에서 해결하지 않는다(고린도전서 6장 1-11절, 마태복음 5장 33-37절 근거). 둘째, 폭력과 무기를 사용하지 않는다(마태복음 26장 52-56절 근거). 셋째, 정부의 권위는 인정하지만, 소극적으로 대처한다. 정부 관련 직책은 맡지 않는다. 즉 세상일은 세상에 맡기고 신도들은 'Kingdom of God'에 속한다(요한복음 18장 36절, 로마서 13장 1-7절 근거). 넷째, 죄인과 불신자들은 완력을 사용하지 않고 파문되어야 한다(고린도전서 5장 9-13절, 마태복음 18장 15절 근거).

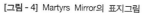

[그림 - 4] Martyrs Mirror의 표지그림

* 그림 주: Anabaptist인 Dirk Willems가 자기를 추격하다 사경에 빠진 Anabaptist 사냥꾼을 구조하는 상황을 그린 그림. 결국, Willems는 그 사냥꾼을 구해 주다가 체포되어 1569년 화형당하였음. 이 그림은 Anabaptist들의 순교 정신을 표상하는 아이콘이 되어 거의 모든 Anabaptist들의 후예들이 애독하는 Martyrs Mirror의 표지그림이 되었음.

* 출처: Thiellemann.(1938), 표지그림.

상기와 같은 이들의 신조들은 모두 성경을 근거하고 있고 그 성경을 믿고 따른다는 점에서 기층 교단과는 다르지 않지만, 차이가 있는 점은 예수의 산상 복음을 문자 그대로 해석하여 받아들인다는 점이다. 이 점을 고려해 볼 때 재세례운동은 원류적 입장에서 초기교회전통을 계승하는 것이고, 기층 종교세력의 교회 관습과 전통을 거부한다는 측면에서 근본주의 기독종파의 정신적 뿌리가 된다고 평가할 수 있을 것이다.

이상에서 우리가 살펴본 것은 큰 줄기로서 메노나이트 사회는 과거 재세례운동을 계승한 급진적 프로테스탄트 운동으로 볼 수 있지만, 실제 내용파악으로 들어가면 내부의 복잡한 양상으로 인해 메노나이트 사회를 간단히 이해하기가 매우 어렵다는 것을 알게 되었다. 따라서 복잡한 메노나이트 사회를 제대로 파악하기 위해서는 상기와 같은 원류적 검토뿐만 아니라, 이들의 정체성을 파악하는 데 도움을 주는 기존의 여러 시각을 참고하여 통합 시각이나 초점을 만들어내야 하고, 이를 바탕으로 그들의 구체적 역사 발전을 검토하는 것이 필요할 것이다. 이하에서 먼저 기존의 메노나이트 사회 연구자들이 제시한 여러 가지 시각들을 살펴보면서 우리가 채택할 수 있는 가능한 분석틀을 모색해 보기로 하자.

메노나이트 사회를 보는
관점

* 메노나이트 Church Yard 전경.

　재세례운동 정신을 이어받은 메노나이트 운동은 과거 1520년대
와 1530년대 사이에 급증한 사회-종교 개혁운동을 출발점으로 지
난 5세기 동안 강인한 생명력을 가진 유력한 사회종교공동체로 성
장하였고, 이들의 발전과정은 종교, 역사적으로 중요할 뿐만 아니
라 공동체 연구 차원에서 중요한 사례가 된다. 이런 사실을 반영
하여 메노나이트 사회는 지금까지 각국의 저명한 학자들의 주목을
받아 왔다고 볼 수 있는데 그중에서도 대표적인 연구자들을 열거
하자면 Max Weber(1864-1920), Ernest Troeltsch(1865-1923)가 선
구적 위치에 있으며, Richard Niebuhr(1894-1962), Hostetler, John
A.(1918-2001) 등이 그 뒤를 이었고, 최근에는 Calvin Redekop

(1925~)의 연구가 풍부한 자료를 제공하고 있는듯하다. 본서에서 이들의 방대한 논의들을 다 수용할 수는 없고, 편의상, 시대순으로 상기 논자들의 기본 시각과 강조점을 중심으로 간단히 살펴보기로 하겠다.

1. Troeltsch와 Weber의 연구

Troeltsch는 역사학, 신학, 사회학을 두루 연구한 사람으로 Weber와 함께 Sectarian 연구의 선구적 위치에 있다. 그가 보는 메노나이트 사회는 단순한 금욕적 프로테스탄티즘이라기 보다는 교회 중심생활과 sect로서의 성격 그리고 신비주의(mysticism)가 복합적으로 상호 연관성을 맺고 있다[19]고 보았다. 따라서 그의 주장은 현재의 다양한 모습으로 발전한 메노나이트 교회의 원류는 이러한 세 가지 성격이 상호 기묘하게 그리고 다양하게 얽히어 밀접한 상호 관계를 맺어 큰 발전을 이룬 것이라고 본 것이다. 그 뒤를 이어 Weber는 네덜란드에 있었던 엄밀주의(Precisionism)와 스위스와 라인강 남부지역에 있었던 경건주의(Pietism)를 분석하면서, 메노나이트 운동을 그가 분석한 자본주의 발흥의 요인들 중에 하나라고 보았다. 즉, 그는 퓨리턴주의(Puritanism) 내부에 있는 Neo-Calvinism의 윤리가 부르주아 sect 타입의 윤리와 융합되면서 결과적으로 금욕적 프로테스탄티즘이 집단적으로 발흥했는데, 이러한 금욕적 프로테스탄티즘이 중세 가톨릭의 몰락 이후 자본주의 발흥의 중요한 요인이 되었다고 주장하는 것이다[20]. 널리 알려진 Weber의 프로

---

19) Troeltsch, Ernest(1960).

20) Weber, Max(1974).

테스탄트 윤리라는 것도 바로 이러한 개념을 활용한 것인데, 그의 초점은 물론 자본주의 발흥이었으며, 자본주의에서 비즈니스에 종사하는 것이 세속적 금욕주의(worldly asceticism)로서의 새로운 성스러운 행위라고 설명하는 것이었다. 즉 과거 중세 가톨릭에서는 청빈이 경건의 모델이었지만, 이제는 부자가 되는 것과 경건히 신의 섭리에 따르는 비즈니스맨십이 통합될 수 있음을 논증한 것이다. 한편 Weber는 메노나이트들과 퀘이커들에 관심을 보이긴 하였으나 기본적으로 St. Francis의 급진주의(Radicalism)와 유사한 것으로 치부하여 유형화에 그치고 있다. 어쨌거나 메노나이트 사회 연구의 선구자로서 Troeltsch와 Weber는 교회-sect 연구의 유형화 작업에 중요한 열쇠를 제공한 셈이다.

2. Niebuhr의 시각

상기 두 Heidelberg 교수들의 유형화 논의는, 초점이 다른 데 있었거나 당시 메노나이트의 소규모만을 대상으로 했기 때문에 충분한 분석이라고 할 수 없었다. 이후 메노나이트들이 수적으로 많아지고, 분화과정을 겪게 되자 이들의 유형화만으로 메노나이트 사회분석을 하는 것이 충분하지 않게 되어 새로운 담론이 필요하게 되었다. 즉, 메노나이트들이 보다 많은 교육을 받아, 전문직업으로 진출했으며, 도시화되어 분화발전의 길을 걷게 되자 메노나이트 운동은 재검토 대상이 되었다. 이러한 재검토 시도는 미국의 Niebuhr에 의해 이루어졌다. 그에 의하면, Sect의 출현 문제는 권력층에서 소외된 층, 경제적 약자 혹은 빈곤층의 반발에 그 뿌리가 있으며 이들은 자신들의 피난처로 종교적 조직체를 형성하게 되었다고 주장하였다[21]. 그는 더 나아가 '문화'가 인간 행위의 총체적 과정이라고 단언하면서 문화는 인간이 만들어낸 '제2의 환경'이 되어 자연계 전체에 영향을 미치게 되었다고 주장하였다[22]. 그의 시각은 메노나이트 사회를 문화 측면에서 다가간 최초의 시도이자, 이를 좌파적 시각에서 논증했다는 측면에서 독창성이 있다. 그에 의하면 메노나이트 사회의 행동 중심이 되는 성경 속에 나타난 문화는, '세상적인 것'으로 폄하되어 문화를 적대시하는 경향이 있다는 것이다[23]. 우리가 여기서 Niebuhr의 주장에 대해 자세히 검토할 여유는 없지만, 그가 메노나이트 사회를 단순한 종교(개혁)운동의 결과로 파악하지 않고, 그 운동의 토대를 확실하게 했다는 측면에서 메노나이트 사회분석에 한 걸음 더 나아갔다는 점을 높이 평가하고 싶다. 비록 현재 메노나이트 사회는 과거 sect 형성단계와는 달리 이미 경제적 토대는 튼튼한 편이지만, 현재 많은 젊은 메노나이트들이 소외와 경제적 약자의 위치에 서 있으며, 대안을 찾지 못하고 주류 사회에 편입되거나, 열악한 환경 속에서 분화 발전 현상을 보인다는 측면이 있기 때문에 Niebuhr의 시각은 아직도 유효한 측면이 있다고 보아도 좋을 것이다.

3. Hostetler의 유형화[24]

Niebuhr가 문화와 예수의 가르침과의 관계를 기준으로 sect들을

---

21) Niebuhr, Richard(1929).

22) Niebuhr, Richard(1951).

23) Niebuhr에 의하면 크리스천 내부에 성서 곧 예수와 문화와의 관계 설정에 있어 다섯 가지 경우가 있다고 밝히고 있다. 제1유형은 예수와 문화를 적대관계로 보는 경우—the sectarian answer. 제2유형은 예수의 문화를 인정하는 경우-the liberal answer. 제3의 유형은 예수는 문화를 초월한다는 견해-the middle answer. 제4의 유형은 예수와 문화는 역설적 관계가 있다고 보는 견해—the dualistic answer. 제5유형은 예수는 문화를 변모시키는 존재라는 주장-the activist reformist answer-이다.

24) Hostetler, John A.

단순하게 유형화했다면, Hostetler는 보다 다양한 안목으로 구체적인 유형화를 검토하고 있다. 그가 주로 분석 대상으로 삼고 있는 조직은 아미쉬 메노나이트 사회이며, 그는 다음 네 가지 형태로 메노나이트 사회를 유형화하고 있다. 즉 commonwealth perspective (종교 공국으로 보는 시각), sectarian society perspective(Sectarian -종파 전 단계 사회로 보는 시각), folk society perspective(민속집단으로 보는 시각), 마지막으로 high-context society perspective (고밀도 문화 사회로 보는 시각)가 그것이다.

1) 종교 공국적 시각(commonwealth perspective)

그에 의하면 메노나이트 그룹에서 가장 근본적 노선을 견지하고 있는 그룹 중의 하나인 아미쉬 메노나이트들이 이 그룹에 속한다. 그가 아미쉬 그룹을 종교 공국으로 보는 이유는 아미쉬가 자신이 속해 있는 지역의 일반사상과 관습에 구속되어 있는 것이 아니라 국경을 초월하여 그들 고유의 사상과 관습을 공유하고 있고, 그들이 속해 있는 특정 지역과 지리적 영역을 차지하려고 하지 않고, 그것을 지키기 위한 노력도 기울이지 않는다. 그들은 특정 상황이 발생하여 이동할 경우가 생기면 다른 지역 또는 다른 나라로 떠나간다. 즉 이들은 내부의 굳건한 유대를 바탕으로, 예수의 가르침인 사랑실천과 구속(redemption)의 계율에 의해 엄격히 통제되고 있는 사회, 즉 일종의 종교적 공국(Commonwealth)이라고 보는 것이다. 비록 오늘날 공국의 개념은 역사적 유물에 불과한 것처럼 보이지만, 사실은 현재 아미쉬 사회에 엄연히 존재하는 개념이다. 그들은 중앙 통제구조를 멀리하는 비중앙집중구조인 이른바 지방주의(provincialism)를 견지하면서 어느 특정 국가 내 집중된 권력을 제어하고 지역과 장소 그리고 그 지역의 관습을 넘어서, 더 넓은 세계의 한 부분으로, 그러나 자체의 독특한 문화와 관습을 지켜 나가는 경향이 강하다. 우리는 제3부 제1장 아미쉬 편에서 이 부분을 다시 자세히 검토하기로 한다.

2) 종파 전 단계 사회로 보는 시각(sectarian society perspective)

Hostetler의 2번째 유형은 종파 전 단계인 사회, 즉 Sectarian Society 단계이다. 그에 의하면 아미쉬 사회가 Commonwealth 사회일 뿐 아니라 굳건한 인습으로 제도화된 Church 직전의 단계인 Sect 단계의 사회라는 것이다. 일반적으로 'Sect'와 기존 Church 사이에 종교적 인습형태(Type of religious institution)에는 현격한 차이가 있다. 이른바 기존 church는 위계적이고 보수적이기 때문에, 지배 계급과 잘 어울리는 체제를 갖추고 있었으며, 자신의 지리적 통제 영역 내에 속한 모든 이들에게 이득이 되는 인습형태를 갖추는 것이고, 경우에 따라 종교가 일종의 사회 통제기능을 담당하는 셈이지만, Sect의 종교적 인습형태는 기본적으로 종교적 특권층을 부인하는 평등주의적(egalitarian) 장치를 갖추고 있으며, 통제되기보다는 자발적으로 종교운동을 전개하는 경향이 있다. 그 가운데, 전 구성원의 믿음과 관습 그리고 인습의 근간들이 기성의 다른 종교와 차별적 때로는 도전적 형태를 가지게 된다. 잘 알려져 있듯이 Sect로써 초기 아미쉬 사회는 기존교회와 그 지도자들의 권위를 배격하고, 소규모 자발적 조직으로 출발하여 예수의 산상 복음의 정신을 따라 자신들의 삶의 모델을 삼기 시작하였다. 이와 동시에 이 모델을 기준으로 하여 그들은 자신의 구성원을 추려내고 훈육하였다. 이 과정 중에 자연스럽게 기존교회에 대한 결별이 필요하게 되었고, 모든 구성원들은 전부 평등한 가운데, 구성원 누구도 선서하거나, 전쟁에 참여하거나, 세속 정부에서 일하는 것을 금기시하였다. 또한, Sects는 세속과의 결별을 유지하기 위해 여러 가지 고립전략을 구사해 왔다. 오늘날의 sectarian들은 주류 가치관과 체제로부터 그들을 보호하는 고립정책에 의존하였다. 외부인들의 시각에서 보면 그들의 sectarianism은 복잡한 현 세상으로부터의 피난처로 보이게 된다. 그러나 내부 구성원들의 지향은 주류 문화로부터의 보호는 물론 겸손과 새로운 형태의 예배를 실현하게 하는 확실한 방편이 되었다. sectarian들은 우선 그들의 믿음을 최우선으로 두고 그것을 지키기 위해 그들 삶의 우선순위를 정하게 되었다. 이런 점에서 믿음과 이해관계를 타협한다든지, 주위 환경의 요구에 타협하는 기존교회의 지향과는 차이가 있다. sect라는 단어가 시사하듯이 이들은 한계적 존재이자, 일종의 공신적 사상으로 무장한 집단으로, 일반 대중과는 멀리 떨어져 존재하는 생경한 집단이다.

그럼에도 불구하고, 때로는 이런 sect들이 역사의 진로를 형성하는 데 큰 영향을 미쳐왔음도 부인할 수 없다. 이러한 Sect의 특성들은 여러 서구 사회학 연구자들의 관심을 받아 왔다. Wilson의 주장25)에 의하면 sect들은 자신들의 사회를 만들기 위해 자아 의식적 시도를 하는 집단이며, 헌법 내 정치조직체로서뿐만 아니라, 강력한 가치관과 Mores 26)를 가진 확고한 단체로서 기능하게 된다고 주장하였다. 그는 더 나아가 미국이 유럽과 다르게 종교다원론이 된 것도 이런 sects들의 영향이 있음을 지적하였다.

또한, Wilson의 주장27)에 의하면, 아미쉬는 자신들의 종교관습

---

25) Wilson, Bryan(1970), p.22.
26) Mores(MORE-rays)는 한 사회의 일치성을 이루는 핵심 가치를 말하며 이를 거슬리는 행위가 행해지면 해당 사회는 공분의 표시로 사법적 조치 곧 형법이 작동하게 된다.
27) Wilson, Bryan(1970), p.39 참고.

을 타인들이 따르도록 요구하는 것이 아니며, 그들의 모든 행동이 모두 성서에 기초해야 한다고 주장하지도 않고, 지배적 문화와 갈등을 조장하지 않는다. 그런 의미에서 그들은 종말론 신봉자들이나 기타 사이비 교파와는 구별되는 sectarian이다. 더 나아가 Wilson은 또한 현대 크리스천 sect들을 특징별로 유형화하면서 아미쉬 사회를 개종파(Conversionist) 혹은 개혁파(Reformist)라기 보다는 오히려 독특한 형태의 내부지향파(Introversionist)으로 규정하였다. 즉 구속사업(salvation)은 인간 세상 속에 있는 것이 아니라 인간 세상사로부터 빠져나온 커뮤니티에서 그 활로가 있다고 믿는 것이다. 즉 아미쉬 사회는 인간의 악한 환경을 직시하여 그것이 해당 사회에 미치는 영향을 가급적 완화시키도록 노력하면서 하나의 공동체 속으로 들어가 윤리적으로 합당한 사회관계 속에서, 하나님의 것(attributes of God)을 체험하고, 계발하고, 그리고 유지하고자 노력하는 것이다.

앞서 언급한 바대로 아미쉬는 다른 종파들처럼, 자신들의 신념체계를 전파하려 하지 않는다. 전파하려고 노력한다는 것은 보다 나은 교육, 문자해독 능력, 그리고 보다 세련미를 갖추어야 한다는 것을 의미하기 때문에 이런 시도를 하는 것 자체가 그들의 파국을 초래한다는 것을 본능적으로 알고 있는 것이다. Marty에 의하면[28], 아미쉬는 복잡한 현실 사회에 일종의 동정적인 옵서버(sympathetic observer)로서 참가하는 것이 현실 사회에(가장 적합한 형태로) 공헌할 수 있다고 보는 것이다. 아미쉬의 경우 그들이 사회에 주는 메시지는 말보다도 본보기를 보여주는 것이다. 삶의 방식을 직접 보여주는 것이 '말 풍년'보다 더 중요한 것이다. 아미쉬는 삶의 목

---

28) Marty(1960), pp.25-34.

적과 의미를 설명하지 않고 행동으로 직접 보여주는 것이다.

3) 민속집단(Folk Society)으로 보는 시각

Hostetler가 소개하는 이 시각은 주로 인류학자들이 견지하는 시각으로, 그가 모델로 삼은 아미쉬 사회가 가진 다른 측면 내지 부가적 특성을 설명할 때 사용되는 개념이다. 인류학적 접근에서 볼 때 아미쉬 사회는 '초기사회(primitives)', '단순 구조 집단(simple society)', 혹은 '민속집단(folk society)' 등으로 분류할 수 있으며, 특징적으로 '소규모이자, 격리된, 전통적인, 단순 구조의, 동질적 사회(small, isolated, traditional, simple, homogeneous society)'라고 규정하고 있다. Redfield에 의하면[29], 이런 사회집단은 주로 구두 의사 전달체계와 인습화된 규범이 전체 삶을 통합시키는 중요한 요인이 된다는 것이다. 즉 과학보다는 실용적인 지식이 더 중요하고, 비판적 지식보다는 관습이 더 높게 평가된다는 것이다. 이런 사회는 변화라는 개념은 불편한 단어이고, 아버지로부터 자식에 이르는 전통과 관습이 구두로 전해지고 강한 소속감을 나타내는 상징물로 이해되고 있다. 이런 인류학자들의 시각은 메노나이트 사회의 전체 특징을 민속학 측면에서 검토할 경우 유용하겠지만, 종교사회학의 측면에서는 부분적 요인으로 치부될 수 있는 여지가 있다. 비록 아미쉬 사회가 종족적 색채가 가장 강하고, 고유의 언어와 복식을 고수하는 집단이기는 하지만 그것 하나만으로 아미쉬 사회를 규정할 수는 없고 다만 부차적 성격으로 추가할 수 있는 시각이 될 것이다.

---

29) Redfield, Robert(1947), pp.239-308.

4. Redekop의 유형화[30]

Hostetler의 유형화는 주로 아미쉬 메노나이트들의 사회구성을 학술 연구 차원에서 동원 가능한 기존 이론이나 시각을 각기 차용해 정리한 느낌이 있다. 이러한 약점은 Redekop에 의해 보다 세련된 형태로 계승 발전되고 있다. 자신이 메노나이트 출신으로, 학술 연구는 물론 각종 집회에 일정한 역할을 담당했던 행동관찰자이기도 한 Redekop는 조심스럽게 Hostetler의 유형화를 자신의 시각으로 다듬어 분석하고 발전시켰다. 그가 착안하는 개념은 메노나이트의 특성을 잘 보여주는 용어 중에서 교회(Church)와 집회(Congregation)에 대한 나름의 해석에 기초하고 있다. 잘 알려져 있듯이 메노나이트들은 교회를 장소적 개념으로 보지 않고, 모든 회원들이 서로에게 목회하는 곳이자 같은 믿음을 실천하려는 공동체의 집회라고 인식하고 있다. 따라서 메노나이트 특성에 대한 이론적 검토는 그들의 단위 교회의 집회(Congregation) 구조와 전체 종파(denomination)의 conference 구조를 살펴보는 것으로 출발할 수 있다는 것이다. 즉 메노나이트들의 집회 혹은 교회 공동체는 생활 공동체로서 사회적 측면과 목회자를 일종의 선거행위로 선출하는 정치적 측면, 그리고 협업을 통한 경제적 측면을 모두 공유하는 조직이기 때문에 세속 생활과 종교 생활이 상호 작용하는 독특한 공동체라고 할 수 있다. 이런 독특한 형태의 공동체는 보다 구체적으로 세속적인 것과 종교적 지향점을 어떤 구조와 조직으로 그리고 어떤 비중으로 종합하느냐를 둘러싸고 메노나이트 종파 간 다양한 모습을 보이게 된다. 이런 입장을 기초로 하여 Redekop는 다음과 같은 네 가지 모델들, 즉 신정(神政) 모델(The Theocratic

---

30) Redekop(1989), pp.76-89, pp.329-341.

Model), 공국(公国) 모델(The Commonwealth Model), 공동체 모델(The community Model), 개별주의형 모델(The Individualistic Model)을 제시하고 있다. 이하에서 그가 제시하는 각각의 모델을 간단히 검토해 보기로 하자.

1) 신정(神政) 모델(The Theocratic Model)

이 모델은 신앙과 세속 생활을 완전히 통합한 전체주의적 공동체(Totalitarian Community)를 의미하는 것으로 오늘날 후터파 공동체에서 확인되는 형태라고 할 수 있다. 집회의 예배 인원이 곧 사회경제적 구성체가 되며 전 가계와 집회는 곧 공동체의 종교 행위이자 세속 행위가 된다. 물론 이런 형태가 후터파 공동체에 존재하는 유일한 형태는 아니고, 초기 박해를 피해 알프스 산속과 유럽의 알자스(Alsace) 지역이나 미 대륙을 떠돌던 난민들과 북독일과 화란 및 프러시아 지역의 The Menists, 그리고 1560년대 프러시아에서 시작된 정착지 사회 모습에도 이런 형태가 존재했으며, 1683년 시작된 미대륙의 펜실베이니아 정착촌의 초기 형태도 이와 유사하다고 알려져 있다. 이들은 모두 집단적 난민 형태를 취하여 토지를 공동체 조직으로 개간하고 공동체로 영성 생활을 영위했기 때문에 세속적인 활동과 종교 활동을 가장 순수한 형태로 통합할 수 있었다.

Redekop에 의하면 이 모델 안에도 다시 세분해 볼 수 있는데, 다음 세 가지 변수를 매개로 하고 있다. 즉 (1) 공동체 구성원들이 하나님을 그들의 통치자로서 얼마나 직접적으로 인정하고 있느냐, (2) 종교적 권위가 세속적인 것들을 얼마나 제어하고 있느냐, (3) 마지막으로 공동체 구성원들이 종교적 믿음이 다른 사람들과 얼마나 분리되어 따로 떨어진 생활을 하고 있느냐이다.

첫 번째 변수를 기초로 할 때, 일반적으로 인식되는 신정이란 주권자가 하나님이 되는 통치 형태로서 모세의 인도하에 있었던 고대 유대교, Joseph Smith 치하의 Mormonism, 그리고 현대의 법왕 달라이 라마의 통치하에 있는 티베트 정도가 이에 해당하는 형태라고 볼 수 있는데, 메노나이트 계통의 형태로는 후터파와 Old Order[31] 메노나이트가 이 패턴에 속한다고 할 수 있을 것이다.

두 번째 변수를 기준으로 볼 때, 신정 모델은 사회적, 경제적 그리고 정치적 요소들이 종교적 가르침의 직접적인 통제하에 놓인 형태를 말하는 것으로 유대교의 Torah, 몰몬교의 몰몬경(the Book of Mormon) 등이 사회적 경제적 정치적 요소를 지배하는 형태와 유사하다고 볼 수 있다. 집단 거류지 안에서는 종교적 규범이 경제적, 정치적, 사회적 관습의 작동 기초를 제공하고 있으며, 일군의 지도자들이 직접적인 하나님의 이름으로 행하는 것이 아니라 하나님의 도움을 받아 교회 집행위원회를 운영하고 있다. 설교자들은 하나님의 의지뿐만 아니라 구성원의 집단 의지를 수행하면서 현명하고 지혜롭게 권위를 행사하기로 되어있다. 이런 형태도 대부분의 보수적 메노나이트 관련 종파에서 확인되고 있는 형태라고 보인다.

마지막 변수를 기본으로 간주하는 형태는 후터파와 Old Order 그룹에서 확인되는 경우로서 하나님 주권을 따르는 그들 공동체와 비 공동체 구성원과는 정치적으로, 경제적으로, 사회적으로 완전한 경계를 긋고, 그들과는 접촉을 삼가는 형태이다. Mormon, 보수적 유대교 등도 이 부류에 속한다고 평가된다.

이러한 세 가지 형태의 신정 모델 측면을 감안할 때, 후터파 그

---

31) 종교적 의미로 사용되는 Order는 The Benedictine order of monks(베네딕토 수사회)와 같이 특정 규율에 따라 사는 수도자 그룹을 의미한다. 그러나 여기서 the Old Order 메노나이트는 아미쉬 그룹과 함께 가장 보수적인 메노나이트 그룹을 지칭하는 고유명사이다. 추후 본문에서 이들에 대한 특징을 설명하기로 한다.

룹과 소수의 Old Order 그룹의 메노나이트들이 신정 모델이라 할 수 있을 뿐 대다수의 재세례파-메노나이트들은 이런 모델에 해당된다고 볼 수 없을 것이다. 향후 신정모델의 전망은 후터파 그룹과 관련되어 명맥이 유지될 가능성이 있을 뿐이며 이 모델이 확산될 것으로 보이지는 않는다.

2) 공국(公国) 모델(The Commonwealth Model)

공국(Commonwealth)라는 용어는 역사적으로 볼 때 그것이 존재하는 주권국가 안에서 정도의 차이를 두고 자치권을 갖는 공동체를 의미한다고 볼 수 있는데, 1560년 이후 프러시아(Prussia), 스위스(Switzland), 알자스(Alsace), 남 독일(South Germany), 러시아(Russia)의 일부 지역에서 허락되던 공동체 형태였다. 비교적 근대에 와서는 남미, 특히 멕시코, 파라과이, 볼리비아, 브라질 같은 나라에서도 메노나이트 거류지에 이런 형태의 공동체를 세울 수 있었고, 특히 러시아 혁명 이후는 그것이 무너졌지만, 과거 짜르(czars) 시대의 러시아 이주 메노나이트 사회는 독특하게 특별한 법적 지위를 누리는 자치 공동체로 있었다. 그들이 누렸던 자치권에는 과세에 관한 것과 징집거부권 등이 포함되어 있어 독특한 권리와 자유를 향유할 수 있었다. 그 밖에도 1577년 Dutch 메노나이트의 자치권이 오렌지공(William Orange)에 의해 승인되었으며, Palatinate, East Friesland, Holstein, Denmark, Poland 등에서도 메노나이트의 자치권이 서류로 인정되었다고 한다. 그러나 캐나다에서는 메노나이트를 위한 특별법은 통과되었지만, 자치권은 인정받지 못했다고 알려져 있다[32].

---

32) Calvin Redekop(1989), p.80.

Redekop가 적절히 지적하고 있듯이 이 모델은 앞서 언급한 신정 모델과 후술하는 개별주의형 모델(individualistic model)의 중간에 위치하는 과도기적 모델이므로 안정적인 형태라고 볼 수는 없을 것이다. 공국 모델은 신정 모델과는 달리 성스러운 관습들이 세속적인 것과 분리되기 시작하는 것이며, 따라서 집단 안에서 두 영역의 경험이 동시에 나란히 작동하게 된다. 재세례파 전통에 의하면 메노나이트 사회는 집회와 거주지가 공존하는 체제 속에서, 교회(성스러움)와 국가(정치)의 분리를 주장하는 것인데, 메노나이트 사회가 정치적인 것으로 될 때는 종교적으로 정체성을 잃게 될 공산이 크기 때문에 성스런 관습과 세속적인 영역은 수평적 인습으로 나란히 존재하게 된다. 이런 현상이 공국 모델의 특성이 되는 것은 두 영역이 상호 연결되어 있기 때문이다. 공국 모델의 표상이라 할 수 있는 예는 앞서 잠깐 언급한 1789년에서 1925년간의 러시아 메노나이트 경험이었다. 당시 그들은 우크라이나와 기타 러시아 지역 내에서 다른 집단과 완전격리된 생활을 하며 자율적인 종교관습을 보장받아 주교(Bishop)와 원로(Elder), 설교자(Preacher)와 부제(Deacon), 기타 교회 조직인들을 중심으로 종교적 권위를 행사하였으며, 동시에 세속적 권위도 나타나게 되었다고 한다. 세속적 권위는 교회에 속한 남성으로서 21세 이상의 재산(토지)소유자들의 민주적 동의를 거쳐 나온 것으로, 토지의 소유와 도로의 건설, 상업의 개발과 규제, 학교와 병원 건립 문제들에 사용되었다고 한다. 즉, 그들의 세속적 권위(행정)는 현대 국가가 담당하는 권한과 의무를 모두 포함하고 있지만, 관리자의 선출 자격은 정치적인 것이 아니라 집회의 종교적 위치로부터 나온 것이기 때문에 성스러운 절차에 따른 것이었다. 이러한 러시아 공국 사회는 1917년 볼셰비키 혁명(Bolshevik Revolution)에 의해 치명타를 입어 1920

년대 이후 완전히 역사적 유물로 사라지게 되었지만, 현대에 와서도 비슷한 형태들이 벨리즈, 멕시코, 파라과이, 볼리비아 등지의 메노나이트 사회에서 남아 있다고 한다[33]. 공국 모델이 보여주는 것은 메노나이트 사회가 세속적인 것으로부터 종교적인 것을 지켜낸 것을 보여주는 동시에 신정 모델의 약화를 보여주는 과도기적 형태를 보여 준 것이라고 평가된다.

그러나 공국 모델의 동질성은 여러 이유로 무너졌다고 하는데, Redekop의 설명에 의하면[34], (1) 인접하는 정착지의 땅이 쉽게 구해지지 않았고, (2) 외부인들이 메노나이트 정착촌에 들어와 살게 되면서 그들은 내쫓을 수도 없었다. (3) 또한 중요한 것은 내부에서도 교회에 합류하기를 거부하고 교회의 규율에 따르기를 거부하는 개인들을 축출하거나 배제시킬 수가 없었다. 이런 과정이 러시아 공국에서 흔히 발생했다고 한다. (4) 마지막으로 종교적 획일성을 공식적으로 면제받는 경우는 집회의 규율이 미치지 않는 다른 땅으로 이주해 나갔기 때문이다. 실제로 러시아 메노나이트들의 경우, 1870년대 러시아를 떠나 캐나다의 Manitoba, Saskatchewan로, 혹은 미국의 Minnesota, Nebraska, Kansas로 이주해 왔을 때 공국 모델을 재현시키기 위해 노력했지만 Manitoba의 일부 경우를 제외하고 대부분 실패하고 말았다. 주된 이유는 상기의 이유들과 함께 이주의 규모가 대규모인 데다, 대규모 정착지를 얻을 수가 없었기 때문이었다. 결론적으로 공국 모델은 메노나이트 사회에서 거의 사라졌으며, 일부 Old Order 메노나이트나 Old Order 아미쉬 사회에 비슷한 유제가 남아 있다고 볼 수 있다.

---

33) Calvin Redekop(1989), p.82 참고.
34) Calvin Redekop(1989), pp.82-83 참고.

3) 공동체 모델(The Community Model)

이 모델은 스위스 메노나이트에서 수용된 모델로서, '공동체 모델'이라 부른다. 그들은 신정 모델에서 곧바로 '공동체 모델'로 이행한 그룹으로 평가된다. 유럽에서 곧바로 북미로 이주해 온 그들은 공국 모델을 채택하지 않았다. 커뮤니티 모델이 다른 모델과 구별되는 점은 교구의 구조라고 할 수 있으며, 이 구조가 바로 공동체(커뮤니티)라는 것이다. 즉 개인은 비지(飛地-Enclaves) 내부에 서로 붙어사는 것이 아니라 지리적으로 떨어져 살고 있으면서, 경제적 기반이 상호 의존적 형태로 유지되는 구조이다. 이 구조에는 지역의 다양성과 마찬가지로 사업의 추구도 다양할 수 있는데, 모든 구성원은 지역 내에 하나의 혹은 다른 곳의 집회에 속해 있으면서 집회의 이름으로 그리고 가족의 이름으로 혹은 ethnic factor를 기준으로 상호 긴밀하게 접촉하고 있는 구조이다(메노나이트들은 자신들의 공동체 조직을 'Gmay'라고 부르는 경우가 많다). 물론 메노나이트가 아닌 이웃들과의 관계도 정상적으로 이루어지며, 해당 지역 사회와의 정치적, 교육적, 경제적 인습과도 상호 교류하고 있다. 이런 관계는 물론 비종교적인 관계에서 현저하게 나타나고 모두가 지역과 국가 차원의 관할권 내에서 이루어지고 있다. 그들의 집회는 구성원의 세속 생활에 대해 상당한 도덕적 통제권을 가지고 있긴 하지만, 그 영향력은 지역과 국가 권력에 부차적일 수밖에 없다. 커뮤니티 결속을 위해 가끔 구성원들에게 행해지는 파문과 제한 조치는 매우 드물게 사용되며, 주로 종교 내지 영혼적인 측면을 보호하고 성적문란을 예방하거나 단속하는 차원으로 이루어지고 있다고 한다. 분명한 것은 이 모델은 구성원들의 세속 생활의 통제나 영향을 완화하고 있다는 점이다.

메노나이트 커뮤니티를 자기 내부 그룹(in-group)으로 만든 것은 동일한 언어 사용, 고유한 음식, 공통의 민속 등을 공유하는 민족적 문화 구조를 가지고 있기 때문이며, 이들 요소가 근본적으로 종교적 전통에서 적출된 응집력과 사회체제를 만들게 된 것이다. 더구나 종족 내 결혼제도, 그들 스스로 세운 학교, 가업을 계승하는 전통 등은 상호관계와 응집력을 심화시키고, 그 결과 집회에 속한 구성원들의 정체성은 확연히 드러나게 되어있기 때문에 메노나이트들은 서로를 단번에 서로의 뿌리를 파악할 수 있다. 우스갯소리로 그들은 오 분 이내에 그들 간의 공통성을 발견해 낼 수 있고, 삼십 분 내에 패밀리를 세우고 혈통 관계를 만들 수 있다는 말이 있을 정도이다.

또한, 그들은 방대한 상호 협력체제를 가지고 있는 점이 앞서 말한 두 모델과는 크게 구별되는 측면이다. 구성원 소속 여부를 묻지 않고, 화재에 소실된 Barn을 대가 없이 공동으로 만들어 주는 일이나, 구성원 내부 병든 이웃의 밭을 갈아주는 것, 병든 부인을 수고를 덜어주기 위해 아이들을 보살펴 주는 것, 들판에서 추수할 때 벌떼처럼 함께 모여 같이 작업하는 것 등은 잘 알려진 그들의 협동 모습이라 할 수 있다. 메노나이트 커뮤니티들에서 정신 병원을 비롯해 공식적으로 만들어진 보건, 후생 서비스는 1880년대 이후부터 시작되었으며, 오늘날 미국에서는 The Mennonite Hospital and Homes Association이라는 조직이 적어도 열 개의 자체 병원과 이를 포함해서 열다섯 개 이상의 주요 병원과 협력하고 있다고 한다[35].

이 커뮤니티 모델은 현존하는 많은 메노나이트들의 모델이긴 하지만, 각 커뮤니티는 제각기 독특한 모습을 하고 있다는 점에서 이

---

35) Calvin Redekop(1989), p.84 참고.

모델 안에 존재하는 다양성을 조금 더 언급할 필요가 있다. 예를 들면 스위스 메노나이트의 고향이라고 할 수 있는 펜실베니아주 Lancaster county의 메노나이트 커뮤니티를 살펴보기로 하자. 그들은 각 구성원이 County 내에 광범위한 지역에 골고루 퍼져 있으며, 같은 지역 내에 대규모 아미쉬 거주지가 형성되어 있기도 하다. 메노나이트 연감36)에 의하면 중도 보수적 경향을 보이는 집단인 The Old Mennonite of Lancaster Conference의 구성원은 약 17,206명인데, 메노나이트 인구의 절반 정도가 교회의 정식구성원인 것을 감안한다면, Lancaster 지역에는 적어도 32,000명의 중도 진보분파가 있다고 볼 수 있을 것이다. 그 외에도 1,000명 정도의 The General Conference Church를 포함하여 약 4,000명의 소규모 그룹이 있다고 한다. Lancaster 지역 내 커뮤니티 구성원들이 규모와 성향에 차이가 있는 것 마찬가지로, 직업카테고리도 차이를 보이고 있다고 한다. 비록 전통적으로 모든 메노나이트들은 토지를 기반으로 하는 직업에 종사하는 것으로 되어있었지만, 오늘날 Lancaster 지역의 그들의 직업은 매우 다양하여 거의 모든 직업카테고리를 망라한다고 한다. 압도적인 숫자로 농업에 종사하는 아미쉬 사회에서도 작은 변화가 감지되는데, 주로 농업 관련 상점이나, 농업 관련 소규모 공업 분야에도 진출하고 있다고 한다. 현재 Lancaster 지역에서 서비스 관련 업체나 각 산업체 공장 노동자로 근무하는 메노나이트들이 많이 있으며, 메노나이트들 자체가 건설업, 제조업 등 매우 다양한 사업형태를 운영하고 있기도 하다. 자녀학교 문제에도 다양한 형태를 보인다. 보수적인 아미쉬 사회는 자체 학교를 운영하고 있고, 비록 소수이지만 메노나이트도 자체

---

36) Mennonite Yearbook 1988-89, 65p.

사립학교가 있지만, 많은 메노나이트의 자녀들은 공립학교에 입학하고 있다. 물론 메노나이트 교회가 설립한 Lancaster 지역의 고등학교가 있기는 하지만, 대부분의 메노나이트 젊은이들은 고등학교에 다니지 않으며, 아미쉬는 물론 어떤 경우에도 고등학교에 다니지는 않는다.

다음으로 Lancaster 지역 내 메노나이트 커뮤니티들의 구호활동을 살펴보자. 아미쉬 사회는 이 부분을 신중하게 대처하는 반면, 대다수 커뮤니티들은 MCC(The Mennonite Central Committee)의 세계구호활동에 협력하고 있고, 매년 경매행사나 기부행사를 통해 The MCC Relief Sales 행사에 동참하는데, 이 판매 대금은 세계구호자금으로 MCC에 보내지거나 다른 MCC 사업인 메노나이트 정신 병원 지원에 쓰이기도 한다고 한다.

그러나 유의할 것은 상기에 기술한 Lancaster 지역의 메노나이트 커뮤니티들에서 보이는 여러 현상이 곧 전체 메노나이트 커뮤니티들의 정체성을 확인해주는 계기가 되지는 못한다는 점이다. 더구나 아미쉬 사회와 다른 그룹들은 상호 접촉이 없을 뿐만 아니라, 연민을 느끼지도 않는다고 한다. 심지어 진보적 분파에 속한 그룹끼리라도 상호 접촉이 없을 수도 있다고 하니 그들 간의 벽은 매우 높다고 볼 수밖에 없겠다. 그럼에도 불구하고 외부인들이 볼 때, 같은 복장을 하고 마차를 몰고 가는 그들이 같은 분파로 보는 것은 당연한 것이며, 적어도 라이프 스타일이나, 상기에 언급한 네트워크 및 문화 시스템이 전체를 규정한다는 측면에서 메노나이트들의 정체성을 큰 범주로 확인할 수 있는 일이다.

이 부분을 조금 더 부연한다면, 모든 메노나이트들은 그들의 문화적 유산과 평화 사랑과 소박한 생활을 지향한다는 측면에서 명확한 일관성과 정체성을 보여준다고 할 수 있다. 교회는 커뮤니티의 종교 생활 그 자체이며, 그들을 연대감으로 묶는 튼튼한 끈이 된다. 교회가 없으면 커뮤니티는 사멸된다고 보아도 무방할 것이다. 메노나이트 커뮤니티는 더 이상 지리적 통제권을 행사하지 않으며, 메노나이트 규범은 집회 생활에 접함으로써 정착된다. 만약 그것이 악화되면, 해당 커뮤니티는 사멸하게 될 것이다.

4) 개별주의형 모델(The Individualistic Model)

이 모델은 일반적인 미국사회와 유사한 형태로써 메노나이트 사회가 북미 주류 사회에 완전히 편입된 것을 전제로 하고 있다. 비록 그들이 주류 사회에 동화되어 거의 일반인과 구별되지 않고 메노나이트 정체성과는 분리되어있다고는 해도 이 모델 속에 속한 구성원은 여전히 메노나이트 풍습과 전통 그리고 믿음을 깊게 생각하고 산다고 할 수 있다. 그들의 Family Name은 여전히 그들의 뿌리가 메노나이트라는 점을 상기시키고, 그들의 일부는 정도의 차이를 두고 종족적 관계를 유지하기도 한다고 한다. 비록 그들은 현재 도시에 살고 있고 직업 또한 일반인들과 같은 다양한 직종에 종사하고 있지만, 그들 나름의 메노나이트 교회에 다니며, 평화를 중시하는 메노나이트 전통을 지키고 있다.

일반 북미인들의 사회와 그들은 구별시키는 중요한 포인트는 그들이 공식적이든 비공식적이든 메노나이트 집회와 얼마만큼의 거리를 두고 있느냐의 정도 문제, 그리고 Anabaptist-Mennonitism의 신학적 교리를 얼마만큼 받아들이고 있느냐 정도의 문제일 것이다. 이 모델에 속한 대표적 조직들은 The Mennonite Bretheren, The Evangelical Mennonite 그리고 The Evangelical Mennonite Bretheren들의 조직들(Conferences)이다. 이 모델이 다양하게 분화된 배경에는 도시 산업사회의 환경적 영향을 받은 점도 있겠지만, 내부적으로 볼 때 종족적 벽과 전통적으로 존중되어 온 재세례파 메노나이트 전통들을 순수하게 고수하려는 측과 근대화하려고 하는 측과의 갈등이 배경이 된 것도 사실이며[37], 근본주의자들의 시비와 복음주의의 운동에 동요된 결과를 보여 주는 것이기도 하다. 또 다른 조직들의 경우, 즉 GCMC(The General Conference Mennonite Church), MC(The Mennonite Church), 그리고 MB(The Mennonite Bretheren)의 일부 지역 조직들의 경우에는 중앙 단체를 떠나 자신들만의 조직을 만들었다. 이러한 개별주의형 모델은 주류 메노나이트 조직들을 관료적 형식주의(Legalism), 종족주의, 전통고수주의라고 비난하는가 하면, 영성 부족을 비판하기도 한다.

한편으로 순수 Anabaptist Mennonitism을 고수하려는 입장에서 보면 이들이 과연 메노나이트인가를 의심케 하는 정도로 거리감과 이질감을 느낀다고 한다. 예를 들어 EMB(The Evangelical Mennonite Bretheren) 단체를 보면 그들은 메노나이트라기보다는 오히려 일반 교회 집단으로 인식될 정도이다. 그들은 메노나이트 전통과는 다르게 국가를 신봉하고, 정부와 경제체제에 위협을 주는 그 어떤 것도 그들의 신앙에 위협을 주는 것으로 받아들이면서 내셔널리즘 색채를 강하게 풍긴다고 한다[38]. 그 외에도 이들 개별주의형 모델이 취하는 태도 중에는 원류적 정신인 평화주의 지향 정신과 종족 편향 지양, 사목의 공동책임성과 같은 주요 의제들이 많이 상실된 추이를 보인다고 한다. 이런 개별주의형 모델을 채택하고 있는 단체들은 라이프 스타일 면에서도 많은 차이를 보인다고 한다. 예를 들면 세속적인 것과 종교적인 것의 이분법적 태도를 보이고, 진리

---

37) Calvin Redekop(1989), p.353 참고.
38) Calvin Redekop(1989), p.88 참고.

와 교회 권위를 존중하지도 않으며, 성서 해석에서도 극히 우파적인 태도를 보인다고 한다. 말하자면 많은 부분 프로테스탄트 종파적 색채를 많이 가지고 있다고 한다. 그들은 메노나이트 학교에 다니지도 않고, 메노나이트라면 거쳐야 할 신도 자격 같은 것에도 신경을 쓰지 않는다. 전통으로 굳어진 신도끼리 결혼하는 관습도 이미 폐기해 버렸다고 한다. 앞에서 언급했듯이 이 그룹은 사실상 메노나이트 조직으로 포함하기엔 매우 제한적인 범위에 국한될 수밖에 없는 이유가 여기에 있다.

이상에서 살펴본 Redekop의 유형화는 그 자신이 언급하고 있듯이 유형화 작업 자체가, 메노나이트 사회이론을 말하는 것이 아니다. 메노나이트 사회이론을 검토하기에는 현 단계에서 간단하지도 않고, 설사 그것이 가능하다고 하더라도, 이론화하기 위한 기초정보도 충분한 것이 아니므로 아직 이론 작업이 시도되지 않고 있다. 더욱이 기초자료와 정보를 충분히 구비했다고 하더라도 메노나이트 사회는 종교의 심미적 요소, 종족적 요소, 신학적 요소, 문화적 요소 등 추가로 고려해야 하기 때문에 부득이 유형화 접근이 불가피한 측면이 있다고 보인다.

지금까지 살펴본 유형들로 볼 때 사회집단으로써 메노나이트 사회는 종교적 공동체나 신앙체계로 응집된 독특한 집단이다. 이 집단의 정체성은 가족과 이웃, 그리고 공동체 시스템으로 정교화되는 사회연대에 기초를 이루고 있다. 그러나 이 공동체는 주위환경과 접촉하면서 끊임없이 자체를 발전시키고, 변화시키기도 하면서 때로는 제한하는 공동체이다.

5. 메노나이트 사회를 보는 관점

앞에서 살펴본 각 시각은 메노나이트 사회의 성장과 함께 전개된 역사적 시각을 정리한 것으로, 가장 최근 학자인 Redekop의 시각에서 기존입장들이 망라된 느낌이 있다. Redekop[39])에 의하면 메노나이트는 1525년부터 17세기까지 성행했던 재세례운동의 영향을 받아 발전해 온 급진적 종교개혁파 집단을 모두 통칭하는 개념이다. 따라서 그는 뿌리가 다른 후터파를 큰 흐름으로 포함하는가 하면 같은 배경에서 출발했지만, 완전히 독립해 나간 아미쉬까지도 넓은 의미의 메노나이트로 개념화하고 있다. 그에 의하면 메노나이트를 통칭하는 용어규정 자체가 어려울 만큼 형태적으로 다양할 뿐만 아니라, 메노나이트를 신학적 입장에서 특별한 범주를 설정하는 것도 가능하지 않다. 왜냐하면, 메노나이트들의 신앙체계가 다른 기독교 종파와 큰 차이를 보이는 독특한 교의(doctrine)를 갖고 있지 않기 때문이다. 또한, 그는 메노나이트 그룹을 sectarian 이라고 보는 데 동의하지도 않고, 여러 소수민족이 동참하고 있을 뿐 아니라, 소수민족형이라는 개념 자체가 기독교의 본질적 믿음체계를 훼손하는 것이기 때문에 ethnic group이라고 볼 수도 없다고 주장하고 있다.

따라서 가장 가까운 접근은 메노나이트들을 하나의 종파(Denomination)라고 볼 수 있겠지만, 이것 역시 복잡한 메노나이트 내부적인 구조로 볼 때 불충분한 설명이 된다는 것이다. 그가 차선으로 주장하는 것은 하나의 '유토피아 종교운동(Religious-utopian movement)'이라고 명명하고 있는데, 이것을 이해하기 위해서는 약간의 추가적인 설명이 필요할 것이다.

---

39) Redekop(1989), Appendix A, pp.329-341.

예수의 혁명적 역사를 이 땅에 실천하려고 했던 초기 기독교인들은 이 땅에 '하나님 나라(the kingdom of God)'를 건설하는 것이었는데, 당대는 물론 후대에 와서 하나님 나라의 본질을 두고 많은 논쟁을 피할 수 없게 되었다. 큰 줄기로 볼 때, 논쟁의 선두 그룹은 급진적 개혁주의자들이었다. 그들의 신학적 지향은 공동의 상호의존성과 사랑이라는 두 개의 요소가 근간이 된 공동체 건설이었는데, 이러한 입장은 당시의 기존 가톨릭 교회 입장이었던 '질서와 통제(order and control)'와는 양립 불가능한 것으로 상호 간 충돌은 불가피한 일이었다. 이것이 16세기 재세례파들의 박해로 이어졌는데, 이러한 종교박해는 소수민족적 속성을 피해갈 수 없게 되어 종교적 속성과 소수민족적 속성이 문화적 요소와 함께 서로 뒤섞여 메노나이트 속성을 이루었다고 알려져 있다.

그러나 이것은 어디까지나 역사적 배경으로 그리고 중세 그리스도교의 특수성에 기인한 것이기 때문에 현대에 와서 그대로 받아들이기엔 무리라고 볼 수 있다. 따라서 Redekop이 주장하는 것은 그러한 소수민족적 경향은 기본적으로 유토피아 운동에서 유래한 것이므로 메노나이트 사회운동은 유토피아(건설)운동으로 보자는 것이다. 물론 이런 견해는 새로운 것은 아니다. 초기 기독교인들은 신자가 되기 위해서는 세상과 구별된 삶을 살아야 한다는 성서의 가르침을 문자 그대로 따르고자 유토피아적 공동생활을 수행했고, 유토피아적 삶에는 소수민족적 요소나 Sect적 요소가 개입될 여지는 없는 것이다. 이 부분을 요약한다면 메노나이트 사회를 소수민족적 요소나 Sect적 요소로 강조하는 것은 현재 존재하는 메노나이트 사회의 속성과 맞지 않는다고 보기 때문에 차선책으로 유토피아 운동으로 보자는 것이다.

이러한 그의 입장은 어떤 의미로 외형적으로는 재세례파 전통을 이어받는 메노나이트 그룹이 마땅히 구비되어야 할 원론적 성격을 감안하여 큰 범주로 엮을 수 있는 장점이 있지만, 내용으로 들어가면 메노나이트 사회의 핵심을 흐리게 하는 측면이 있다고 생각된다. 메노나이트 사회는 급진적 Protestantism에 속하는 집단으로 독특한 문화와 종교 관습을 가지고 있는 것을 부인할 수 없기 때문에 이런 독특한 측면이 부각되지 않으면 메노나이트 사회의 정수가 소홀히 다루질 수밖에 없는 것이다. 또한, 그의 시각은 사회 내부에 완강하게 현존하는 소수민족적 성향과 Sect적 특성을 무개념적으로 추상해 버리는 결과를 가져올 수 있기 때문에 주의가 필요하다. 같은 맥락으로 그는 분석의 서두에서 메노나이트 그룹의 개념을 설명하면서 그들의 역사적 배경을 기준으로 다양한 형태의 메노나이트 그룹을 전부 하나의 큰 개념으로 포함하여 파악하고자 하였다. 그 결과 이미 메노나이트와 관련을 맺지 않고 있는 후터파와 아미쉬 그룹을 같은 범주로 포함하는가 하면, 메노나이트 그룹에서 파문을 당하거나 이미 메노나이트 정통을 버리고 일반 개신교 교회의 길을 간 그룹까지도 동일한 범주로 포함하여 분석하고 있는 것이다. 그러나 아무리 역사적 뿌리가 같거나 배경이 비슷하다고 하더라도 후터파와 아미쉬는 자칭 메노나이트가 아니며, 메노나이트 명칭만을 갖다 붙인 개신교 성향의 교회를 메노나이트 교회라고 파악하는 것은 개념의 혼란을 가져올 수 있는 일이다.[40]

또한 Redekop가 말하는 유토피아 건설의 의미는 해석에 유의할 부분이 많고 그가 암묵적으로 의도한 것으로 추정되는 크리스천 유토피아 건설 부분도 크리스천 전통 속에서 Utopianism을 규정하

---

40) 일례로 심한 박해를 경험한 Jacob Hutter는 자기 부정과 사적 재산 부정 등을 강조하면서 지상에서의 유토피아는 없는 것이라고 못 박고 있다. -John A. Hostetler(1997), p.27.

는 것이기 때문에 간단히 처리될 수 없는 부분이다. 우리는 이 부분을 부록에서 따로 설명하기로 하고, 여기서는 간단히 크리스천 전통의 Utopianism이 가진 핵심적인 특징만을 정리하고 넘어가기로 한다.

첫째, 신학에 있어서 Utopianism은 이단적이라고 보는 견해와 본질적이라는 두 가지 상호 모순적 주장이 교차하고 있기 때문에 해석에 유의가 필요하다. 즉, 한편에서는 하나님의 처벌을 받아 낙원인 에덴동산에서 추방된 상태를 인간의 행위로 극복하려는 여하한 시도는 이단적이라는 견해가 있다. 즉 더 나은 사후 세계를 기원하는 종교 본연의 자세를 버리고, 현세 낙원을 추구하는 Utopianism은 이단이라고 주장하는 것이다. 다른 한편에서는 예수의 메시지와 사목 지향은 어디까지나 하나님 사랑과 이웃을 사랑하는 구체적 인간 행위를 통해 인간 문제의 해결을 보여 주고 있다는 견해 그래서 Utopian 지향이 성경적이라는 견해가 서로 대립하고 있다.

둘째로, 현세를 더 나은 사회로 바꾸려고 하더라도 꿈을 현실로 바꾸기 위해 실천하는 경우 그 꿈과 양립할 수 없는 과정이 존재한다는 딜레마를 어떻게 타협할 것인가 하는 점이다. 즉 자유를 달성하기 위해, 자유를 제한해야만 한다든지 평등사회 건설을 위해 불평등한 구조를 가져야 하는 경우가 그것이다. 우리는 이하에서 진행되는 메노나이트 분파들의 검토과정에 이 난제들을 주요문제로 다룰 필요가 있다.

마지막으로 그의 유형화 속에 나타나는 해당 사회구성의 근본적 성격 문제를 잘 해석할 필요가 있다. 그의 주장처럼 메노나이트 사회는 일부 공국적 성격, 민속집단으로서의 성격, 공동체 성격 등을 포함해서 지금까지 유형화 접근들 속에 보이는 모든 요소를 갖추고 있는 복잡한 사회구성인 것은 틀림없고, 이들을 모두 기독교 유토피안 공동체라는 하나의 울타리로 볼 수 있겠지만, 이 경우라도 구체적 유토피안 공동체의 모습이 각 유형과 어떻게 조응하는가에 대한 설명이 빠져서는 안 될 것이다.

이상과 같은 논의를 바탕으로 필자가 보는 메노나이트 사회의 관점은 일단 원류적으로 재세례운동을 계승하는 정도에 따라, 그리고 시기적으로 각 분파들의 색깔을 규정해 보는 가운데, 이를 기초로 하여 Redekop 유형화를 역사적 관점에서 재구성하고 크리스천 전통의 유토피아 사회운동 차원으로 검토해 보는 것이다.

이를 위한 우선 절차로서 신앙생활의 내용에 있어서 차이가 크지 않은 그룹끼리 한 테두리로 묶어 약간의 재범주화 작업을 거친 다음, 그들의 발전단계를 살펴보는 것이 필요하다. 이러한 시도는 일단 재세례운동으로 알려진 그룹들이 어떤 경로를 따라 별도의 믿음 생활을 추구하게 되었는가를 검토하는 데 유용하며, 이러한 차이들이 경향적으로 어떤 통일성을 보여 줄 수 있는지 없는지를 살펴보는 데 중요한 절차가 될 수 있을 것이다. 이러한 착상을 기초로 하여 본서가 지향하는 접근방향은 먼저 재세례운동이 출발했던 당시의 기본적인 사회 종교운동의 성격을 살펴보고 이것이 역사적 전개 과정에서 어떤 요인으로 다른 개념이 충용되어 발전해 나가는가를 주목하는 것이다. 즉 역사적 개념으로 재세례운동 전체 모습과 발전 개요를 개관하는 가운데 그 운동이 어떤 요인으로 특정한 성격을 가지게 되었는가를 살펴보고자 하는 것이다.

즉, 16세기 초 재세례운동의 지도자들이 규정한 이들의 사회종교 지향은 기성 교단인 가톨릭과 개신교의 교회 믿음과 관습에 반기를 든 고유의 Anabaptist Protestantism으로 규정하고자 하며, 그 내용은 신약 중심의 평화주의, 말세관을 배경으로 세상과 구별된 삶 즉 크리스천 유토피아를 구현하려는 크리스천 공동체주의가 그 출발점에 서 있었다고 보고 싶다. 또한 그 뒤 대규모 박해에 직면하여 유럽 여러 지역과 러시아 그리고 북미에 정착하기까지 내부적, 외부적 시련을 거치는 과정에서 최초의 재세례운동에 추가적으로 독일계 문화 영역과 언어 관습의 특질들을 보태어 오늘날의 복잡한 양상을 지니게 되었다고 추론하는 것이다. 이러한 추론을 검증하기 위하여 우리는 각 메노나이트 그룹들의 발전 과정을 단계별로 나누고 시기별 특징을 정리하고 종합하는 형식을 취하기로 한다.

제2부

메노나이트 사회:
현황과 발전

메노나이트 사회현황

*메노나이트들이 교회가는 모습.

　1994년을 기준으로 전 세계 메노나이트 인구수는 약 백만 명가량으로, 주로 북미 국가들인 미국과 캐나다에 집중되어 거주하고 있으며, 멕시코를 비롯해 남미의 소수 나라에 분포되어있다. [표 - 1]에서 나타나 있듯이 대륙별로 인구수를 살펴보면 북미대륙이 405,713명으로 약 42%를 점하고 있고, 아프리카는 276,653명으로 전체의 약 28%를, 아시아와 오스트레일리아 지역은 151,057명으로 전체의 16%, 남미와 카리브연안 지역은 91,436명으로 전체의 약 10%를 차지하고 있으며, 메노나이트의 원산지라고 할 수 있는 유럽은 겨우 49,132명으로 전체의 5%를 점하고 있을 뿐이다. 한편 1986년부터 1994년까지 성장세를 살펴보면 약 20만 명의 인구수 증가를 보이는데, 유럽의 인구수는 절반 수준으로 급감한 데 반하여, 아프리카의 성장세가 압도적으로 높고, 그 뒤를 이어 아시아지역과 북미와 남미지역이 안정적인 성장세를 보인다. 메노나이트들의 역사적 이주 여정을 감안할 때, 유럽 태생의 메노나이트들이 중세 유럽의 박해를 피해 북미에 정착한 후 유럽의 잔존세력은 거의 쇠잔해서 역사와 약간의 문화적 전통을 이어가는 수준으로 남아 있는 정도이고, 현재 압도적 다수라고 할 수 있는 북미 비중이 거의 과반수에 육박하고 있다고 할 수 있다. 그리고 남미와 카리브 지역은 북미대륙과 인접성에 영향을 받아 안정적인 비중을 보이는 것을 알 수 있다. 주목할 수 있는 지역으로 아프리카와 아시아 지역의 비중이 높아지고 있는 점인데, 이것은 본산이라 할 수 있는 미국과 캐나다 지역의 전도영향으로 급성장한 것으로 볼 수 있다. 현재 아시아 지역에서 괄목할 만한 성장을 보이는 주요 나라는 인도네시아, 인도, 일본, 필리핀, 대만 순이고, 한국의 경우 공식적으로 메노나이트 인구는 나타나고 있지 않다.

[표 - 1] Mennonite and Brethren in Christ World Membership Compiled by Mennonite World Conference Office

Continent	Major countries	Membership (Group or Organized Bodies)	
		1986	1994
Africa	Angola	300 (1)	2,600 (1)
	Ethiopia	7,200 (1)	50,018 (1)
	Kenya	2,700 (1)	11,682 (7)
	Nigeria	5,000 (1)	7,251 (2)
	Mozambique	NA	22,900 (1)
	Tanzania	14,441 (2)	19,486 (1)
	Zaire	92,583 (3)	136,200 (3)
	Zambia	6,000 (1)	8,362 (1)

	Zimbabwe	7,718 (1)	16,152 (1)
	Others	988 (3)	2,002 (5)
	Subtotal	136,936 (14)	276,653 (23)
Caribbean, Central & South America	Argentine	1,516 (2)	2,885 (3)
	Belize	2,829 (6)	2,429 (7)
	Bolivia	7,121 (6)	6,664 (6)
	Brazil	5,064 (4)	5,974 (5)
	Colombia	2,595 (2)	2,134 (3)
	Costa Rica	1,026 (2)	1,725 (2)
	Dominica Republic	1,922 (2)	2,163 (4)
	Guatemala	3,018 (4)	3,971 (5)
	Honduras	2,870 (2)	9,841 (5)
	Mexico	31,879 (9)	20,478 (9)
	Nicaragua	1,822 (3)	5,093 (3)
	Paraguay	15,953 (15)	22,512 (19)
	Others	4,167 (16)	5,527 (23)
	Subtotal	81,782 (73)	91,436 (94)
Asia & Australia	India	52,837 (6)	84,195 (8)
	Indonesia	55,159 (2)	60,709 (3)
	Japan	2,942 (5)	3,460 (5)
	Philippines	2,500 (1)	1,059 (2)
	Taiwan	1,200 (1)	1,400 (1)
	Australia	26 (1)	40 (1)
	Others	190 (2)	194 (3)
	Subtotal	114,854 (18)	151,057 (23)
Europe	Austria	1,150 (1)	350 (1)
	Germany *	10,975 (4)	24,414 (7)

	France	2,000 (1)	2,000 (1)
	Netherlands	20,000 (1)	15,500 (1)
	Switzerland	2,750 (1)	2,800 (1)
	USSR *	55,000 (4)	-
	Common wealth of independent states	-	3,350 (-)
	Others	625 (8)	718 (12)
	Subtotal	92,500 (20)	49,132 (23)
North America	USA	243,667 (12)	287,781 (6)
	Canada	104,033 (9)	117,932 (15)
	USA/ Canada	0	0 (10)
	Subtotal	347,700 (21)	405,713 (31)
Worldwide		773,766 (145)	973,921 (194)

* German Democratic Republic excluded and USSR membership is estimated. Source: Mennonite Year Book, 1988-89, 1996.

한편 [표 - 2]는 북미 메노나이트 소속단체별 회원 수를 보여 주고 있는데, 회원 수를 기준으로 top 10에 드는 단체는 Mennonite Church General Assembly(96,506), Old Order Amish(65,250), General Conference of the Mennonite Brethren Church(45,202), General Conference Mennonite Church(34,040), Conference of Mennonites in Canada(28,750), Mennonite Church(Independent & unaffiliated, 17,690), Old Order Mennonite(미국과 캐나다 합계, 16,470), Hutterite(14,000)[41], Coservative Mennonite Conference(8,978), Evangelical Mennonite Conference

41) 공동체 생활을 하는 후터파는 메노나이트와 교류하는 극소수의 Colony와 그렇지 않은 다수 Colony가 있기 때문에 이 표만으로 후터파의 규모를 파악할 수 없다. 우리는 제3부에서 후터파만을 따로 분석하기로 한다.

Canada(6,260) 순으로 되어있다. 비록 이 표에는 Mennonite Church General Assembly가 선두에 있고 마치 북미 메노나이트 사회의 리더로서의 위치에 있는 것처럼 보이지만 실제 내용은 조금 다르게 해석할 필요가 있다. 먼저 이들 중에서 가장 보수적 전통을 간직하고 있을 뿐만 아니라 메노나이트의 원류인 재세례운동 전통의 맥을 잘 따르는 두 그룹인 Old Order Amish와 Old Order Mennonite(합계81,720)가 핵심적 위치에 있다는 점을 염두에 둘 필요가 있다. 기타 여러 단체는 많은 단체가 이 두 그룹에서 파생되었으며, 다른 그룹들은 원류에서 많은 부분 개화된 메노나이트들 집단이기 때문이다. 동표는 이러한 메노나이트의 다양성과 대표적인 소속단체와 회원 수만을 보여 주기 때문에 소속단체의 성격과 그 발전 과정을 알 수가 없다. 따라서 메노나이트 사회의 다양성과 복잡한 상호관계를 파악하기 위해서는 메노나이트 사회의 분화과정을 검토하지 않으면 안 된다. 우리는 이 부분을 다음 장에서 개괄적 수준에서 간단히 살펴보기로 하자.

[표 - 2] Congregations and Membership of Mennonite and Brethren In Christ Bodies in North America Compiled from Mennonite World Conference Directory, 1994

Name of Church Body	Congregations			Membership		
	Canada	U.S.	Total	Canada	U.S.	Total
Beachy Amish Church	8	89	97	412	6,677	7,089
Bergthaler Churches in Alberta, Saskatchewan	4	0	4	1,010	0	1,010
Brethren In Christ General Conferences North America	39	182	221	3,173	17,656	20,829

Chortitzer Mennonite Conference	12	0	12	2,400	0	2,400
Church of God in Christ, Mennonite(Holdeman)	36	79	115	3,506	10,234	13,740
Conference of Mennonites in Canada(1)	152	0	152	28,750	0	28,750
Conservative Mennonite Conference	0	98	98	0	8,978	8,978
Eastern Pennsyvania Mennonite Church and Related Areas	-	-	57	-	-	3,230
Evangelical Mennonite Church	0	27	27	-	4,059	4,059
Evangelical Mennonite Conference, Canada	50	0	50	6,260	0	6,260
Evangelical Mennonite Mission Conference	25	3	28	3,389	87	3,476
Fellowship of Evangelical Bible Church	21	17	38	2,010	2,370	4,380
General Conference Mennonite Church(2)	0	226	226	0	34,040	34,040
General Conference of the Mennonite Brethren Churches	206	147	353	28,368	16,834	45,202
Hutterian Brethren	-	-	-	11,000	3,000	14,000
Bruderhof Communities (Society of Brothers)	0	9	9	0	998	998
Markham-Waterloo Conference	11	0	11	1,106	0	1,106

Mennonite Church General Assembly	111	960	1,071	9,835	86,671	96,506
Mennonite Church (Independent and Unaffiliated Group)	52	317	369	2,187	15,503	17,690
New Reinland Mennonite Church of Ontario	3	0	3	613	0	613
Old Colony Mennonite Church	17	0	17	5,148	0	5,148
Old Order Amish	17	913	930	1,200	64,050	65,250
Old Order Mennonites(Canada)	-	0	-	2,470	0	2,470
Old Order Mennonites(U.S.)	0	-	-	0	14,000	14,000
Old Order River Brethren	0	5	5	0	319	319
Reinland Mennonite Church	7	0	7	850	0	850
Sommerfeld Mennonite Church	13	0	13	4,245	0	4,245
Totals	784	3,072	3,913	117,932	285,476	406,636

* Information not available

(1): Affiliated with the General Conference Mennonite Church

(2): Affiliated with the Conference of Mennonites in Canada

-Source: 1997 Mennonite Yearbook

메노나이트 사회의 발전 과정

메노나이트 사회의 발전 과정은 매우 다양하기 때문에 메노나이트 그룹의 범주를 어떻게 설정하느냐에 따라 그 내용이 달라질 수 있을 정도이다. 종교사회학자인 Redekop가 선택한 접근방식은 신앙체계, 집단구조, 문화적 내용, 재생산 체제라고 할 수 있는 교육, 조직의 근간이 되는 경제토대 등을 감안하여 3단계로 구분하여 설명하고 있다.

[표 - 3] Anabaptist- 메노나이트의 변천 과정

구분	탄생기 : 1523-1555	성장기 : 1555-1850	분화 발전기 : 1850-현재
Ideology/ faith	Utopian protest: Kingdom building	Retreat;survival; Community building	Separation; assimilation; recovery of utopian Vision
Community structure	Mobile; itinerating movement	Based on family, land, congregation	Individualizing; urbanizing, communal recovery
Cultural content	Heterogeneous; fluid; incidental	Germanic; rural folk	Disparagement of ethnic debate; rediscovery

Intellect/ education	Open; aware; wary of intellectualism	Utilitarian; traditional; transmission of values	Anti-intellectual; emphasis on enlightenment; return to sectarianism
Economic sphere	Subordinate to religious goals	Subsistence; rural way of life	Traditional; capitalistic; communal
Political sphere	Opposition; conflict; challenge of authority	Retreat; dependence on state; compliance	Participation; compliance; opposition
Mission stance	Universalistic; aggressive	Separatist; Community as mission	Institutionalized; evangelical; service-oriented
General type	Ideological/ utopian movement	Institutionalizing peoplehood	Pluralistic family: (1) Traditionalist a)plain peoples b)rural people c) the traditionally religious (2) Acculturationists a) pietists/ fundamentalists b) advocates of civil religion c) advocates of secularism/ capitalism (3) Utopian restitutionists a) Anabaptist 'recovery' advocates b) Neo-Anabaptists c) the radical left wing

* 출처: Redekop(1989), p.337에서 재작성 됨. 원전에는 시기별 특징을 명확히 하지는 않았지만, 설명의 편의상 필자는 시기별 특징을 탄생기, 성립기, 분화 발전기라고 표현하였다.

[표 - 3]에서 보는 바와 같이 Redekop은 메노나이트 사회를 형성시킨 여러 요인들을 역사적으로 그리고 동태적인 측면에서 각각 분석하고 종합하는 형태를 취하고 있는데, 그에 의하면 메노나이트 사회 역사 발전은 탄생기 즉 정체성을 갖추는 시기(1525-1555)에서 국내외로 세를 확장하는 성장기(1555-1850)를 지나 마지막으로 분화 발전기(1850-현재)에 접어들어 가장 복잡하고 역동적인 모습을 보인다고 정리하고 있다.

표의 마지막 줄에 나타나 있듯이 그가 큰 그림으로 종합하는 각 시기의 특징은 탄생기의 유토피아적 사회운동이 성장기에 들어와 인간의 본성을 따라 인습화 과정을 겪고, 현재는 복합 family 형태로 분화, 발전하고 있다는 것이다. 이 표는 그의 오랜 연구 결과물을 집약적으로 나타낸 표이기 때문에 필자의 수준에서 단 몇 페이지로 이 표에 나타난 각각을 자세히 소개하기엔 불가능한 일이지만 이 표를 잘 검토해 보면 그가 메노나이트 사회를 분석하면서 가졌던 연구의 착안점과 도출된 결과를 잘 알 수 있다.

필자의 안목으로 볼 때 제일 먼저 눈에 띄는 점은 메노나이트 사회 형성과 유지에서 그가 주목하는 제일 중요한 요인은 메노나이트의 신앙체계가 틀림없지만 그렇다고 해도 나머지 요소들이 전부 부차적 변수라고는 보지 않는다는 점이다. 즉 공동체 소수민족성, 정치와 경제, 지적 및 교육 활동 그리고 선교 활동은 모두 지배적 위치에 있는 그들의 신앙체계와 영향을 주고받아 마침내 종합적으로 그들 사회의 특성을 형성한다고 본 것이다. 메노나이트 사회를 종교공동체로 한정하지 않고 독특한 사회구성체로 인식하여 종합적으로 파악하려는 시도를 하고 있다고 보인다.

두 번째로 그가 암묵적으로 주목하는 요인은 공동체 구조이다. 신앙체계 바로 아래 공동체 구조를 위치시킨 것은 결코 임의적인 것이 아니고 메노나이트 사회의 성립과 유지에 공동체 구조가 신앙체계 다음으로 중요하다고 인식한 것으로 보인다. 말하자면 신앙체계와 공동체 구조는 서로 긴밀하게 연결된 서열 구조로서 중요한 요소라는 점을 은연중에 밝히고 있는 것이다. 표에서 확인할 수 있듯이 탄생기의 유토피아적 하나님 나라 건설이 중요했던 당시에는 온갖 세상의 박해를 피해 유랑적인 공동체를 이루었지만, 성장기에 들어서면 박해 정도가 약해지고 미대륙과 러시아 등지로 정착이 이루어져 주로 농촌 지역을 중심으로 가족, 친지 중심의 공동체가 이루어졌다. 한편으로 분화 발전기에 들어서서 일부 공동체는 도시화되고, 개인주의화 되는 과정을 보이기도 하였다. 믿음체계와 공동체가 이런 모습으로 변천하는 데는 여러 사회적 요인이 있었겠지만, 무엇보다 이 세상을 바라보는 그들의 관점이 변천했기 때문이다. 그의 결론은 제1시기의 특징은 유토피아적(sectarian) 사회운동이고, 제2시기는 the institutional religious protest, 제3시기는 복합사회 기간이 되는 것이다.

앞에서 잠깐 언급한 바와 마찬가지로 Redekop가 정의하는 메노나이트는 매우 광범위하여 일반적으로 메노나이트와는 구별되는 아미쉬와 후터파들을 포함하는가 하면, 사실상 복음주의파인 교회조직도 그 명칭만으로 메노나이트로 포함하여 그들 모두를 함께 고려하고 있다. 즉 원류로서 재세례운동을 계승하는 주력 집단이라고 할 수 있는 Old Order Amish와 Old Order Mennonite, 그리고 후터파 집단의 단계별 발전 과정이 어떻게 전체 특징 속에서 규정되는가를 알아내기가 어렵게 되어있다. 이런 점을 인식하여 Redekop는 [그림 - 5]를 인용하여 이 약점을 보완하고 있다.

[그림 - 5]는 재세례운동을 원류로 한 수많은 메노나이트 분파들이 시기별로 어떻게 분화되어 나왔는지를 보여 주는 동시에 메노나이트 분파들의 다양성과 복잡한 상호관계를 여실히 보여 주는 자료라고 할 수 있다.

[그림-5] The Anabaptist-메노나이트 Family Tree

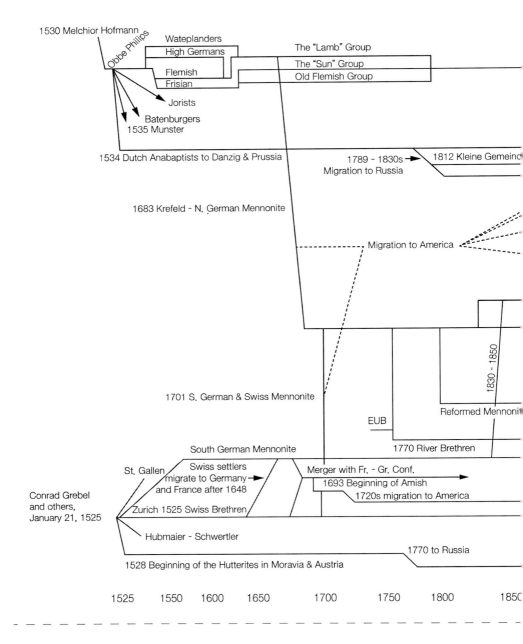

1811 Dutch Mennonite Conference(ADS)

1958 Reinland

1945 End of Danzig - Prussian Settlements

le

1881 Evangelical Mennonite Conference
Mennonites in Russia

1867 Krimmer Mennonite Brethren   1960

1874 Bergthaler (Chortitzer) Mennonite Church

1889 Evangelical Mennonite Brethren

1890 Old Colony Mennonite

1860   1958 Reinland

1936 Evangelical Mennonite Mission

1892 Sommerfelder Mennonite

Converence of Mennonite in Canada

Mennonite Bretheren Church

1858 Church of God in Christ Mennonite

1860 Founding of General Conference Mennonite

1968 Eastern Pennsylvania Mennonite

Old Mennonite Church   1978 Fellowship Church

1957 Orthodox Mennonite

1917 David Martin

1940 Waterloo Markham

1871 Old Order Mennonite

1865 Evangelical   1898 Missionary Church Association
Mennonite Conference

1947 United Missionary Church

1883 Mennonite Brethren in Christ

1872 Stucky Amish   1946 Join CG

1910 Conservative Amish Mennonite

1925 Beachy Amish

1870s to S. Dakota, Manitoba, Alberta

| 1875 | 1900 | 1925 | 1950 | 1980 |

* 출처: Calvin Redekop(1989), p.32-33.에서 재인용
* 도표 주: 수직선은 분열 혹은 재통합을 나타내고 대각선은 이주를 나타냄

그림에 의할 때 후터파 집단을 제외하고는 거의 모두는 다른 집단과 복잡한 관계 속에서 분화, 발전하고 있는 가운데, 그림 하단의 Conrad Grebel과 그의 동료들이 중심이 된 재세례파-메노나이트 그룹이 다른 그룹과 비교적 보수적 관계를 유지하여 발전하고 있는 데 반하여 상단부의 많은 분파들은 복잡한 상호관계 속에서 다양한 분화, 발전하고 있음을 알 수 있다. 또한, 시기별로 19세기 말부터 20세기 중반까지 대개의 분파들의 분화, 발전이 집중되어 나타나고 있는 점도 주목할 부분이다.

[그림 - 5]에 나타난 각 조직들의 분화[42]는 자체로 복잡한 과정을 보여 줄 뿐 아니라 본 표의 작성에서 기본 배경이 되는 몇 가지 전제들이 생략되어 있어 표를 이해하기란 쉬운 일이 아니다. 독자들의 이해를 돕기 위해 이하에서 간략하게 기본 전제들을 살펴보기로 한다.

──● 독일계와 비독일계의 구분

앞서 살펴본 대로 메노나이트의 탄생은 유럽 각지에서 자생적으로 발생했다고는 하지만 주류 세력은 German-Dutch의 문화와 언어를 구사하는 집단이라고 할 수 있는데, 스위스, 독일, Alsatian, Moravian, Dutch, Prussian, 그리고 러시아 출신의 독일계 집단으

---

42) 여기서 향후 논의를 위해 분화(differentiation)와 분열(schism)에 대한 간단한 개념 정리가 필요하다고 생각된다. 분화는 주로 사회학적 개념으로 긍적적인 의미로 표현되는 것이지만 분열은 종교적 시각에서 약간의 부정적인 의미로 사용되는 경향이 있다. 그 이유는, 사회학적 관점에서는 조직의 분열은 큰 그림으로 다양성을 향하는 세력의 확장을 의미하는 데 반하여, 종교적 관점에서 보면 분파가 조직에서 이탈하는 경우로써 가장 기본적 요소인 전통적 ethos와 신념체계에서 벗어나 독립 개체로 분리되어 기존 세력의 약화를 초래하기 때문이다. 기본적으로 메노나이트의 경우 많은 분파의 발생을 분화로 보느냐 분열로 보느냐 하는 문제는 논자의 시각에 따라 달라질 수 있겠지만, 후술하는 바와 같이 메노나이트의 범주 설정에 많은 논란이 있고, 실제로 백 개 이상의 다양한 메노나이트 단체들의 성격을 둘러싸고 통일된 견해를 가지기가 용이하지 않기 때문에 분화와 분열을 분명히 하기가 매우 어렵다. 이것은 마치 동전의 양면처럼 같은 몸체의 다른 측면이라 할 수 있기 때문에, 이하에서 우리는 두 개념을 혼용하여 사용하기로 하겠다.

로 문화와 언어가 공유되어 생득적으로 메노나이트 정체성을 가지는 분파(독일계)와 개종하여 메노나이트가 된 집단(비독일계) 간에 큰 구분이 되어있다. 현실적으로 독일계 부모의 혈통을 이어받고 독일어 성경을 쓰고, Martelaar spiegel(Martyrs Mirror) 신화를 공유하는 집단은 메노나이트의 성골 집단이라 할 수 있고, 개인적 동기로 메노나이트에 참여한 비독일계는 역외 부류로 치부되어 독일계와 교류가 거의 없을 정도이다. 두 부류의 구별은 주로 성씨만으로도 알 수 있으며, 전자가 보수적인 데 반하여 후자는 진보주의적이고, 복음주의적 경향으로 발전하고 있다. 문제는 비독일계 메노나이트 수가 수적으로 다수인 데다 독일계의 2세와 3세들이 점점 문화와 언어 습득이 완전하지 못하고 독일계와 비독일계 간의 관계도 제한적이나마 점증됨으로써 이러한 구분이 완화되고는 있는 점은 향후 메노나이트 사회의 변화 가능성을 높인다고 할 수 있다. 하지만 아직도 두 계열 간에 결혼이나 기타 사회 종교적 관계는 거의 전무하기 때문에 먼 장래에나 가능한 일이 될 것이다.

─● 스위스계와 네덜란드계의 구분

이 구분은 독일계 내에서 구분으로 현실적으로 큰 이슈가 되는 구분은 아니다. 즉 The Schleitheim Confession에 의해 세워진 스위스계는 보다 보수적이고, 주로 농업에 종사하며, 전통에 집착하는 반면에 The Dortrecht Confession을 사용하는 네덜란드계는 보다 진보주의적이고, 외부세상과 격리된 생활을 하는 전통에서 벗어나 간혹 정치에도 진출하고 있다. 이들 두 부류 간의 관계는 매우 친근하여 스위스계가 Dutch계의 신앙고백인 The Dortrecht Confession을 사용하고 있는 정도이다. 이러한 배경에는 같은 종족의 형제애뿐만 아니라, 이들의 관계를 보다 끈끈하게 만들었던 역사적 배경이 있다. 1711년 Dutch 메노나이트들은 Swiss Berne 에서 모진 박해를 받고 있었던 재세례파들을 위해 그들이 미국으로 이주할 수 있게 물심양면으로 큰 도움을 주었으며, 2차 대전 후 러시아를 떠나 함부르크를 경유하여 미국이나 캐나다로 이주할 때도 네덜란드계는 큰 도움을 주었다. 위기에 처한 형제를 돕는 것은 성서의 가르침이지만 그것을 확고하게 실천한 메노나이트의 대표그룹은 Dutch 메노나이트들이었다. 동시에 이러한 전례는 오늘날 메노나이트들의 강력한 상부상조 정신의 모태가 되었다고도 할 수 있겠다.

——• 기타 구분

앞서 살펴본 구분들 이외에도 독일계 재세례파-메노나이트들에 대하여 세 가지 다른 구분이 있다. 이들은 모두 [그림 - 5]의 하단부에 있는 분파들로서, 후터파, 아미쉬, 그리고 메노나이트들이다. 이중 후터파와 아미쉬는 비록 역사적 맥락으로 재세례운동의 전통을 공유하는 측면이 있고 후터파에서 전향한 분파가(후터파 ethos를 가진 채) 복음주의 경향의 메노나이트들 단체와 교류하기도 하고, 일부 아미쉬 분파들도 메노나이트 그룹과 교류하는 부류들도 있지만, 절대다수의 후터파들과 대부분의 아미쉬들은 메노나이트와는 교류도 거의 없고, 자신들만의 차별된 실천교리를 가지고 있다고 믿고 있기 때문에 적어도 현재 시점에서 메노나이트 분파로 분류하여 세 부류 간의 구분을 하는 것은 의의가 떨어진다. 따라서 우리는 이들에 대한 검토를 추후 제3부에서 따로 떼어 다루기로 하고 이들을 제외한 기타 독일계 메노나이트들의 구성에 대해 간단히 살펴보기로 한다.

이상과 같은 구분을 염두에 두고 메노나이트 그룹의 핵심 세력을 살펴본다면, 스위스 출신과 네덜란드 출신을 포함해서 재세례파-메노나이트의 핵심 분파는 독일계 메노나이트들이라고 해도 과언이 아니다. 비록 [표 - 1]에 나타난 숫자로 볼 때 1994년도 아프리카 메노나이트 인구가 세계 전체 메노나이트의 28%를 차지하고 아시아와 오스트레일리아를 합친 비중도 16%를 차지하여 높은 비중을 보이고 있지만, 이들은 거의 모두 독일계 메노나이트들이 아닌 부류로 볼 수 있어 메노나이트의 속성 중 하나인 종족개념과 언어-문화전통이 결여돼 있다고 볼 수 있다. 따라서 이들을 제외한다면 북미(42%)와 남미 및 카리브연안국(10%), 유럽(5%)을 합하면 과반수 이상의 메노나이트들은 독일계로 볼 수 있으며, 그중에서도 북미의 메노나이트의 핵심적 위치를 확인할 수 있는 것이다. 따라서 [그림 - 5]에 나타난 메노나이트 사회의 복잡한 분화 형태를 파악하기 위해서는 앞에서 말한 여러 가지 구분을 기초로 이해하는 것이 필요하며, 이를 위해 우리는 북미 메노나이트 연합그룹을 크게 세 개로 나누어 각 그룹에서 대표적인 조직들을 상대로 시대별 분열을 파악하고 더 나아가 각 단체 간의 분화와 전후 상호관계를 살펴보는 것이 유익할 것이다.

북미에서 가장 큰 그룹은 'Old Mennonite Church(간단히 Mennonite Church-MC)'이다. 이 단체의 기원은 멀리 1683년 스위스계가 미국의 Pennsylvania와 Ohio에 정착했던 시기로 거슬러 올라가는데, 신앙적으로는 보수적이지만, 세상과의 관계에서 중도적 입장을 견지하고 있는 집단이다. 거주 형태를 보면 많은 수가 시골에 있지만, 동쪽의 인구들은 도시지역에서 만민동포적(Cosmopolitan) 입장을 취하고 있다고 한다. 이 단체의 특징은 다른 메노나이트 조직들과 상호관계를 가장 돈독히 하는 그룹으로 알려져 있으며, 독실한 신앙체계를 견지하지만, 진보주의적 입장과 보수적 입장의 중간 영역에서 중도적 입장을 견지하기 때문에 수많은 분열을 경험한 단체로도 유명하다. 이 조직에서 이탈해 나간 단체 중에는 Funkites in Franconia(1778), Reformed Mennonites in Lancaster (1812), Stauffer Mennonites in Lancaster(1845), Eastern District General Conference, or Oberholtzer division, in Franconia(1847), Church of God in Christ Mennonite, or Hodeman(1859), Old Order, or Wisler, in Indiana and Ohio(1871-72), Central Illinois, or Stucky, Amish(1871), Mennonite Brethren in Christ, or Brenneman division, in Indiana(1875) 등이 있는데, 그중에서도 우리가 주목해야 할 그룹은 the Old Order Mennonites와 아미쉬 그룹이라 할 수 있다. 이 두 그룹은 모두 보수적 입장에서 그룹정책, 교회조직, horse and Buggy로 대표되는 생활방식 등 많은 부문에서 거의 유사하지만, 상호관계는 매우 소원하여 서로 교류하지 않는다. 우리는 이 부분을 제3부의 아미쉬 편에서 일부 검토하겠지만, 이들의 분열과정은 매우 사소한 이슈가 시발이 되어 결별로 귀결되는데, 이런 과정은 MC에 떨어져 나간 다른 소수 보수단체에도 적용되고 있다.

북미에서 두 번째로 큰 메노나이트 단체는 The General Conference Mennonite Church(GCMC)인데 이 조직은 스위스 출신계열과 네덜란드 출신계열의 연합 조직이다. 이 단체에 결속된 조직 중에는 러시아 메노나이트계로서 1874년부터 미국에 이민 온 'The Kirchliche' 집단도 있는데, 'Chortitza' 혹은 'Old Colony'라는 과거 명칭을 사용하기도 한다. 현재 이런 러시아 메노나이트들은 거의 다 GCMC와 결속 관계에 있다. GCMC는 북미 메노나이트의 자율성보다는 통일성을 강조하는 경향으로 큰 단체를 구축하였다고 알려져 있다. 그러나 단위조직마다 네덜란드 출신계열과 스위스 출신계열의 비율이 서로 다르고, 각 단위조직의 성격도 보수성향과 진보성향이 뒤 섞여 있으며, 경건주의파와 근본주의파, 심지어 합리주의파가 함께 분포하는 다양한 성격이 혼재하는 단체로 유명하다. 따라서 GCMC는 다른 메노나이트 단체보다 활동적이고 동시에 여러 가지 경력을 가진 단체이기도 하다. 이 단체의 총회는 비교적 분열이 적었고 각 단위조직들이 자기 편의대로 총회에 참석한다고 한다. 그러나 크게 구분한다면 캐나다 지역의 보수적 성향이 1920년대 이민 온 러시아 메노나이트들과 2차 대전 후 이민 온 독일계 메노나이트들에게 일정한 영향을 미치는 정도라고 한다. MC와 비교한다면, GCMC는 보다 세계교회적 성격을 가지고 선교활동, 국제구호활동에 참여하고 있으며 보다 개인주의적 신앙, 적극적 신앙, 솔직한 신앙을 표현한다고 알려져 있다. GCMC에 참여하는 단체들의 지역적 분포는 캐나다의 온타리오에서 서부 브리티시 컬럼비아까지 걸쳐 있고, 미국의 Pennsylvania에서 California까지 걸쳐 있으며, 가장 많이 분포하는 지역은 미국의 Kansas와 캐나다의 Manitoba 주라고 한다.

한편 Dutch-Russian Mennonite 계열도 여러 가지 분열을 경험하게 되었다. 첫 번째 분열은 The Kleinegemeinde라고 할 수 있는데, 이 조직은 1812년 'The Kirchliche'로부터 분리되어 나왔으며, 당시 쟁점이 된 것은 순결성 회복, 규율과 겸손, 세상을 따라 살지 않기 등이 주된 이슈였다고 한다. 이 단체는 1952년 이후 Evangelical Mennonite Church(EMC)라고 불리고 있으며, 캐나다와 미국 그리고 멕시코에 걸쳐 있는 조직이다. 그리고 1962년에는 'EMC, Canada'가 EMC에서 분리 독립하기도 하였다. 이들의 공통된 특징은 보다 공세적 복음주의적 성향을 가지고 선교를 강조하는 것으로 알려져 있다. Dutch- Russian 메노나이트들에서 가장 큰 분열은 The Old Colony, Reinlander, Sommerfelder Mennonite 의 분열이었는데, 이 세 가지 분열은 러시아 혁명 이후 메노나이트 들에 들이닥친 강제된 상황에서 생긴 보수적 반작용이 반영된 것 이라 한다. 이 그룹들이 분포하는 지역은 캐나다, 멕시코, 파라과 이, 볼리비아에 있으며, 이들의 특성은 스위스 출신들의 Old Order 그룹과 매우 유사하기 때문에 외형상 구별하기 어렵다고 하 는데, 의복착용형태와 농업경영의 형태에서 구별된다고 알려져 있 다. The Church of God in Christ의 탄생은 매우 흥미 있는 분열 상이라고 할 수 있는데, 이 조직은 스위스 그룹과 Dutch-Russian계 의 양쪽에 불만을 가진 회원들이 만든 조직으로 양쪽의 융합적 성 격을 가진 조직이다. 이 조직의 유래는 John Holdeman의 비전과 영향력으로 만들어졌으며, 1858년 위세를 보였던 조직이다. 이 조 직의 영성적 활력은 그들의 철저한 세상적인 것의 배격, 그리고 교 회가 파문한 사람들과는 완전 관계단절 같은 단호한 신앙관에서 비롯되었으며, 기본적으로 다른 메노나이트 조직과도 교류하지 않 는 고립정책을 펴고 있다고 한다. 그러나 그들은 자기 방식으로 선교와 봉사활동을 활성화하고 있으며, 최근까지 구제가 필요하다 고 생각되는 다른 메노나이트 조직을 열렬히 선교하는 행동파로 알려져 있다.

북미에서 세 번째로 큰 메노나이트 연합체는 The Mennonite Brethren Church(MBC)이다. 이 단체는 1859년에서 1860년까지 러시아 메노나이트(넓은 의미로 정의된 Kirchliche Mennonite) 그 룹에서 분리된 분파이다. 이들의 분리의 배경은 The Brethren파와 The Kirchliche파 사이에 오래전부터 존재해 왔던 교차된 애증 관 계가 있었다. 즉 그들이 오래전 러시아에 있을 때나 미국에 이민 와서 General Conference에 참여할 때나 항상 그들 간에 긴장된 대화가 오갔으며 때로는 당분간 적대관계가 계속된 그간의 사정이 있었는데, 그것이 결국 분열로 끝이 난 것이다. 일반적으로 메노나이트 전통은 세속 관리들이 메노나이트들에 내린 조치들에 대하여 교회와 지도자들이 종교적 대응을 할 뿐, 세속적 판단이 종교공동체운영에 영향을 미치는 여하한 행위도 거부하는 것이 불문율이자 소중한 전통이었는데, 이것마저 무너져 버리는 애석한 경우가 있었다. 즉 1850년대 러시아에서 MBC가 The Kirchliche로부터 분열되어 나올 때 두 그룹 간 불화는 자체 역량과 전통으로 해결하지 못하고 결국은 세속기관의 행정명령(cease and desist order)을 받는 지경까지 갔던 것이다. 이들은 분열은 러시아 메노나이트의 활성화와 쇄신을 기대하던 사람들에게는 매우 실망스러운 결과였다. 어쨌든 20세기 중반에 세를 확장한 MBC는 1850년대 메노나이트 지역 일반에서 유행하던 경건주의 영향을 받아 죄의 회개, 개인적 신앙체험 중시, 순수한 삶의 지향, 세속과의 구별된 삶, 성경의 가르침대로의 삶을 강조하고 있고(이것은 The Kirchliche의 실천교리와 전혀 다르지 않다), 그리고 공식적으로 볼 때 MBC는 모든 메노나이트 전통을 따르는 것으로 되어있지만, 많은 조직들이 일부 교리를 재해석하는가 하면, 새로운 실천교리를 채용하고 있다. 예를 들면, MBC에 속한 조직들은 모든 다른 메노나이트들보다 가장 도시화된 그룹이며, 상업과 예술을 물론 각종 비즈니스에 폭넓게 종사하는 그룹으로 알려져 있다든지, 복음 전도를 위한 노력을 가장 많이 한 단체로서 세 개의 College들과 수많은 Bible school을 가진 단체라는 점 등이 있다. 비록 교회 원로와 지도자들은 메노나이트 전통을 잊지 않고 재확인하고 있지만, 일반 신도들은 이미 미국의 주류라고 할 수 있는 Fundamentalist-evangelical stream에서 벗어나 있지 않다. MBC에 속한 단위조직의 지역적 분포는 주로 미국의 중서부와 캘리포니아 지역, 그리고 캐나다의 서부지역과 Manitoba 지역의 도시지역에 분포하고 있다.

이상에서 설명한 주류의 세 그룹 이외에도 수많은 소규모 그룹이 있는데, 이들을 모두 설명하기란 용이하지 않기 때문에 이 중에서 중요한 몇 그룹에 대해 간단히 살펴보기로 하자. The Evangelical Mennonite Church는 1865년 인디애나와 오하이오에서 출범한 조직인데, 아미쉬 전통주의에서 떨어져 나온 집단이고, The Evangelical Mennonite Brethren Church는 1889년 출범한 조직으로 미국 Nebraska와 Minesota 메노나이트 총회에서 떨어져 나와 멀리 캐나다까지 세력을 확장한 조직이다. 이 조직은 최근 메노나이트 전통의 굴레를 벗어나 메노나이트라는 명칭도 버리고 The Evangelical Brethren Church가 되었다. 한편 메노나이트 Brethren in Christ Church는 원래 'River Brethren'으로 알려진 조직인데, 1883년 분리되었다. 그들의 의도는 재세례운동과 경건주의의 융합을 시도하는 것이었지만 메노나이트 전통과의 관련성이 모호하게 되는 결과를 노출하였다.

이상과 같은 소규모 그룹과 기타 본문에서 살펴보지 못한 여러 소규모 그룹의 공통점이 있다면, 그들은 모두 메노나이트 전통을 거의 상실하고, 북미의 주류인 근본주의(Fundamentalism)와 복음주의에 흡수된 채 서서히 소멸되어 가고 있다는 점이다.

지금까지 살펴본 메노나이트 집단의 분화(분열) 형태는 너무나 복잡하고 다양한 형태를 보여 일관성 있는 분석을 하기가 매우 어렵게 되어있다. 즉 다수의 연구자가 메노나이트 사회의 분열에 대하여 국지적으로 연구를 수행했지만, 만족할 만한 일반적 결론을 내지 못하고 부분적 성과만 거둘 정도로 메노나이트 사회의 분열 양상은 매우 다양하다.[43] 그러나 문헌상에서 대체로 동의하는 메노나이트 사회의 분열 원인은 대강 다음과 같이 요약할 수 있을 것 같다. 첫째, 메노나이트의 출신 배경이 되는 재세례운동이 유럽의 다양한 지역에서 거의 동시적으로 출범했기 때문에 그들의 믿음이 종합되어 통일적으로 발전할 수가 없었다는 점이다. 둘째, 그들은 권위를 가진 중앙통제조직을 멀리했기 때문에 다양성을 갖게 되었고 분열로 이어지게 되었다는 점이다. 셋째, 신학에 대한 전문적 훈련과 학습 기회를 얻지 못한 지도자들이 많아서 강력한 리더십을 갖지 못한 경우가 많았다. 기타, 크리스천 믿음의 핵심 교리의 해석 차이, 메노나이트 교회 개혁의 정도의 차이 등 수많은 이슈가 분열의 원인이 되었다.

물론 이러한 분열 양상은 메노나이트 사회에만 있었던 것은 아니고 수많은 종교와 종파에서 일반적으로 일어나는 현상인 것은 분명하다. 이러한 분열은 신학적 입장에서 이단과 사교 시비 등 여러 가지 부정적인 의미를 가질 수 있는 것이지만, 사회학적 측면에서 본다면 갈등과 차별화를 거쳐 새로운 소분파를 만드는 현상은 변화된 외부적 내부적 환경에 적응하여 발전적 형태로 변모하는 다양화의 모습일 수도 있다. 수차례의 이주와 이민의 역사를 가진 메노나이트 사회의 경우, 자신의 문화와 전통 그리고 사회, 종교적 시스템을 새로운 환경 속에서 생존과 발전을 위하여 다양한 정체성을 가지게 된 것은 당연한 모습이라고 평가할 수 있다. 그러나 한 가지 놀라운 일은 많은 다양성에도 불구하고 기본적인

---

43) 예를 들어 Redekop, Calvin(1963)의 연구는 시기적으로 한정되어 있고, Graber, Robert(1982)의 연구는 지역적으로 제한되어있다. Robert Graber는 1785년과 1927년 사이에 발생했던 Pennsylvania 지역의 메노나이트들 분열 중에 13개를 선택하여 The Dutch 메노나이트가 어떻게 Flemish파와 Frisian파로 분열되었는지를 검토했는데, 이는 결국 북미의 많은 메노나이트 그룹의 하나만을 대상으로 한 것이어서 메노나이트 사회분열의 일반론으로 삼기가 어렵다고 할 수 있다. -Graber, Robert Bates(1983), pp.45-63, Redekop, Cavin(1963).

메노나이트 전통은 강력하게 유지되고 있으며, 일상생활 속에서 그룹 간에 이질감이 크게 존재함에도 불구하고 메노나이트 유산이 계속 전승되고 있다는 점이다. 우리는 장을 달리하여 이러한 독특한 메노나이트 사회의 안정성을 분석하기 위하여 외형적으로 모순 관계에 있는 믿음 생활과 경제생활의 모순적 통일을 살펴보기로 하자.

메노나이트 사회의 신앙과 경제활동

* Older Order 메노나이트의 평범한 소규모 Dairy Farm 전경. 왼쪽 축사엔 50마리 정도의 젖소가 있고, 두 개의 큰 사일로와 연결된, 오른쪽 Barn에는 교통용으로 기르는 말 2필의 마구간과 어린 송아지 육성하는 칸, 마구들과 집기들이 있는 장소이고, 전면의 작은 건물에는 집유 탱크와 사무실이 있다.

　본 장에서는 메노나이트 운동의 기본 입장들 중에 하나라고 할 수 있는 세상과 세속적인 것의 배척 내지 적대감 경향이 구체적 삶의 과정인 경제활동에서 어떻게 나타나고 있는가를 살펴보고자 한다. 세속 경제활동과 말세 구원의 믿음체계는 서로 모순적 관계가 있기 때문에 이들의 모순적 통일 관계가 매우 흥미로울 수밖에 없겠다. 큰 맥락으로 볼 때 부와 경제활동에 관한 성서의 가르침은, 믿는 이들의 삶 자체는 스스로 가난을 선택해야 하고, 가진 것을 비롯해서 삶 자체를 이웃과 나누는 삶이어야 한다고 규정한다고 볼 수 있다. 왜냐하면, 성경에는 하나님이 우리 인간을 사랑하여 스스로 가난한 인간 예수로 오시어 자기 생명까지 내어 준 것처럼, 믿는 사람들은 서로를 위해 자기 삶을 내어줄 것을 명하고 있기 때문이다.

따라서 구원자인 예수의 명령을 따를 수밖에 없는 크리스천이 선택할 부와 경제활동은 금욕적 초월주의로 가난한 생활을 하거나 크리스천의 박애정신으로 가진 것을 모두 이웃과 나누는 단 두 가지뿐이다. 가진 것 자체가 없는 삶과 가지고 있되 소유하지 않는 삶이 서로 다른 것이지만 서로 부조화 없이 구원의 길에 이른다는 것이다. 전자는 주로 성자 혹은 성직자의 삶이고 후자가 속인들의 삶이 되겠는데, 문제는 후자의 길이 그리 간단한 것이 아니라는 것이다. 축적 없는 분배가 없고, 축적과정은 성경의 가르침과 모순적이기 때문에 성경의 가르침을 해석하는 방향은 매우 자의적 방향으로 갈 수 있기 때문이다.

크리스천 믿음과 경제활동 간의 관계를 검토할 때 성경의 자의적 해석이 염려되는 이유는 자의적 해석이 성경의 핵심과 원의를 왜곡할 수 있기 때문이다. 적어도 신앙공동체 경제를 살펴볼 때는 우선적으로 믿음이 경제활동에 미치는 영향을 검토하는 것이지, 자의적 성경해석을 통해 경제가 믿음체계에 영향을 주는 역의 경우를 고려하는 것은 본질에서 벗어난다고 할 수 있다.

이러한 논점을 가지고 우리는 재세례파-메노나이트들의 독특한 경제활동을 살펴보기로 한다. 메노나이트 사회를 광범위하게 다룬 연구자 중 하나인 Redekop에 의할 때[44], 메노나이트들의 경제활동은 재산공동체 모델(The Community of Goods Model), 급진적

---

44) Calvin Redekop(1989), pp.193-198.

대결모델(The Radical Confrontation Model), 그리고 인습적 경제학 모델(The Conventional Economics Model)의 세 가지 양상으로 구분하여 설명하고 있다.

그가 설명하는 첫째 모델은 일종의 크리스천 공산주의 모델이라고 볼 수 있으며, 이 모델의 초기특징은 다음과 같은 일곱 가지 신조가 있었다고 한다. (1) 물질주의는 반크리스천적이다. (2) 물질은 자체적으로 나쁘지도 않고 좋은 것도 아니지만, 크리스천은 청지기의 역할로 그것을 선행을 위한 도구로 사용해야 한다. (3) 크리스천은 우리의 필요를 채워주시는 하나님을 신뢰해야 한다. (4) 죄 많은 세속의 국가들이 존재하는 것은 (사람들이) 물질 소유에 집착하는 비크리스천적 태도를 취하기 때문이다. (5) 부를 과도히 가지는 것은 나쁘다. (6) 진정한 크리스천 정신은 경제적 평등과 영성적 평등을 똑같이 추구하는 것이다. (7) 이러한 지향을 위해 필요한 것은 나눔과 협동을 생활화하는 엄격한 공동체 생활이다.

이 모델은 초기 후터파인 Peter Riedemann에 의해 만들어져서 초기 재세례파들과 초기 후터파들 그리고 The Society of Brothers 같은 집단들이 받아들였던 신조들로 알려져 있는데, 오늘날 이 모델의 함의는 과거 16세기와는 다르게 자조(自助)와 상호의존성을 강화한 형태로 조정된 신조를 보인다고 한다. 캐나다 후터파를 연구한 John W. Benett 연구에 의하면[45], 현대의 조정된 신조들은 다음과 같다. (1) 개인 소유를 완전금지하는 것은 아니고 정도를 매우 낮추어 허용한다. (2) 생산과 소비 및 생활 스타일을 포함한 전 경제활동을 공동체 의지에 복속시킨다. (3) 공동체 삶을 최고의 위치에 두고 모든 경제활동을 종속적 위치로 둔다. (4) 경제활동의

---

45) Benett, John W.(1967).

단위는 핵가족 단위가 아니라 확장된 가족들 단위로 한다. (5) 적절한 소비욕구 충족을 넘어서서 부와 재산을 축적하는 것을 거부한다. 만약 공동체 경제에 잉여가 생길 경우는 일차적으로 새로운 Colony 개척에 쓰이게 되며 새로운 Colony에 잉여가 생긴다면 이웃 Colony나 지역 사회를 돕는 용도로 사용한다고 한다. 이런 의미에서 재산공동체 모델은 자본주의 축적체계와 관련이 없고, 경제활동에 관하여 성경의 가르침을 충실히 이해하고 있다고 보인다.

두 번째 급진적 대결모델은 경제 제도와 전통을 포함해서 기존의 종교-사회-정치 제도와 대결하는 자세에서 나온 말이며, 크리스천은 사기나 절도 같은 범죄행위를 거부할 뿐만 아니라 경제활동에 나타나는 여러 가지 폭력 행위를 거부한다는 의미에서 붙어진 이름이다. 즉 기업의 억압적 경영도 반대하지만, 노조 운동도 반대한다는 측면에서 일명 경제활동에 비저항 접근이라고 일컬어지고 있다. Hershberger[46]는 이 모델의 특징으로 다음 네 가지를 주장하였다. (1) 사적 재산은 배격하지 않지만, 물질주의는 강력히 거부한다. (2) 크리스천은 자기가 가진 것을 사용하여 이웃을 돕도록 애써야 한다. (3) 크리스천은 청지기 정신으로 무장하여 모든 자원과 소유에 임하여야 한다. 이 경우 총체적 공동체 경제와 극단의 개인주의, 사적 소유형태를 수정하거나 혹은 중간적 입장을 취하여야 한다. (4) 크리스천은 하나님 나라 윤리에 해로운 (세상의) 경제 제도와 관습을 회피해야 한다(강제와 폭력이 적용될 수 있는 그 어떤 경제활동과 직종에 종사하는 것을 금한다). 메노나이트 역사상 이 모델이 전적으로 실시된 예는 거의 없지만, 오늘날 많은 메노나이트 사회의 개별적 생활 속에서 이 모델의 원칙이 설명되

---

46) Hershberger(1958).

고 있다고 하는데, 부분적이나마 이 원칙이 적용되는 메노나이트 그룹이 있다면 Old Order 그룹이 이에 해당한다고 볼 수 있다.

마지막으로 인습적 경제학 모델을 살펴보자. 이 모델은 세속적 경제 관습과 제도 내에서 경제활동을 하는 형태라고 할 수 있는데, 엄밀히 말해 믿음의 조상들이 선택했던 경제활동을 변형시켰거나 현실적으로 타협한 형태를 의미한다. Redekop는 이 모델의 특징[47]으로 다음 네 가지를 적시하고 있다. (1) 부의 축적에 개인의 주도권과 개인 재산 옹호. (2) 현존하는 경제활동들을 받아들이고 참여—유통업, 제조업, 상업, 금융업 같은 여러 가지 영리추구에 개입. (3) 메노나이트가 아니거나 혹은 크리스천이 아니라 하더라도 관계없이 비즈니스 연대를 형성하고 제약 없이 거래함. (4) 상호부조와 청지기 정신은 목적이 되거나 이상적인 형태가 아님, 경쟁과 자유 기업은 인간 욕구 충족에 기본적임. 즉 이 모델은 이미 종교 영역을 떠나 경제영역 안에서 주류 사회의 규범과 질서를 따르는 형태라고 할 수 있다. 이미 19세기 러시아, 독일에서 이 모델이 나타났는데 특히 상업이 발달한 네덜란드 메노나이트들 중에서 대규모 어업 군단을 이룬 대부호, 포경업, (국제)교역업 등에 종사한 거부들이 채택한 모델이기도 하였다. 하지만 필자가 보기엔 이 모델은 일반인들의 경제활동과 다른 점이 없기 때문에 메노나이트 경제활동의 양상이라고 보기는 어렵다. Redekop가 애써 이 모델을 포함한 이유는 아마도 메노나이트 사회의 분화과정에서 메노나이트 사회의 경제활동이 세속화되는 과정을 설명하고, 메노나이트 출신 기업가들의 주류 사회 진출 상황을 설명하려는 의도로 해석할 수 있다.[48]

---

47) Calvin Redekop(1989), pp.197-198.

이상에서 살펴본 세 모델은 메노나이트 사회의 경제 양상이 변화해온 추이를 보여 주는 좋은 예가 되겠지만, 동시에 믿음체계와 경제활동의 모순적 관계가 잘 조화될 수 없다는 역사적 사실을 보여 주기도 한다. 첫째 모델인 재산공동체 모델은 현재 후터파 사회에서 적용될 수 있는 모델이라고 볼 수 있겠지만, Colony 간 경제 잉여 처리 방식에 차이가 있고, 제조업 운영을 하는 Colony마다 서로 다른 경영방식으로 인해 순수하게 이 모델을 적용할 수 없는 경우도 많다. 두 번째 모델인 급진적 대결모델의 현실 적용성은 더욱 설득력이 떨어진다. 대다수의 Old Order 그룹의 경제활동은 많은 부분 자본주의적 축적 구조를 가지고 있으며, 가진 것을 나누는 형제애의 실천은 재난구호와 상호부조식 협동 정신이 전부이고, 속옷까지 내어주는 성경의 가르침을 실천한다고 보기가 어렵다.

따라서 상기 그 어떤 모델도 현재의 메노나이트 사회의 경제활동을 설명한다고 볼 수가 없겠다. 따라서 믿음과 경제활동 간의 관계를 통일적으로 파악하는 것은 거의 불가능하고 그 대신 메노

---

48) Redekop가 소개하는 메노나이트 사회의 평균 소득은 같은 직종의 다른 그룹 평균보다 높다. 더구나 수많은 메노나이트들이 경제적으로 윤택한 생활을 하고 있으며 이들 중에는 백만장자 그룹에 속한 이들도 많다고 한다. 백만장자에 속하는 메노나이트들은 주로 전문직 혹은 산업자본가로 활동 중이며 주로 농업 관련 일에 종사하는 메노나이트들의 소득은 전국 평균을 약간 상회할 정도라고 한다. 업종별로는 농업은 물론 마차를 만드는 수공업 수준에서 발전설비를 제조하는 대규모 제조업까지를 망라하고 있다. 당연한 귀결이겠지만, 제조업과 유통 서비스업 관련 산업에 종사하는 그룹은 복음주의와 자유주의 경향이 강한 분파로서 그들의 평균 소득은 농축산관련업에 종사하는 층은 Old Order 그룹보다 월등히 높다. 이들 간의 소득 격차와 라이프 스타일의 차이 때문에 불화와 계층 간 긴장이 고조되어 분열의 원인이 되기도 한다고 한다. 전통적인 농업 종사자로서 출발했던 메노나이트 사회가 점점 산업의 각 분야로 진출하게 된 이유는 농촌의 농지부족과 과잉노동, 2차 대전 후 산업체의 노동력 부족 등이 이유가 되겠지만, 근본적으로는 믿음 공동체가 가진 규범이 변한 것이며 궁극적으로 경제활동이 믿음체계에 강한 영향력을 미친 결과라고 볼 수 있다. -Redekop(1989), pp.198-207.

나이트 사회의 경제활동 속에서 어느 정도까지 성경의 가르침을 발견할 수 있는가? 아니면 Max Weber 식의 접근처럼 메노나이트 사회의 경제적 성공에 그 어떤 성서적 바탕이 있는가 하는 식으로 초점이 이동될 수 있을 것 같다.

결론적으로 메노나이트 사회구성이 정형화할 수 없을 정도로 다양한 것처럼 그들의 경제활동도 매우 다양하여 명확한 구분이 어렵다고 할 수 있다. 분명히 말할 수 있는 것은 메노나이트 사회의 경제활동은 점점 인습적 경제학 모델로 변하고 있지만, 현재까지 자본주의적 경제체제에 완전히 복속된 것은 아니며 아직도 독특한 경제활동을 견지하고 있으며, 성서의 상대적 해석을 어떻게 어느 정도만큼 하느냐에 따라 그룹별 차이를 보인다는 점이다.

* St. Jacob의 Farmer's Market(캐나다 온타리오 소재)

* Farmer's market 내부의 메노나이트 가게

* Farmer's Market의 서쪽 별채에 있는 가축 경매장 중에 하나로서 육우를 경매하는 모습

* Old Order 메노들과 아미쉬들의 아이콘 중의 하나인 Barn Raising 장면. 대개 농업을 주업으로 하는 이들이 농토를 구입한 후, 제일 먼저 하는 일이 Barn Raising이고, 그다음이 Tile Draining(땅 밑에 배수 파이프를 매설하는 작업), 맨 마지막이 주택이라고 알려져 있을 정도로 Barn 건축을 우선시한다. Barn의 용도는 일반적으로 일 층은 가축을 수용하고, 이 층은 겨울에 가축을 먹일 Hay를 대규모로 저장한다. 규모는 최소한 가로 30 feet, 세로 60 feet 이상이다. 번개에 의한 불타거나 화재 등 자연재해로 인해 Barn이 사용불능이 되고 주인이 화재 보험에 부보하지 않았다면, 주인이 메노나이트든 아니든 상관없이 메노나이트들이 함께 모여 같은 규모로 협동하여 지어준다. 물론 돈은 일절 받지 않는다. 이웃을 네 몸같이 사랑하라는 성경의 명령을 다 함께 받드는 것이다.

메노나이트 사회의 과제와 전망

1. 외부적 과제

역사적으로 볼 때, 메노나이트의 믿음체계는 재세례운동의 전통에 기반을 두고 있기 때문에 재세례운동의 다양성이 메노나이트 다양성을 초래한 측면이 있다. 그러나, 종교운동으로써 메노나이트 믿음이 다양하게 분포하게 된 구체적 이유와 배경은 강력한 외부 환경의 영향 때문에 재세례운동의 주요 핵심 요소들이 새롭게 해석되고, 때로는 변질된 채 실천되었기 때문이다. 이것이 현재 메노나이트 사회가 외부적으로 직면한 첫 번째 과제이다.

이러한 첫 번째 과제에 대하여 Redekop는 다음과 같은 다섯 가지 기본 요소를 지적하였다.[49]

(1) 국가 교회의 배격: 앞서 우리가 살펴본 바와 같이 초기 재세례파들은 국가에 의해 후원을 받는 교회를 배격하고, 국가 권력에서 벗어난 집회로서, 자발적인 교인자격(Membership)이 기본이 되어야 한다고 주장하였는데 이것이 오늘날 메노나이트 믿음체계 안

---

49) Calvin Redekop(1989), pp.279-280.

에 비교적으로 잘 보존되어있다. 오늘날 대부분 근대국가에서는 종교와 정치의 분리 및 믿음의 자유가 보장되고 있기 때문에 현대 사회에서 국가 권력과 교회가 서로 마찰할 가능성은 매우 희박하다. 따라서 이 요소는 메노나이트 사회의 주요 이슈가 되지는 못할 것이다.

(2) 국가 활동에 참여 배격: 초기 재세례파들은 크리스천이 국가의 활동에 참여하는 것을 금지하였다. 따라서 국가 기관에 근무하는 일이나 군역(military service)에 참여하는 것을 허락하지 않았다. 사도 바울의 가르침(로마서 13장)대로 비록 국가의 합법적 지위와 국가의 보호를 인정하고, 국가를 위해 기도는 하지만, 기본적으로 국가 권력이 가져올 수 있는 폭력과 강제를 거부하는 것이며, 기피해야 할 으뜸 세속기관으로 간주하는 것이다. 이러한 전통은 대부분의 메노나이트 그룹에서 그대로 이어간다고 볼 수 있다. 그러나 The Old Order Mennonite 그룹과 The Old Order Amish 그룹 등 보수적인 메노나이트 그룹은 이 기준을 철저히 지키는 데[50] 반하여, 그 외의 그룹들은 이 조건을 완화하여 국가 행정과 정치에 참여하는 그룹들이 많아지고 있다. 예를 들어 이른바 '선별적 참여'라는 명분 아래 행정기관에 참가하고, 국가 정치 단체에 가입 활동도 하는 것이다. 이런 경향은 미국의 중부지역(특히 Kansas) 메노나이트들에서 많이 나타나며, 캐나다의 경우 Winnipeg, Manitoba, B.C(Vancouver), Ontario(Kitchener)의 대도시 거주의 메노나이트

---

50) Old Order 그룹은 국가와의 관계는 매우 제한적이다. 예를 들면 세금은 내고 있지만, Pension 등 social security benefit에 관심이 없다. 의료보험에도 참여하지 않고 자체 자금으로 또는 단위 교회의 상호부조로 치료비를 감당한다. 심지어 교육세를 납부하지만, 자체적으로 학교를 세우고 운영하고 있다. 그러나 이러한 엄격한 기준 적용은 메노나이트 사회의 분열을 조장한 결과를 만들어 내기도 하였다. 즉, The old Order 메노나이트와 The Old Order Amsih 그룹에서 가장 많은 분열이 발생하였다.

들에서 보이는 현상이다. 이런 제한적 정치 행정 참가 현상은 점점 세력을 얻고 있는데, 그 개념과 범위가 모호하여서 메노나이트 그룹 간 주요 이슈가 되기도 한다. 그룹별로 본다면 러시아 메노나이트 그룹, 네덜란드 메노나이트 그룹이 주도적으로 이 기준을 확대하고 있으며, 선별적 참여의 수준에도 캐나다와 미국의 해석이 다르게 나타나고 있다. 즉 캐나다는 지방정부뿐만 아니라 연방정부 기관과 정치까지 확대 적용하는 데 반해 미국은 주나 연방 단위까지 확장하는 것에 주저하는 실정이다. 선별적 정치 행정 참여 문제는 메노나이트 사회의 중요한 이슈가 되어있다.

(3) **세속과 분리된 삶**: 국가와의 관계 못지않게 메노나이트 사회의 정체성을 대표하는 기준이라 할 수 있는 세속과의 관계 설정 문제는 어느 의미로 메노나이트 사회의 가장 큰 이슈가 되어있다. 왜냐하면, 이 기준은 초기 교회와 그 정신을 따르는 재세례운동의 하나님 나라 건설 문제로 거슬러 올라가기 때문이다. 재세례운동이 보는 세속은 복음이 약속한 세상이 아니었다. 당시의 사회구조는 예수의 가르침으로 세워진 사회가 아니라 인간의 관습과 인류사로 변형된 죄의 사회였다고 그들은 믿었던 것이다. 따라서 그들이 선택할 수 있는 삶의 양식은 세상과 분리된 생활, 그리스도의 가르침을 문자 그대로 따르는 순수한 삶을 선택하고자 하였다. 그 결과 그들은 세상을 멀리하고, 믿는 사람끼리 서로 사랑하고, 서로 돕는 정직과 완전함을 지향하는 사회, 희생과 소박한 삶, 절약과 책임을 다하는 삶을 그들의 생활 기준으로 삼은 것이다. 그러나 이 기준은 국가와의 관계에서 생기는 문제보다 메노나이트 사회 내부에 한층 심각한 이슈를 만들어 내었다. 세상은 이미 풍족한 자본주의 물질문명으로 내 닫고 있고 메노나이트 사회의 시니어 지도자들은 변화된 세상의 문물에 적응하는 것을 꺼리거나 주저하

는 가운데, 많은 젊은 세대는 보수적인 메노나이트 사회 조직에 답답함을 느끼고 개선과 일부 개혁을 원하고 있는 것이다. 이 기준의 적용 범위와 내용 여하에 따라 향후의 메노나이트 사회의 양상이 달라질 수 있을 것이다.

(4) **기강이 잡힌 커뮤니티**: 재세례운동은 커뮤니티 결속을 위해 절대복종을 강조하여 메노나이트 사회에서 개인은 커뮤니티에 무조건으로 복종하는 전통을 가지고 있었다. 파문과 추방 같은 극단의 조치들이 이러한 엄격한 규율 속에서 일어난 것이다. 그러나 이러한 엄격한 기강과 규율 역시 메노나이트 사회를 결속시키는 측면보다는 분열과 다양성을 만들어 낸 주 인자가 된 것도 사실이다.

(5) **상호부조식 협동**: 메노나이트 사회의 덕목이 된 이 기준은 오늘날에도 굳건히 지속되어 아름다운 전통이 되어있다. 경제적 측면과 사회적 측면을 넘어서 개인적 측면까지 메노나이트 사회 깊숙이 자리하고 있는 이 기준은 메노나이트 사회에서는 매우 당연한 전통이며 기준이고 이것이 큰 이슈를 만들지는 않고 있다.

두 번째 외부적 과제는 경건주의(Pietism)의 영향이라고 할 수 있다. 경건주의는 16세기 루터파로부터 파생된 분파로서 구원에 대한 내적 체험이 강조되고 크리스천 형제애 표현은 부수적인 것으로 보는 경향을 가진 분파로 알려져 있다. 분명 믿음체계로 볼 때 경건주의와 재세례운동은 큰 차이가 있고 확실한 이질성이 있지만 16세기 이후 메노나이트 사회는 네덜란드 지역을 제외하고 경건주의로부터 큰 영향을 받게 되었다고 한다. 그 배경에는 당시 유럽 전반, 그 너머 러시아까지 경건주의 물결이 널리 퍼진 이유도 있었지만, 무엇보다 가톨릭계와 개신교 쪽의 혹독한 탄압 속에서 경건주의는 재세례파들의 길을 보다 수월하게 만드는 요소가 있는

측면도 있었다는 주장도 있다.[51] 이러한 경건주의의 영향은 1850
년대 러시아 Kirchliche church에서 The Mennonite Brethren Church
가 분열되는 하나의 요소가 되었으며, 많은 경우 미국 메노나이트
사회분열의 원인이 되기도 하였다.[52]

메노나이트 사회의 정신적 지주인 재세례운동과 경건주의의 갈
등은 과거의 문제가 아니고 현재도 지속되는 중요한 이슈가 되고
있다. 문제는 경건주의가 개인적 체험과 주관적 경험에 의존하여
공동체 우위의 재세례운동 전통을 훼손할 수 있으므로 이 문제를
메노나이트 사회가 어떻게 대응하느냐에 따라 자신의 미래가 결정
될 것이다.

세 번째 외부적 과제는 자유주의(Liberalism)과 모더니즘(Modernism)
의 영향에 메노나이트 사회가 어떻게 대응할 것인가 하는 문제이
다. 자유주의는 예정설(Predestination)이나 절망설(Total depravity)[53]
과 같은 기독교 전통을 받아들이지 않고 이성적 판단과 믿음의 다
양성을 선택할 자유를 추구하는 것으로 기본적으로 근대적 민주적
문화토양을 그 배경으로 갖는다. 한편 모더니즘은 전통적 기독교
를 재해석하여 세상과 역사적 지식을 과학적 그리고 지성적으로

---

51) Friedmann, Robert(1949).
52) Calvin Redekop(1989), pp.281-282.
53) 어거스틴의 원죄설 설명에서 유래된 개념들임. 원죄 때문에 인간은 태생적으로 죄를 짓게 되어
   있는데, 예수와 하나님이 베푸시는 구원에 이르기 위한 경로를 둘러싸고 칼빈파와 아르메니안
   (Armenian)파 간에 논쟁이 치열하게 전개되었음. 칼빈파의 주장은 하나님 은총이 사람에게 내려지
   기 위해서는 은총 받을 사람이 미리 운명으로 주어져야 한다고 보았는데(예정설), 그 이유는 타락
   된 인간은 구원을 원치 않을 뿐만 아니라, 하나님을 선택할 수도 없기 때문이라는 것임(이후에
   신학적 오류로 판정받음). 반면에 아르메니안 주장은 타락한 인간이라 하더라도 하나님 모상을
   잃은 것은 아닐 뿐 아니라 하나님의 선행적 은총(Prevenient Grace)에 의해, 예수와 하나님이 베푸
   시는 구원에 응대할 수 있다는 주장을 하였음. 이들 간의 논쟁을 통해 교부들이 제기한 원죄론,
   예수와 하나님의 사랑 등에 대한 신학적 발전이 이루어졌음.

이해하려는 신학적 경향을 그 배경으로 하고 있다고 할 수 있다.

　다소 거칠게 말한다면 지금까지 이 두 사상이 메노나이트 사회에 준 영향은 그리 크지 않다고 할 수 있다. 왜냐하면, 기본적으로 메노나이트 사회는 고답적인 신학에 대해 관심을 두지 않았으며 전문 신학자도 없거니와 고등교육마저도 거부하여 자신들의 믿음 체계에 완고한 보수주의를 유지해 왔기 때문이다. 그러나 일부 그룹들이 신도들에게 보다 많은 고등교육기회를 허용함으로써 점차 상황이 점점 달라지고 있는 것은 부인하기 어렵다. 예를 들면 GCMC 그룹에 속한 교회들은 미국 주류 (복음) 교단과 진보주의적 교단으로부터 점증적 영향을 받고 있다고 알려져 있으며, 이러한 진보주의적 교단의 침투는 특히 미국 메노나이트 사회의 분열 원인이 되고 있다. 또한, 모더니즘과 보수주의(메노나이트 전통주의를 포함하여) 간의 알력과 마찰은 점차 메노나이트 사회의 통합에도 걸림돌이 되는 중이다. 이러한 갈등은 과거 약 1900년대부터 1940년대에 걸쳐 일어나서 1946년 성경의 개정('The Revised Standard Version of the Bible')으로 정리된 적이 있지만, 아직 끝난 것은 아니다. 메노나이트 사회가 모더니즘의 영향을 받게 되어 결과적으로 EMC(Evangelical Mennonite Conference)가 탄생한 것은 좋은 예가 될 것이다.

　기타, 근본주의와 복음주의의 침투, 다른 종파들의 세속화 경향 등도 메노나이트 사회분열의 촉매적 역할을 할 수 있는 중요한 외부 요인이 되고 있다. 근본주의와 복음주의는 그 자체로 여러 가지 갈래들을 가지고 있기 때문에 한마디로 그들을 정의할 수 없을 정도지만, 그 기원과 신학적 뿌리는 같다고 할 수 있기 때문에 같은 맥락으로 엮어 설명하는 것이 가능하다고 볼 수 있다. 근본주의는 기본적으로 Puritan Protestantism에서 파생된 것으로서 개인적 구원(구원의 개별성)을 강조하는 소위 미국식 부활주의(American-revivalism) 현상을 만들어 낸 믿음체계라고 할 수 있는데, 이 믿음체계는 특별히 교회의 사명으로 복음주의를 강조하고 있으며, 비종파주의적 기독교, 평신도 지향 신학, 보수적인 성경해석으로 유명하다. 즉 성경의 무오류성을 주장하고, 이것을 모든 신학의 기초자료로 삼는 동시에 사적 영성 체험으로의 전향을 강조하는 편향을 가지고 있다. 이러한 근본주의가 어떻게 메노나이트 사회에 영향을 미치는가는 아직 연구가 끝난 것은 아니지만, 메노나이트 사회에 스며드는 자유주의와 기타 이단적 견해들과 대결할 때 메노나이트 사회가 공동체통합을 위해 이런 근본주의와 자연스러운 관계를 맺을 수 있는 공간은 열려 있는 것이다.

그러나 역설적으로 근본주의와 복음주의는 메노나이트 사회를 분열시킬 수 있는 요소를 가지고 있는 것도 사실이다. 근본주의와 복음주의는 메노나이트 공동체 내부에 독일어 사용보다는 영어 사용을 주장하고 있으며, 일상생활에 보수-전통적 태도보다는 근대화를 주장하는 등, 전통사회인 메노나이트 사회에 큰 논쟁거리를 제공하고 있기 때문이다. 이러한 우려들이 현실로 가장 많이 나타난 그룹은 MBC(Mennonite Brethren Church)와 EMC라고 할 수 있다. 문제를 더욱 심각하게 만드는 것은 최근 1970년대 말에 등장한 근본주의와 신복음주의(neo-evangelicalism)의 공세이다. 이들은 더욱 적극적으로 국가편향주의, 자본주의와 군사주의까지도 받아들이는 태도를 보임으로써 메노나이트 사회의 분열과 생존에도 위협을 주고 있는 실정이다. 이러한 위협적 요소를 종교사회학적 입장에서 문화적 변용 과정(process of acculturation)으로 받아들인다고 해도 메노나이트 정체성의 유지 차원에서 메노나이트 사회 내부적 대응이 이슈가 되는 것이다. Old Order 그룹과 후터파 그룹은 이 이슈에서 약간 벗어나 있지만, 그 밖의 많은 그룹의 메노나이트 그룹은 최후의 보루라고 할 수 있는 자신의 정체성 유지를 위해 투쟁하고 있다.

2. 내부적 과제

우리는 앞에서 메노나이트 사회가 직면한 외부적 문제들을 살펴보았지만, 그 기준의 근저에는 메노나이트 사회가 외부 사회 즉 바깥세상을 자기 자신의 사회과 구분하여 별개의 세상 내지 멀리해야 할 세상으로 보는 이분법적 사고를 바탕으로 한 것이라고 볼 수 있다. 그러나 이러한 이분법적 사고는 메노나이트 사회 내부적으로 그리고 자체적으로 생긴 모순적 양상을 잘 반영하지 못하는 약점이 있다. 이하 우리는 메노나이트 사회를 위협하는 내부 모순적 과제들을 살펴봄으로써 종합적 과제로 나아갈 수 있을 것이다.

메노나이트 사회가 직면한 첫 번째 과제는 바깥세상과의 관계단절을 통해 믿음 공동체 생활을 공고히 한다는 그들의 원칙은 공동체의 고립과 침체를 가져왔으며 그 결과와 공동체의 발전을 가로막고 있다는 모순적 현실을 어떻게 해결할 것인가 하는 점이다. 그들은 성서의 가르침대로 세상을 본받지 말고 새사람이 되어야한다(로마서 12장 2절)는 말씀에 따라 많은 세상적인 것을 배척하여 TV set, 인터넷 심지어 그 흔한 자동차까지도 거부하는 바람에 공동체는 현대 물질문명에 뒤처진 낙후된 생활을 하고 있다. 메노나이트 공동체를 이탈하는 많은 사람들은 이 부분을 공동체의 번영에 파괴적 요소로 간주하고 있다.

두 번째 과제는 그들이 바깥세상을 이해하는 수준은 외부세계가 크리스천 정신의 순수성과 숭고한 믿음에 대척 관계에 있다고 파악하고 기피 대상으로 보는 것인데, 정작 기피해야 할 대상은 바깥 세상이 아니라 개인의 내부 깊숙이 숨어 있는 믿음의 나약성과 불신, 가족과 공동체 내부에 존재하는 불화들이 더 문제가 있다는 견해에 어떤 반론을 제기할 수 있을 것인가 하는 점이다. 메노나이트 생활 양식이 크리스천 믿음의 정수라고 볼 수 있는 근거가 매우 취약한 것이다.

세 번째 이슈는 메노나이트 사회는 그들의 문화와 전통에 집착한 나머지 관료적 형식주의에 매몰되었다는 내부 비판을 어떻게 해결할 것인가 하는 점이다. 그들만의 언어와 복식[54] 그리고, 엄격한 기강의 강조는 크리스천 믿음의 정수를 표현하는 것이 아니라 자의적이고 권위적 외형주의라고 치부하여 다수의 젊은이가 공동체를 떠나 복음주의 교회로 옮기고 있다.

네 번째 과제는 메노나이트 사회 안에 리더들의 관료적 형식주의나 권위주의 못지않게 그들이 고집하는 반계몽주의나 문맹정책이 메노나이트 사회의 안정성을 위협할 수 있다는 점이다. 공동체 리더들은 전통과 고지식한 성서주의를 추구하면서, 공동체를 위해서 그리고 크리스천 형제애를 결속시키고 보존하기 위해서는 세속적 가치를 지향하는 고등교육은 멀리해야 한다고 믿고 있는 것이다. 그러나 필자의 생각으로 세속적 가치를 멀리해야 한다는 성서의 가르침과 고등교육이 세속적 가치의 온상이며 더 나아가 반 성

---

54) Old Order 메노나이트나 아미쉬들의 복식 규정은 그들의 정체성을 나타내는 독특한 징표로 유명하다. 주로 검은 옷과 챙이 있는 모자를 쓴 그들만의 복식은 그들과 바깥세상을 구별하는 주요한 신호이자 무언의 의사표시라고 생각할 수 있다. 그들이 크리스천으로서 말과 행동 못지않게 외관 문제에 집착하는 데는 외관 문제와 관련되어 성서가 많은 예시를 하고 있기 때문이다. 성서에 나타난 크리스천 복식 및 외관에 관한 주요 구절은 다음과 같다. 디모테오전서 2:9-15(여성의 몸가짐과 옷차림, 비슷한 논리가 베드로전서 3:1-7에도 있음), 스바니아 1:8(하나님 백성에게 특별한 복식이 필요함), 골로서 3:2, 야고보서 1:27, 4:4(세속적인 것에 대한 경고), 마태오 5:28, 계시록 3:18(겸손과 검소한 차림 강조), 고린도전서 11:1-16(여성들의 머리 관리).

서적이라는 증거가 매우 희박하다. 문맹률과 반계몽주의 확산 때문에 크리스천 믿음의 핵심 중의 하나인 성령의 역사가 제한받는다면 이것을 큰 아이러니가 아닐 수 없다.

필자가 그들과의 인터뷰에서 확인한 사실 중 하나는 많은 메노나이트 지도자들은 복잡한 신학 이론을 믿지 않고 있으며(따라서 그들은 전문 목회자도 없고, 목회자 양성 기관을 갖지 않고 있다), 신학에 정통할수록 성서의 자의적 해석 위험이 크고, 쓸모없는 신학적 논쟁을 일삼는가 하면 때로는 함부로 이단으로 규정하여 무고한 신도들을 핍박하는 자가 되기 쉽다고 믿고 있는 듯하다. 이러한 그들의 태도는 과거 가톨릭과 개신교 신학자들에게 심한 박해를 받았던 역사적 경험에서 비롯된 측면이 있을 것이다. 당시의 소위 학식 있는 가톨릭 승려들과 개신교 신학 이론가들이 그들에게 온갖 죄명을 씌워 박해했던 과거를 쉽게 잊어버릴 수는 없었을 것이다. 그렇다고는 해도 그런 역사적 사실에 기초하여 배움과 학식에 대한 거부감을 완강하게 유지하는 정책은 문제를 해결하는 정책이 또 다른 문제를 낳은 아이러니가 되고 만 것이 아닐까?

다섯 번째로, 메노나이트 그룹 내부에 전통을 고집하는 자아집착파와 복음전도파 간에 갈등이 커지고 있다. 주로 자유주위와 모더니즘 그리고 복음주의 경향을 가진 그룹은 전통고수에 집착하여 성경의 명령인 선교를 등한시하는 Old Order 그룹을 대상으로 비성경적 태도라고 비난하고 있는 것이다. 독특한 언어와 전통문화를 지키려는 노력과 자신을 개방적 위치에 놓고 보편적 교회로 가는 선교 활동은 내부적 모순관계에 있으며, 이것을 잘 해결할 묘안이 없는 것이 현재 메노나이트 사회가 직면한 딜레마 중에 하나라고 볼 수 있다.

이상과 같은 여러 이슈와 내부 모순 이외에도 메노나이트 사회가 내부적으로 겪고 있는 갈등은 많다. 예를 들면, 복음주의 경향을 가진 메노나이트 분파들은 명목상 메노나이트 가치를 추구하는 것으로 행세하지만, 세속인들과 다를 바 없이 경제영역과 정치 사회적 영역에 두루 진출함으로써 과연 메노나이트의 전통적 가치인 경건성을 얼마나 견지하는지 시비에 걸리고 있고, 필요 이상으로 신앙을 세속적인 것으로 채운 '맛을 잃어버린 (가짜) 소금'으로 비난받고 있다. 또한, 이러한 내부 갈등들이 가끔 공동체의 분열로 이어지면서 메노나이트 사회의 정체성에 혼란을 가중하고 있는 것이다. 예컨대 현대 문명과 기술을 받아들이는 것에도 분파마다 차이가 있고, 주류 사회와 관계설정문제도 각 분파 간에 통일된 원칙이 없고 보니, 분파 간에 존재하는 교육수준 차이는 물론 평균 소득의 차이 등은 대통합에 무시할 수 없는 걸림돌이 되고 있다.

강력한 리더십의 부재도 대통합에 걸림돌이다. 전통적으로 메노나이트 사회는 공동체의 위계질서를 거부하며, 형제애와 평신도 사도직을 선택한 결과가 되었는데, 그 결과 공동체와 교회의 리더십은 애매한 위치에 있게 된 것이다. 각 공동체가 자율권을 확보한 것은 소중한 이점이지만, 중앙 리더십이 유약한 종교단체는 유력한 종교 사회적 지위를 가질 수 없는 한계를 가진 것이다.

3. 전망

여러 가지 과제와 내부 모순들에도 불구하고 현재까지 메노나이트 사회는 건재하며 오히려 인구수는 점증하고 있다. 이런 현상은 종교공동체로서 메노나이트 사회가 복잡한 여러 이슈를 감당해내고 때로는 적응과 사회적 진화를 해온 결과로 볼 수 있을 것이다. 즉 여러 분산적 이슈들을 종교 사회적 응집력으로 연대하는 데 성공한 것이다. 사회적으로 가장 강력한 연대는 가족과 혈연관계에서 출발하는 것처럼, 메노나이트 사회의 응집력은 강력한 혈연관계에서 나온다고 보아도 좋을 것이다. 그들은 믿음과 문화가 같은 분파 간 혼인 관계를 맺고 있다. 더구나 생업에서도 생산의 공동체 협업체제 사회안전망을 위한 상호부조식 관계를 유지하여 서로 유기적인 경제적 토대를 만들어 놓았다. 외부적 영향을 최소화한 내부 기강도 매우 강력하여 현대 문명의 이기들을 통제하고 교통수단도 전 근대적인 Horse and Buggy를 고집함으로써 결과적으로 외부접근성을 제한하고 있다. 무엇보다 특기할 점은 교육체제를 기초수준으로 제한하고 자체 인력으로 운영함으로써 국가 이데올로기 침투에 방호벽을 설치하고 노동력의 내부 충용을 용이하게 함으로써 유기적 재생산 체제를 갖추게 되었다고 볼 수 있다. 일단 메노나이트 사회의 일원으로 태어나면 태생적으로 환경적으로 그리고 사회적으로 메노나이트 사회 인습을 벗어나기가 쉽지 않게 되어있기에 공동체는 무난히 재생산되고 자생적 인구증가율이 꾸준히 유지되고 있는 것이다.

그러나 향후의 메노나이트 사회는 누적된 각종 이슈와 내부 모순들 때문에 과거와 같은 형태로 유지될지는 의문이 있다. 변동성을 가진 분야 중의 하나는 세속 세상과 메노나이트 공동체 (교회) 간의 관계를 어떻게 설정할 것인가 하는 점이다. 크리스천 교회가 속세를 어떻게 규정해야 하는가는 성서의 여러 가르침으로 명확하다 할지라도, 그 가르침을 자본주의 현실사회에서 어떻게 해석하고 받아들일 것인가 하는 점은 종파마다 다르다. 이미 검토한 바와 같이 메노나이트 사회의 중심 세력이라고 할 수 있는 Old Order 그룹에서 가장 많은 분열과 분화가 일어난 것은 이들의 해석이 세상과 세상적인 것을 거부하는 전 근대적 경향 때문이었다. 자본주의 물질문명이 심화될수록 메노나이트 교회가 가진 세계관은 한층 더 도전을 받게 될 것은 확실하다.

둘째로, 메노나이트 사회가 변동성을 직면할 수 있는 분야는 사회 정치적 관계로 보인다. 의료보험과 국방, 그리고 교육 분야까지 국가의 역할에 소극적이거나 기피하는 그들의 태도는 주류 사회와의 갈등과 긴장을 초래할 가능성이 높다.

이상과 같은 두 가지 분야는 과거 재세례운동의 핵심 내용이자 메노나이트 사회의 정체성을 파악하는 두 개의 축이라고 할 수 있는데, 국가 교회의 탄압이 없는 현재 외부적 요인이 공동체 해체에 직접적이고 압도적인 영향을 미친다고는 볼 수 없기 때문에 결국 공동체의 미래는 공동체 내부의 생존 능력과 적응 능력 그리고 사회진화적 요인들에 의해 결정될 것이 확실하다. 그들의 세계관과 국가와 사회관은 거의 오백 년간의 주류 세력의 탄압과 질시의 역사에 살아남은 소중하고 빛나는 인류사의 유산이기 때문에 생존 자체만으로 소중하고, 때로는 국가의 횡포에 고초를 겪고, 물신주의에 무한질주하는 세태에 신음하는 대중 다수에게 균형 잡힌 시각을 제공하는 모델로서 또한 사회학 종교학 문화 인류학 등 다방면에 걸쳐 다양한 연구과제를 던져주는 매우 중요한 소재가 될 것이다.

국가의 역할과 크리스천의 믿음 간의 관계, 믿음과 경제활동 간의 관계 등에 관한 향후의 연구 방향은 더욱 대등한 상호관계 연구로 상향될 필요도 있을 것이다. 즉 국가의 역할이 권력지향이고 폭력행사를 준비하고 있는 억압적 기능만 있는 것도 아니고, 크리스천의 정신이 사랑과 겸손, 용서와 무저항적 삶에만 기초하는 것도 아니며, 경제활동이 믿음체계에 주는 영향도 반드시 비성경적인 요소만 있는 것은 아니기 때문이다.

* 필자 농장 근처 Old Order 메노나이트 학교 전경. 왼쪽으로 학생들이 타고 온 자전거가 보이고 오른쪽엔 교사가 교통용으로 사용하는 말 한 필이 있다. 메노나이트 학교는 대개 Gemay(그들의 기초 지역 구분 명칭-독일어 Gemeind, 혹은 영어의 커뮤니티)의 중앙에 위치하며 대개 교차의 한쪽에 위치한다. 건물 지붕 위 환기통(Cupola) 엔 종이 매달려 있고, 모든 학생이 한 교실에서 수업을 받고 있다.

* 메노나이트 학교 학생들의 휴식시간 전경. Old Order 메노나이트들은 같은 Gemay(커뮤니티)에 속하는 교인들의 자녀를 위해 자체 학교를 건립하여 운영한다. 학교의 위치는 강과 개울, 도로 등의 지리적 입지를 감안하여 결정하고 회중의 염출과 회원들의 노동력 자원봉사로 건설한다. 학교 교육은 8학년까지 실시하며 교사는 자체 충원이고 주 정부로부터 어떤 지원도 받지 않는다. 학생들이 입고 있는 옷과 보호 장구는 신발을 제외하고 거의 집에서 부모들이 만든 수제품이다.

제3부

메노 아저씨의 친척들

◀ 아미쉬 Famaily

후터파 Famaily ▶

◀ Quaker's Meeting

아미쉬(Amish) 사회

* 아미쉬 농가 입구 전경

1. 개요와 현황

17세기 말 메노나이트 사회에서 분리된 아미쉬 사회는 재세례운
동의 전통을 잇고 있는 그룹들 중에서 비교적 세상에 많이 알려진
그룹이다. 이들은 독특한 외모를 갖추고 있는데, 남자들은 긴 턱수
염55)을 기르고 있으며, 멜빵을 착용하고 있고, 여성들은 까만 복장
에 독특한 헤어스타일과 모자, 그리고 특이한 복식과 더불어 Horse

---

55) 이들에게 턱수염(Beard)은 장려되지만 무사 계급을 상징하는 콧수염(Moustache)은 허용되지 않는
   다. 이것 말고도 외투의 단추 규정, 멜빵(Suspender)에 대한 규정, 여성의 헤어스타일과 모자
   (Bonnet)에 대한 규정 등 이들에게는 매우 까다로운 외모(의상, 복식)규정이 있다.

and Buggy를 타고 다니는 사람들이다. 이들은 주로 농촌 지역에 집단적으로 공동체를 이루고 살고 있는데, 특이하게도 압도적으로 많은 아미쉬들이 세계자본주의 현대 문명의 중심이라 할 수 있는 미국과 캐나다에 거주하면서 문명의 이기들 사용을 거부하거나 매우 제한적으로 사용함으로써 현대 문명을 일상화하는 일반 도시인들의 호기심을 끌고 있다. 그 이외에도 아미쉬의 특징들은 많다. 독일 방언을 쓰는 사람들, 자녀 교육을 8학년 수준으로 한정하는 사람들, 자신들의 교회건물을 갖지 않고 가정(주로 농가의 Barn)에서 예배를 보는 사람들, 평신도 사목을 하는 집단, 교회가 복식을 엄격히 규제하는 집단, 군대와 관련된 일을 거부하는 집단, 'Rumspringa'[56]라는 독특한 청소년 문화를 가진 집단, 자신들의 공동체 생활을 일부 개방하여 관광상품을 판매하는 집단 등이 그것이다. 우리는 이미 메노나이트 사회를 검토할 때 이런 특징을 대부분을 포함하여 살펴본 바가 있지만, 몇 가지 측면 즉 남성의 경우, 턱수염을 기르고 있다든지 그들만의 복식을 착용한다든지, 교회건물이 없고 가정예배를 Barn에서 가정예배를 본다든지, 청년들의 Rumspringa 전통, 그리고 자신들의 생활상을 관광상품으로 하는 점이 외형상 Old Order 메노나이트들과 구별되는 점이라고 할 수 있다.

---

56) 아미쉬 젊은이들이 성년에 진입할 때, 비공식적으로 공동체를 떠나 바깥세상을 경험하는 기간을 의미함. 모든 청소년들이 이 기간을 가지는 것은 아니지만 16세에서 21세 정도의 많은 젊은 아미쉬, 혹은 메노나이트들이 이 시기를 이용하여 외부세계를 경험한다고 한다. 대개는 난폭하고 방종적인 유람기간(running around period)이 되어 사회문제를 야기하기도 한다. 이들은 이 기간을 경험한 뒤에 세례를 받고 공동체에 남을 것인지, 공동체를 떠나 외부세계로 진출할 것인지를 결정한다고 한다.

* 아미쉬 부부가 아이들과 함께 cabin 없는 마차를 타고 가는 장면이다. 이 사진에서 눈여겨볼 점은 안전벨트도 없이 아이들이 마차 뒤에 있는 점과 함께, 아내의 위치가 위험한 차도 쪽으로 위치하고 있다는 점이다. 이점은 Old Order 메노나이트들도 마찬가지인데, 어른 우위와 남성 우위 사회의 단면을 보여주는 듯하다.

　　본격적인 논의에 앞서 아미쉬에 대한 전체 개요를 파악하기 위해 우선 [그림 - 6]을 통하여 아미쉬의 계보와 Time line을 큰 줄기로 살펴보면, 1693년을 기점으로 재세례파들은 메노나이트들과 아미쉬로 분리되어 독자적 종교집단으로 출발하고 있다. 그 뒤에 1860년대에 들어와 일부 아미쉬 사회는 메노나이트 사회로 흡수되어 아미쉬 메노나이트로 분류되기도 하였지만, 주류는 계속 자신의 전통을 이어 Old Order Amish로 발전하여 오늘에 이르고 있다.

[그림 - 6] Anabaptist-Amish Timeline, 1517-1890

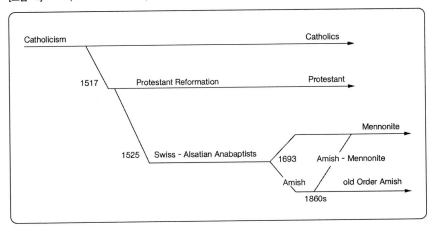

한편 [표 - 4]는 2015년 현재 미국과 캐나다에 현존하고 있는 아
미쉬 커뮤니티의 지역별 분포를 보여주고 있다. 총 500개의 커뮤
니티 중 대부분은 뉴욕과 펜실베이니아의 Middle Atlantic 지역과
미시간, 일리노이즈 등 East North Central 지역에 분포하고 있으
며(59.4%), 다음으로 아이오와, 미주리 등 West North Central 지
역(19.2%), 켄터키와 테네시 등 East South Central 지역(10.2%)
순으로 분포하고 있다. 캐나다는 주로 온타리오 지역을 중심으로
전체 3.6%의 비중을 보일 뿐으로 아미쉬 커뮤니티 대부분은 미국
의 대서양 중간지역(Middle Atlantic)과 동북 중앙지역(East North
Central), 서북 중앙지역(The Midwest)에 집중되어 분포하고 있다.
한편 성장 추이를 보면 동북 중앙지역이 리드하는 가운데, 서북
중앙지역, 그리고 동남 중앙지역순으로 성장하고 있는데, 특히 두
드러진 성장세를 보이는 주는 뉴욕주와 켄터키주 순으로 되어있
다. 뉴욕주의 성장세는 21세기에 들어서면서 특히 현저하게 나타
났는데, 현재의 추세라면, 2020년이 되면 역사와 전통적 측면에서

중심지역이라 할 수 있는 오하이오와 펜실베이니아 지역을 앞지를
것으로 예상되고 있다고 한다[57].

[표-4] 미국 센서스 - 지역별 아미쉬 거주지 현황: 미국과 캐나다

States or Provinces	Region	Total Extants	New since 1/1/10 (founded in 2014 or 2015)
New England	Main	5	2 (0)
	Vermont	1	1 (1)
	Subtotal	6 (0.3%)	3 (1)
Middle Atlantic	New York	52	18 (4)
	Pennsylvania	57	5 (1)
	Subtotal	109 (21.8%)	23 (5)
East North Central	Illinois	18	1 (0)
	Indiana	23	2 (0)
	Michigan	42	9 (4)
	Ohio	55	6 (2)
	Wisconsin	50	8 (2)
	Subtotal	188 (37.6%)	26 (8)
South Atlantic	Delaware	1	0 (0)
	Florida	1	0 (0)
	Maryland	3	0 (0)
	North Carolina	1	0 (0)
	Verginia	6	2 (0)
	West Verginia	3	0 (0)
	Subtotal	15 (3.0%)	2 (0)
East South Central	Kenturcky	41	13 (4)

---

57) Donnermeyer, Joseph and Cory Anderson, (2015), p.225.

	Mississippi	1	0 (0)
	Tennessee	9	3 (2)
	Subtotal	51 (10.2%)	16 (6)
West South Central	Arkansas	1	0 (0)
	Oklahoma	4	2 (0)
	Texas	1	0 (0)
	Subtotal	6 (1.2%)	2 (0)
Mountain	Colorado	4	1 (0)
	Idaho	1	1 (0)
	Montana	5	1 (1)
	Wyoming	1	1 (0)
	Subtotal	11 (2.2%)	4 (1)
Canada	New Brunswick	1	1 (1)
	Ontario	17	2 (1)
	Subtotal	18 (3.6%)	3 (2)
Grand Total		500	101 (27)

* 출처: Donnermeyer, Joseph and Cory Anderson(2015), pp.224-225.

기본적으로 아미쉬 사회는 1693년 스위스 메노나이트 그룹에서 분리된 그룹인데, 사실상 Old Order 메노나이트들과 큰 차이를 보이지는 않는다. 그들이 자신들을 메노나이트들과 다른 이름인 아미쉬라고 칭하는 이유는 공동체와 바깥세상을 보다 격리하는 강경한 입장을 견지하고 있고, 교회의 순수성을 강조한 나머지 파문과 대면기피(Shunning)[58]를 보다 강력하게 실시한다든지, 전술한 바

---

58) 아미쉬 공동체에서 이런 전통이 가장 강력히 준수되고 있다. 즉, 교회규칙 내지 규약집이라고 할 수 있는 Ordnung을 위반하여 공동체 운영에 장애가 된다고 판단될 경우 최종적으로 파문(Excommunication)조치가 교회차원에서 내려지면, 가족과 친구 친척 수준에서 (동시적으로) 대면기피(Meinung or Shunning)가 실시된다. 이 경우 (거의 동시적으로) 가족과 친척,그리고 친구

와 같이 외모와 복식, 가정예배 같은 독특한 형식을 취하다 보니 형식상 별도의 종교 사회공동체로 분류되고 있다. 그러나 내용으로 들어가서 과연 아미쉬가 별도의 종파(sectarian)로 규정할 기준을 갖추고 있는가, 아닌가 하는 점은 우리의 관심을 끄는 부분이며, 또한 일단 종교공동체로 탄생한 이들이 과연 어떤 과정과 경로를 거쳐 발전해 나왔는가 하는 점도 우리에게 흥밋거리를 주고 있다. 이하에서 우리는 이러한 두 중요한 화제를 그들의 발전 과정을 통해서 보다 자세히 살펴보기로 하자.

2. 아미쉬 사회의 발전 과정

1) 형성기(1693-1729)

아미쉬 탄생의 배후에는 Jacob Ammann(1644-1712 or 1730)이라는 인물의 강력한 리더십이 있었다. 그의 출생과 가계, 사망일 등에 대해서는 미스터리로 남아 있지만, 그는 매우 논쟁적이고 비

• Jacob Ammann
(1644-1712 or 1730)

타협적이고 완고한 사람으로 알려져 있다. 그는 자신이 속한 종교집회가 보다 순결해야 하고, 강력한 신앙집단으로 남기를 주장하며 스위스 재세례파들의 미온적인 태도와 맞선 것이다. 돌이켜보면 아미쉬들이 메노나이트 그룹에서 분열된 이유 중 하나는 지도자 Jacob Ammann의 개인적 야망과 더불어 그의 굽힐 줄 모르는 성격, 자신

이웃들로부터 의절(Disownment)이 실시되어 공동체나 가족의 일원이 될 수 없고 마침내 공동체를 떠날 수 밖에 없다. 물론 진정한 참회를 통해 다시 공동체 일원이 될 수는 있으나, 매우 치욕적인 절차를 거쳐야하므로 한번 떠난 구성원이 다시 공동체로 복귀하는 경우는 매우 드물다고 한다.

의 판단과 고집을 끝까지 고수하는 집요함 등이 포함되지만 조금 더 상황을 살펴보면 지역 문화 차이도 중요한 요소였다고 한다. 스위스 문화를 가지고 알사스로 이민 온 Ammann과 그의 동료들은 Alsatian 메노나이트들은 여러 가지 제도와 관습에 이질감을 느끼고 갈등을 겪게 되었다. 일례로 당시 재세례파들은 지역 내의 도로 감시와 마을 행정을 담당하는 공직자를 선출할 것인지 아니면 지역 내 친족의 우두머리가 교대로 그 직을 담당할 것인지가 분명하지 않아 혼선이 있었고, 외부 약탈자들로부터 마을 보호하기 위한 감시자에 대한 보수 지급을 요구받게 되고, 또한 마을을 지키기 위한 군사적 서비스까지 요구받게 되었는데, Ammann과 추종자들은 이들을 모두 거부하였다. 따라서 Ammann이 이끄는 세력들은 당시 해당 지역의 행정당국은 물론 기존의 알자스출신 재세례파(Alsatian Anabaptist)들과 긴장 관계에 놓이게 되었다. 또한, Ammann 측은 영성체식을 일 년에 한 번 할 것이 아니라 두 번 해야 한다든지, 일단 파문당한 교회 멤버는 강력하게 대면기피 해야 한다고 주장하였다.[59] 1693년 결국 그는 그를 따르는 집단과

---

59) the Swiss Anabaptist들은 파문에 관해서는 Schleitheim Articles of Faith에 따라 실시했지만, Alsatians은 Dordrecht Confession(1632)을 따르고 있었다. 후자에 의하면 파문과 함께 곧 Meidung(social avoidance)을 실시하고 또한 전례에 따라 세족식을 실시하는 것으로 되어있다. 후자인 Dordrecht Confession 제11조와 제17조는 각각 아미쉬가 특별히 강조하는 신앙고백이며 타 그룹과 자신들을 구별 짓는 주요한 조항이라 할 수 있다. 간단히 소개한다면,

제11조: 세족에 관하여(of the washing Saints' Feet) -예수가 세족을 제도화하여 명령하였을 뿐 아니라, 손수 제자들의 발을 씻어주었던 것처럼 우리는 성인들의 세족을 믿고 따른다. 즉 세족은 예수가 제자들에게 서로의 발을 씻어주라는 명령이었고, 후에 믿는 이들이 서로에게 지켜야 할 의무이다. 이것은 겸손과 낮춤의 징표이며-진정한 씻김―예수의 피로서 영혼의 정화를 우리에게 상기시키는 표상이라는 의미에서 더욱 특별하다(요한복음 13:4-17, 디모데전서 5:9-10).

제17조: 파문된 이들을 대면기피 하는 것에 대하여(of the shunning of the those who are expelled)-어떤 이가 사악한 생활을 하거나 잘못된 신앙관을 유포하거나 하면 그는 이미 충분히 타락한 것이며, 하나님과 이미 멀어진 것이고, 결과적으로 교회에 의해 처벌받은 것이거나 추방된 것이다. 예수의 가르침과 그의 제자들의 가르침에 따라 교회 회중은 그를 기피해야 하고, 외면해야

함께 알자스 재세례파들과 결별하고 독자적 신앙집단으로 출발하였다.

[그림 - 7]에서 보듯이 아미쉬의 주요 탄생지는 오늘날의 스위스 Bern, Thun, Erlenbach 지역, 그리고 프랑스 Markirch, Colmar 지역이라고 알려져 있는데, 메노나이트들과 마찬가지로 심한 탄압을 받아 스위스 산간 지방이나 알사스 지역, 또한 Palatinate 지역 등 여러 곳에 뿔뿔이 흩어져 살게 되었다.

창립자인 Ammann에 대한 평가는 그의 거친 행동과 옹고집 등에 대한 부정적 측면이 있는가 하면, 그는 훌륭한 지도자로 대중들의 미온적인 신앙 태도를 질타하고, 보다 엄격한 규율로 신앙을 안내한 사람이라는 긍정적 평가가 엇갈리고 있다. 평가의 방향과 관련 없이, 후세 사람들은 그를 따르던 집단을 아미쉬 메노나이트 혹은 간단히 아미쉬라고 부르게 되었다. 그러나 아미쉬를 메노나이트들과 구별하는 경우 이론적 측면에서 어떤 기준으로 하나의 독

한다. 특히 그의 비행을 알고 있는 사람들은 먹을 때나 마실 때 혹은 다른 사회적 관계에서도 그러해야 한다. 간단히 말하면, 우리는 그와 전혀 상관없는 사람들이며 그와 교류하여 죄에 동참하거나 더럽힘을 당해서는 안 된다. 그는 부끄러움을 당해야 하며,우리 행동이 그의 행동방식의 수정으로 이끌도록 해야 한다(고린도전서 5:9-11, 로마서 16-17, 데살로니가후서 3:14, 디도서 3:10-11). 그럼에도 불구하고 그를 기피하거나 훈계할 때에도 온건(moderation)과 크리스천명찰력(Christian discretion)을 사용해야 하며, 그런 온건과 명찰로 그가 파멸로 가는 것을 막아야 한다. 만약 그가 병들거나 궁핍하거나 굶주리거나 목마르고 헐벗고 또 다른 고난으로 고생할 때 우리는 예수와 그의 제자들의 가르침에 따라 그를 도울 의무가 있다. 그렇지 않으면 외면은 그를 고치기는커녕 파멸로 이끄는 결과가 되기 때문이다(데살로니카전서 5:14). 그러므로 우리는 그런 죄짓는 사람들을 적으로 볼 것이 아니라 형제로 타일러야 한다. 즉 그들이 자신의 죄를 알게 되도록 이끌어야 한다. 그래서 하나님과 교회와 화해하도록 그래서 하나님과 교회에 다시 수용되도록 그들을 향한 사랑을 행사해야 한다(데살로니가후서 3:15).

이상에서 본 바와 같이, 아미쉬들은 이러한 신앙고백과 관습을 철저히 지키려 하였고, 메노나이트들은 이런 관습을 완화해서 적용하려 했기 때문에 양쪽의 갈등은 심화되었다고 한다. ― Donnermeyer, Joseph and Cory Anderson. (2015), pp.33-39.

립 sectarian으로 인정할 것인가 하는 부분은 일단 정리될 필요가
있다.

[그림 - 7] 아미쉬의 주요 발원지

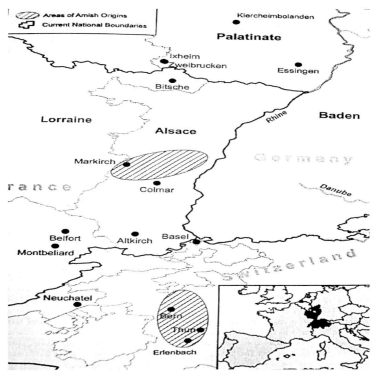

* 출처: Donald B. Kraybill, Karen M. Johnson-Weiner, Steven M. Nolt(2013), p.29.

Hostetler에 의하면[60] 다른 집단과 교리적 차이와 신앙적 지향이
큰 차이가 없는데도 불구하고 독자적인 종교사회운동으로 자리매
김이 가능한 이유는 첫째, 기존집단들 속에 (느슨한) 신앙과 관습

---

60) John A. Hostetler(1993), pp.48-49.

을 일부 변경시켰거나 혹은, (중요한 관습의) 변경을 못하도록 노력했다는 점, 둘째, 그들은 자신들의 목적을 달성하기 위한 수단으로 사람들에게 직접 다가가서 비전과 기교에 따라 책임감을 전파했다는 점, 셋째, 그 범위가 국지적 공동체까지 미치게 되었다는 점, 마지막으로 그런 노력을 지속적으로 전개했다는 점을 지적하였다. 이들에 대해 Hostetler가 부연하는 구체적 이유는 첫째 창립자 Ammann이 대면기피를 중요 이슈로 삼아 모집단과 다른 이데올로기 내지 반대적 교의(negative doctrine)을 만드는 데 성공하였고, 둘째, Ammann은 자신의 고유한 영감에 의존하여 열정적으로 믿음의 차별화를 분명히 하였으며, 셋째, 그는 교회가 세속화되는 것에 위기감을 토로하면서 개인적 카리스마를 기반으로 행동했고, 마지막으로 그는 구체적이고 비타협적인 목표를 가지고 있었으며, 자신들만의 문화적 차별성(예배형식과 외모, 옷차림 등)을 가지고 있었다는 점을 지적하였다. 이런 입장은 교리적 입장에서 그리고 같은 신앙의 뿌리라는 차원에서 아미쉬를 메노나이트의 한 분파로 보는 Redekop와는 많은 차이를 보인다.

결국, 아미쉬의 탄생은 중요한 전통과 관습을 고수하고 변화에 느리게 반응하는 것으로 요약할 수 있는데, 그들의 전통적 종교 관습에 대한 집착과 느린 문화 변화 등은 지금까지 그들의 주요 특징으로 남아 있다.

2) 성장기(1730년대-1860년대)

1730년대와 1860년대는 아미쉬 사회가 일대 전환기를 맞이하는 시기였다. 1차(1727-1770)와 2차(1815-1860)에 걸친 미대륙으로 이주행렬이 이어져 아미쉬 사회의 성장이 시작된 것이다. 1차 이주의 배경은 당시 유럽 지배세력들이 재세례파들에게 가한 극심한 박해 상황과 관련되어 있었다. 비록 30년 전쟁(1618-1648) 후 웨스트팔리아 조약(The Treaty of Westphalia, 1648)에 의하여 군주들은 가톨릭과 개신교 혹은 루터교 중에서 자유롭게 종교를 결정하는 권한을 갖게 되었지만, 여기에는 재세례파들과 Huguenote, Walloons 등 많은 sectarian들은 제외되어 있었기 때문에 그들의 상황은 더욱 나빠져 구교와 신교의 양쪽에서 협공을 받는 입장이 된 것이다.

[그림 - 8] 아미쉬들의 미국 이주 경로

* 출처: John A. Hostetler(1993), p.33.

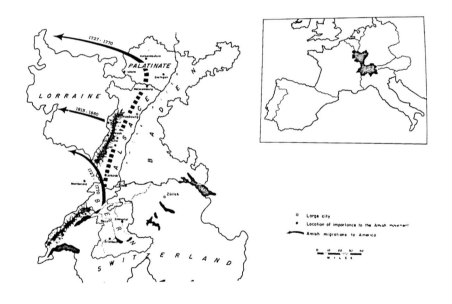

—● 아미쉬 이주 배경

스위스-알자스 재세례파(Swiss-Alsatian Anabaptist)들이 혹독한 박해를 피해 이주를 시작한 시기는 1709년 이후였다고 한다. 먼저 스위스 메노나이트의 미국 이주가 시작되었는데, 1717부터 1732년까지 약 삼천 명의 메노나이트들이 정든 Palatinate 지방을 떠나 현재의 Pennsylvania에 도착했는데, 여기에는 당시 영국 왕실과 William Penn의 이해관계가 조응하는 가운데 퀘이커교도들과 네덜란드 메노나이트들의 우호적인 태도가 그들의 순조로운 정착에 큰 도움을 주었다. 즉 당시의 영국은 미 식민지 개척에 필요한 많은 신민들이 필요하였고 Penn은 자신의 야망을 실현할 영지개척이 필요하였다.61) 무엇보다 네덜란드의 메노나이트들은 곤경에 처한 스위스 형제들을 돕기 위해 the Commission for Foreign Needs라는 조직을 만들어 체계적으로 이주를 도와주었고, 영국의 퀘이커교도들은 그들의 이주비에 큰 보탬을 주었다. 1899년경의 스위스 Bern 정부도 이주에 무관심할 수가 없었다. 감옥에는 재세례파들로 만원을 이루었으나 이들을 처리할 마땅한 방법이 궁했던 처지였다. 당시 스위스는 많은 젊은이들이 다른 지역의 용병으로 가서 벌어들이는 수입이 지역 수입의 상당한 부분을 차지하고 있었는데, 용병으로 나간 젊은이들로 인해 스위스군역을 담당할 인원이 모자란 판에, 군역에 가담하지도 않는 이들을 방치하면 주민들의 강력한 반발이 예상되고 있었다. 상황의 전기가 마련된 것은 종교적 난민 특히 장인기술과 농업기술이 특출했던 스위스 재세례파들에 대한 국제적 수요가 증가하면서 해결의 실마리가 풀어지기 시작하였다. 즉 앞서 언급한 영국의 Ann 여왕의 호의와 William

---

61) 이 부분은 추후 퀘이커 분석에서 자세히 다루기로 하겠지만, 당시 영국은 거의 무국적자들에 가까운 재세례파들을 무상으로 영국 국적을 부여하고 신분보장을 제공하여 그들을 식민지 개척에 이용하는 정책을 실시하였다. 이것으로 메노나이트들과 아미쉬들은 신분보장을 받게 되어 영국의 보호를 받는 결과가 되었기 때문에 많은 재세례파들은 영국에 매우 호의적인 태도를 가지게 되었다. 이러한 이들의 태도는 미국독립전쟁 당시에도 작용하여 자신들의 평화주의적 노선과 더불어 독립전쟁에 비협조적인 태도를 견지하였다고 알려져 있다.

Penn의 초청뿐만 아니라, Prussia 지역(오늘날 Poland)의 Frederick 대왕(King Frederick the Great: 1740-86)도 페스트로 잃어버린 인구 확충을 위해 종교 난민을 받아들이고 있었고, 네덜란드도 습지 개척과 농사기술자가 필요하였으며 특히 러시아의 캐서린 여제(Czarina Catherine the Great)는 사절을 보내 가장 적극적으로 재세례파들의 수용을 표시하였다. 러시아의 제의는 매우 구체적이고 가장 우호적인 조건이었으므로 재세례파들은 대표를 보내 현지답사를 하도록 조치하여 많은 수의 종교 난민들이 현재 우크라이나 지역을 중심으로 이주하여 이른바 러시아 메노나이트들을 탄생케 하였다.

이런 상황 속에서 우선 네덜란드 정부와 Bern 정부는 Bern 재세례파들의 이주 건을 놓고 협상하였다. 그 결과, 일단 그들은 네덜란드로 데리고 가서 그들이 최종 정착지를 스스로 선택하도록 하는 것으로 합의를 보았다. 이주비를 네덜란드가 부담하는 대신 Bern 행정당국이 책임져야 할 조건은, (1) 재세례파들이 러시아로 가든 네덜란드로 가든 그들이 선택할 수 있도록 허락할 것, (2) 일반 사면을 시행하여 감옥에서 나와 자유롭게 개인 재산을 처분할 수 있도록 할 것, (3) 매도되지 않은 재산을 위탁할 대리인을 선정할 수 있도록 할 것, (4) 재세례파들 전원을 감옥에서 풀어줄 것, (5) 재세례파들 중 비재세례파들과 결혼한 사람들이 있을 경우, 그들의 배우자와 자녀들도 동반할 수 있도록 할 것, (6) 통상적으로 부과하는 출국세를 면제할 것 등이었다. 그러나 거의 모든 조건이 준수되었으나, 석방된 죄수들은 감옥체류에 대한 비용을 지급해야 했고, 지속적인 재세례파가 아니었던 사람들은 출국세의 10%를 지급해야 했다고 한다. 네덜란드행 이주는 1711년 7월 13일이었고 다섯 척의 배에 나누어 타게 되었는데, 아미쉬와 메노나이트들은 같은 배에 타기를 거부할 정도로 그들 간의 반목은 심각한 상태였다고 한다. 그러나 많은 사람들이 정부가 세운 계획에 불신을 가진 데다가 고향을 떠나는 것에 대한 두려움 등으로 중간기착지마다 하선하여 내리고, 목적지인 암스테르담에 최종적으로 도착한 그룹은 대부분 아미쉬였다고 한다. 한편 정착지 후보의 하나였던 Prussia로 보낸 선발대가 아직 도착하지 않았기 때문에 일단 재세례파들은 기존의 메노나이트 거류지에 머물게 되었는데, 일부는 옛 거주인 Palatinate로 돌아간 사람들도 있었지만 약 삼백 명의 아미쉬가 네덜란드에서 메노나이트 그룹과 함께 머물게 되었다고 한다. 아미쉬들은 점점 네덜란드 언어를 습득하게 되고 현지 생업에 종사하여 집회도 메노나이트들과 함께함으로써 많은 아미쉬가 메노나이트들과 동화되어 나갔다.

──● 제1차 미대륙 이주: 1727-1770

한편 아미쉬의 미대륙 이주 시기에 대한 정확한 자료는 없으나, 1727년 필라델피아 항구에 도착한 Adventure호에 탑승한 승객 중에 다수의 전형적인 아미쉬 성씨들이 발견됨으로써 대개의 연구자들이 이를 기점으로 아미쉬의 미대륙 이주 시기를 잡고 있다. 그 뒤 1737-1754년 간 대규모 미대륙 이민 러시에 아미쉬도 동참하였으며, 이것이 독립운동 전인 1770년까지 계속되었다고 한다. 아마도 아미쉬가 미대륙에 첫발을 내딛게 된 지역은 이미 메노나이트들이 정착해 있던 Lancaster 지역으로 추정되며 그 후 지속적으로 인근 지역으로 확장되어 오늘에 이르렀다고 볼 수 있다. 오늘날 Lancaster 지역은 미국에서 아미쉬가 가장 밀집해 있는 지역이자 가장 인기 있는 아미쉬 관광지가 되었다.

한편 미대륙에 초기 정착한 아미쉬들은 여러 가지 어려움에 봉착하였다. 경제적 어려움, 인디언의 습격, 다른 종파들의 개종 공세, 더구나 미독립전쟁은 이들의 생활을 더욱 핍박하게 만들었다. 결국, 다수의 아미쉬들이 메노나이트, 퀘이커교도들과 함께 반역죄로 옥고를 치루기도 하였다. 그럼에도 불구하고 이들의 인구수는 점점 늘어나게 되었고 새로 개척하는 Colony 수도 늘어나게 되었다. 이들이 초기 개척한 Colony들은 대개 친족 관계 속에 있었기 때문에 19세기 전반기까지 그들 간에 큰 분열이 일어나지는 않았다.

---● **제2차 미대륙 이주: 1815-1860**

이 시기에 대규모 아미쉬 이주가 이루어졌다. [그림 - 8]에서 나타나듯이 주로 Alsace, Lorraine부터 Palatinate 지역을 포함하여 다양한 지역 출신의 아미쉬들이 미국의 동부, 중부의 여러 곳과 캐나다 온타리오 지역까지 골고루 이주해 왔다. Hostetler의 주장에 의하면 제1차 미대륙 이주 추정 인원는 약 오백 명인 데 비하여 제2차 미대륙 이주 추정 인원은 삼천 명가량이라고 밝히고 있다.[62] 그리고 미대륙으로 들어오는 경로도 1차와 2차는 서로 다르게 나타나고 있는데, 1차에는 필라델피아 항구를 통해서 들어 왔지만, 2차에는 수송비 문제로 New Orleans, Baltimore 항구를 이용하였다고 한다. 당시 프랑스 배들이 미국의 면화를 수송하기 위해 이 두 항구를 자주 이용하고 있었기 때문에 이들을 이용하면 저렴하게 미국으로 올 수 있었다고 한다.

모진 박해로 유럽 각지로 흩어져 거의 사라질 수도 있었던 아미쉬 사회는 미국과 캐나다 정착으로 인해, 유리한 환경을 맞이하여 성장하게 되었다. 즉, 유럽에서처럼 유랑생활을 한 것이 아니라 안

---

62) John A. Hostetler(1993), p.65.

정된 정착 생활을 통해 자신들만의 고유한 문화 공동체를 더욱 견고히 할 수 있었고, 자신들만의 정체성을 확립하는 터전을 마련해 주었다고 할 수 있겠다.

3) 조정기 혹은 분화 발전기(1862-1949)

어느 조직이든 평화 시기가 찾아오면 구성원들은 다양한 욕구를 가지게 되고 조직은 전통과 인습에 갇히어 다양한 욕구 해소를 위해 잘 작동하지 못하게 된다. 따라서 조직 내 긴장과 분열이 생기는 것은 일반적 현상이다. 아미쉬 사회도 이와 비슷한 경로를 통해 발전되어 나왔다고 볼 수 있다. 1850년 이전에는 아미쉬 정착지가 소규모로 여러 지방에 산포되어 있었기 때문에 상호 흩어져 고립되어 있었으나, 산업이 발달하고 상업과 여행이 빈번하게 되자 정착지 간의 연락이 빈번해졌다. 따라서 어느 정도 기반이 구축되고 긴장 국면에서 벗어난 아미쉬 지도자들이 상호 교류와 연대를 논의하게 되는 것은 자연스러운 일이었지만 문제는 서로 다른 배경과 문화의 차이 종교의식의 차이들을 어떻게 조정하느냐 하는 것이었다.

1862년 최초로 아미쉬 목회자들의 회합이 목회자총회(General Ministers' Conference)란 이름으로 결성되었다. 이것은 그간 분산되어 서로 교통을 하지 않았던 아미쉬 사회 최초의 단합을 보여주고 향후 발전을 위한 기본강령을 합의하는 유의미한 모임이었지만, 그와 동시에 그 한계도 확인하는 결과도 되었다. 예를 들면 문화 차이와 (예배) 관습의 차이는 해결하기가 매우 어려웠으며, 독립전쟁 당시 군역과 관련된 신도들의 문제, 정부와 관련된 신도들의 문제, 세상적인 직업의 범위에 관한 사항, 대면기피에 관한 사항 등 많은 이슈들이 합의되지 못하고 말았다. 즉 1862년의 목회자총회는 아이러니하게도 향후 분열을 예고하는 모임이 된 것이다 ([표 - 5] 참고).

[표 - 5] 아미쉬 분열, 1862-1949

연도	분열명칭 혹은 분열 운동명칭	주요쟁점	비고
1862	General Ministers' Conference	아미쉬 통일성 강조, 최초의 미대륙 목회자 전체 회의	분열로 연결
1866	'Egli Amish' or Defenseless Mennonite Church	매우 진보적임, 개인적 종교체험 강조, 아미쉬 심볼 (복장, 외모, 독일어, 형식화된 규율 등)과 결별, 선교에도 관심 표명	Alsatian 출신. 추후 Evangelical Mennonite Church가 됨
1872	'The Stuckey Mennonites' or Central Conference Mennonites	진보적 그룹, Old Order 그룹의 파문과 Shunning 규율에 반대, 죄인의 영원한 처벌 대신 모든 이들의 궁극적 구원관 -이단 시비	Alsatian 출신 추후 the General Conference Mennonite Church로 흡수됨
1888	Indiana-Michigan Amish Mennonite Conference	중도노선 견지	1917년 The Mennonite Church로 흡수됨
1890	Western Amish Mennonite Conference	중도노선 견지	1920년 The Mennonite Church로 흡수됨
1893	Eastern Amish Mennonite Conference	중도노선 견지	1927년 The Mennonite Church로 흡수됨
1910	Conservative Amish Mennonite Conference	중도노선 견지 -주일학교 개최, 복음주의 자선단체 후원	affiliated with the Mennonite Church(1954년 아미쉬 용어누락 시킴)
1927	Beachy Amish Mennonite Church	진보적 그룹, 주일학교 실시와 자동차 전기 트랙터, Meeting House 사용, 예배시 영어 사용에 온건한 태도 견지	Unaffiliated. 독자적인 아미쉬 그룹임

* 출처: John A. Hostetler(1993), pp.281-284 재작성.
* 본 표는 제2부 메노나이트 사회의 발전과 전망의 [그림 - 5] The Anabaptist-Mennonite Family Tree와 연결해 이해할 수 있음.

[표 - 5]는 19세기 말에서 20세기 중엽까지 아미쉬 분열을 조사한 Hostetler의 주장을 요약하고 있는데, 그에 의하면, 상기 표에는 세 가지 주요 흐름이 있다. 첫째는 많은 분열 가운데서 결과적으로 뚜렷이 계속 오랜 전통을 고수하고 있는 'Old Order Amish'[63]가 남게 되어 종전의 아미쉬 혹은 아미쉬 메노나이트라는 용어와 구별되게 되었다는 것이다. 두 번째 아미쉬 그룹은 진보적 그룹으로 이미 전통고수 집단인 Old Order Amish 그룹과 관련을 맺지 않는 회중들이다. 예컨대, Egli and Stuckey group들(모두 Alsatian 출신)이 이에 해당한다. 세 번째, 그룹은 적절한 변화를 채택한 중간 노선을 취하는 회중들로서 이들은 나중에 모두 The Mennonite Church로 흡수된 회중들이다.

진보적 그룹에 속한 회중들 중에도 각 회중은 차이를 보이고 있는데, 가장 개방적이고 아미쉬 전통에서 벗어난 회중은 Egli Amish로서 베른(Berne) 근처의 아미쉬의 주교인 Henry Egli의 주도로 성립된 집단이다. 이 집단은 아미쉬 전통과 결별하고 진정한 회심과 갱생을 경험하자는 취지로 모인 회중인데, 후에는 아미쉬 명칭을 버리고 Defenseless Mennonite 불리다가 결국 Evangelical Mennonite Church로 명칭을 변경하였다. The Old Order Amish 에서 분리된 Beachy Amish도 진보적 입장에 있는데, 어느 연합회도 속하지 않는 독자 아미쉬 회중으로 meeting house를 가지는 것에 찬성하고 있다. 한편 중도 입장에 있는 회중들은 전수한 바와 같이 모두 Mennonite Church로 흡수되어 통일되었다.

---

63) Donald B. Kraybill, Karen M. Johnson-Weiner, Steven M. Nolt(2013), p.423에 의하면 1865년 이후부터 이 용어가 정착되었다고 보고 있다.

아래 [그림 - 9]는 분화 발전기의 Amish 사회분열과 흡수 통합을 전체 그림으로 보여주고 있고, [그림 - 11]은 Amish 사회의 중심집 단이라 할 수 있는 the Old Order Amish의 북미 내 분포를 보여주 고 있으며, [그림 - 10]은 1927년 the Old Order Amish에서 분리된 the Beachy Amish의 북미 분포를 보여주고 있다.

[그림 - 9] The Amish Mennonite와 Old Order Amish의 분열과 흡수 통합: 1880-1950

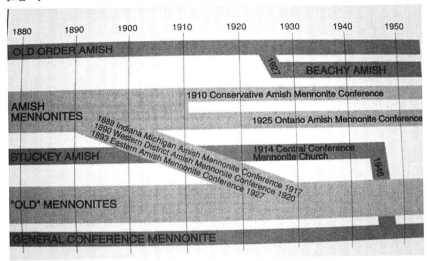

* Steven M. Nolt(2003), p.202.

[그림 - 10] Beachy Amish Churches, 2002

* Steven M. Nolt(2003), p.340.

[그림 - 11] Old Order Amish Church Districts, 2003

* Steven M. Nolt(2003), p.337.

이상과 같은 큰 줄기의 분열상 이외에도 아미쉬 사회의 내부 분열은 같은 회중 안에도 여러 곳에서 이슈와 불화가 발생하였다. 예를 들면, 외복의 색과 모양새에 관한 다툼, 거주와 마차, 마구의 스타일에 관한 이슈들, 기계사용에 관한 의견 차이, 심지어 찬송가의 장단 등에 이르기까지 수많은 이슈가 나타나고 이들이 곧 불화로 이어지고 심지어 분열과 파문으로 연결되기도 하였다. 이런 난맥상들을 회중의 전통과 관례를 모르는 외부 사람들이 이해하기 어려운 것은 당연하겠지만, 같은 조직 내에 있는 사람들조차 이해되지 않는 사례들-예를 들면, 기계설치업을 하는 사람이 도구를 넣기 좋게 하기 위해 겉옷의 바깥 호주머니를 부착하는 것을 아미쉬 교회규정을 위반한다고 벌하는 경우, 아미쉬 가정 출신이 아닌 사람이 아미쉬 회중에 들어오자 독일어를 못한다는 이유를 들어 경원시한 경우, buggy와 (house) Gable 끝에 대한 교회규정위반에 대한 시비 등-은 가장 악명높은 사례들로 꼽히고 있다.[64]

4) 안정기(1950년대-현재)

2차 세계대전 후 미국과 캐나다의 정세는 안정되자 아미쉬 사회도 안정기에 접어들었다. [표 - 6]에서 보듯이 아미쉬 사회 내부의 분열도 추가적으로 많이 일어나지 않았고 기존의 논란들이 일단 정리되어 새로운 이슈와 문제들이 크게 발생하지도 않았다.

---

64) John A. Hosetler(1993), pp.284-299.

[표 - 6] 아미쉬 사회분열, 1950년대 이후

Year	분열명칭 혹은 분열 운동명칭	주요쟁점	비고
1956	Nonconference Conservative Mennonites	더욱 보수적인 그룹 (기성 메노나이트 조직들에 반대)	추후 Conservative Mennonite Fellowship
1966	'New Amish'	진보적인 그룹 전화기, 트랙터 발전기 사용, 그러나 담배 사용금지, 더욱 순결한 생활과 행동을 강조	자동차 사용금지, Meeting House를 반대함(Beachy Amish와 다른점)

1956년의 Nonconference Conservative Mennonite 그룹은 전에 Beachy Amish 멤버였던 사람들과 메노나이트 Conference 구성원이었던 사람들을 중심으로 구성된 집단으로 보다 보수적인 경향을 가지고 있는데, 모두 기성 메노나이트 그룹과 연대하는 것에 반대하고 자신들만의 독자 세력으로 나가다가 나중에 Conservative Mennonite 그룹과 교류하게 되었다. 1966년의 'New Amish' 그룹은 펜실베이니아(Lancaster)와 오하이오주에 있는데, 자동차 사용을 금지한다든지 Meeting House 운영에 반대하는 점에서 Beachy Amish와 차이가 날 뿐 문명의 이기들을 다수 수용한다는 점에서 동일한 성격의 진보적 그룹이라고 볼 수 있다. 다만, New Amish 의 경우 전체적으로 엄격한 아미쉬 규율에서 벗어나 liberal-progressive적 태도를 견지한다고는 해도 '구원'에 대한 견해는 진보적이지 못하고, 다른 아미쉬나 선조들의 견해와는 다른 입장을 취하고 있다고 한다. 즉 그들이 믿는 바로는 크리스천은 '구원'을 소망하는 것 정도가 아니라 '구원'의 확신으로 무장되어야 한다는 것이다. 이러한 견해는 사도들과 전통적인 재세례파들이 가졌던 믿음체계와는 다른 것이어서 논쟁의 소지가 있는 것이다.

2차 세계대전을 거쳐 1950년대 이후 아미쉬 사회는 북미 사회

전반의 안정화와 함께, 아미쉬 사회는 지속적인 인구 증가와 함께 이에 따른 아미쉬 교회 수도 크게 증가하였다.

[표 - 7] North American Amish Church Districts and Population: 1901-2012

Year	Church Districts	Estimated Population
1901	63	6,300
1911	60	6,600
1921	83	9,960
1931	110	14,300
1941	154	21,100
1951	202	27,675
1961	269	36,855
1971	367	50,280
1981	569	77,955
1991	898	123,025
2001	1,382	189,335
2012	2,007	273,710

1930-2012; The Mennonite Year Book, 1905-1960; and Amish historical documents.

* 출처: Donald B. Kraybill, Karen M. Johnson-Weiner, Steven M. Nolt(2013), p.156에서 재인용

* Compiled by Stephen Scott from Raber's New American Almanac,

[표 - 7]에서 확인할 수 있듯이 1950년대 이후부터 아미쉬 인구수는 20년마다 거의 두 배에 가까운 꾸준한 성장률을 보이는데, 현대 물질문명 세상과 떨어져 전통적인 삶의 방식을 취하는 그들이 이렇게 성장해나가는 원인은 다른 교파나 종파에서 많이 유입되는 것이 아니라 공동체 내의 출산율이 높고, 젊은이들의 공동체 이탈이 그리 크지 않기 때문이다. 소수이지만 개종자들이 아미쉬 공동체로 유입되는 경우는 주로 외부 사람들이 아미쉬 여성과 결혼하여 아미쉬 일원이 되는 경우가 거의 대부분인데, 그것도 Lancaster

같은 아미쉬가 많이 사는 지역에는 거의 일어나지 않고 캐나다의 온타리오나 미국의 오하이오 같은 일부 지역에서 새로운 진입자들이 있었다고 한다.

1950년 이후 현재까지 북미 아미쉬 사회의 안정적 성장 과정에서 특기할 사항들을 대략 다음과 같은 세 가지 범주로 정리할 수 있을 것 같다. 첫째는 국가 혹은 정부와 관계에서 아미쉬 사회는 자신의 역량으로 특수성을 인정받아 안정적 성장을 다지게 되었다. 일례로 1957년 자신들의 자녀를 위한 사립학교 건립을 위하여 교사용 잡지인 'The Blackboard Bulletin'을 만들고 자치교육에 대한 홍보를 높여갔다. 그 뒤 1960년대 이후 정부의 의무공교육정책과 아미쉬 학부모 간에 의견 차이가 몇 개의 주에서 쟁점이 되었는데, 1967년에는 이 문제를 해결하기 위해 아미쉬 종교자유를 위한 전국 위원회-The National Committee for Amish Religious Freedom-를 만들어 자녀들의 공립학교 강제출석에 관한 법에 대응하기도 하였다. 드디어 1972년 미 대법원의 최종판결문을 통하여 아미쉬 자녀들이 의무교육인 고등학교 교육의 면제를 허락받았다. 또한, 1965년에는 자영업(주로 농업)에 종사하는 아미쉬에 한하여 정부가 제공하는 사회안전망 체제에서 제외되어 독자적인 안전망 구축을 인정받게 되었다. 그러나 산업체인 경우 1988년에 와서야 고용주가 아미쉬로서 아미쉬 직원을 고용하는 경우에 한하여 독자적 사회안전망 구축을 인정하게 되었다. 아미쉬 사회의 대정부 관계에서 더욱 심각한 문제는 1967년 징집문제에서 발생하였다. 징집문제는 아미쉬 사회에 심각한 해오를 미치는 계기가 될 수 있는데, 병역으로 젊은이들을 공동체 밖으로 내몰아 세상 것에 물들게 만들게 되는 계기가 될 뿐 아니라, 믿음의 조상들이 지켜온 군역기피의 전통을 어기는 중대한 계기가 되기 때문이다. 이런 문제는 일찍이 1차 세계대전 때 양심적 병역반대자로 분류되어 비전투분야에서 근무한 역사가 있었는데, 1946년부터 1976년까지에도 징집법이 발효되어 2년간 대체복무를 수행해야 했었다. 대체복무는 일찍 결혼한 젊은이의 결혼생활에도 위협이 되었고, 복무 기간 동안 아미쉬 정체성을 지키는 것도 용이하지 않게 되어 신심이 돈독한 젊은이들의 다수는 감옥을 선택하기도 하고 또한 일부는 대체복무를 열악한 환경에 처한 다른 아미쉬 농장에서 수행하게 됨으로써 아미쉬 정체성을 지키는 데 성공하기도 하였다.

둘째는 전통적인 종교 문화 공동체인 아미쉬 사회가 현대 산업사회의 발전에 큰 영향을 받게 되어 새로운 자체대응이 필요하게 되었다. 1966년 Ohio와 Pennsylvania에서 만들어졌던 'New Amish' 그룹이 대표적인 경우라고 볼 수 있는데, 그들은 전화, 전기, 트랙터가 끄는 농업용 기계류 일체를 사용함으로써 복식의 차이와 함께 Meeting House 사용을 금하는 것 이외에는 the Old Order 메노나이트와 거의 구별이 없는 아미쉬 그룹이 된 것이다. 특히 1970년대와 80년대에 들어와 많은 아미쉬들이 농업 분야 외 제조업에 진출하여 다수의 산업자본가를 만들어 내기도 하였다. 비록 그들의 업무는 공동체를 중심으로 출발했지만, 오늘날의 아미쉬의 직업은 회계사로부터 전기기술자까지 있고 그들이 종사하는 분야는 전통적인 농업을 넘어서 철강제조업에 이르기까지 다양하다. 고도 산업일수록 산업 내 다양한 직무와 분업이 일어나기 때문에 공동체 일원이 아닌 외부 사람들도 함께 일하는 분야가 많아지고 있는 것이다. 이러한 사실은 종교가 사회구성에 미치는 영향보다는 구성된 경제사회 환경이 종교를 규정하는 측면이 있기 때문에 아미쉬의 전통 가치에 위협적인 요소가 있다고 할 수 있다.

마지막으로 관광산업과 현대 대중매체를 활용함으로써 결과적으로 세상적인 것을 보다 적극적으로 그리고 능동적으로 대처하기에 이르렀다. 1955년에는 'Plain and Fancy'라는 제목으로 인기 있는 Broadway musical이 만들어져 아미쉬 관광 붐을 조성하였으며, 1985년 Paramount 사에서 'Witness'라는 제목의 영화를 제작하여 아미쉬 사회를 세계적으로 소개하는 계기가 되었다. 오늘날 펜실베니아주의 Lancaster 지역에서는 아미쉬 농가 투어를 인기리에 관광상품화 하였으며, 해당 지역의 다수농가들은 Gate selling 등을 통해 다수의 소득을 얻고 있기도 하다.

　상기 마지막 두 가지 측면들은 아미쉬 사회의 변화와 발전을 보여주는 동시에 기존의 전통 종교 문화의 전환을 시험하는 중요한 계기가 될 수 있으며, 향후 그들의 정체성을 결정할 수 있는 중요한 단서가 될 수 있을 것이다. 이하에서 항을 달리하여 전통 분야인 농업 분야와 새로운 진출분야인 기타 산업 분야로 나누어, 이들의 변화와 발전이 어떤 중요한 이슈들을 가졌는지 좀 더 자세히 살펴보기로 하자.

3. 아미쉬 사회와 기술(Technology)

1) 기술을 보는 시각

　전술한 바와 같이 아미쉬들은 전기도 자동차도 거부하는 반 문명적 생활을 하는 것으로 되어있지만 그렇다고 해서 그들이 모든 문명의 이기들과 기술을 거부하고 사는 것은 아니다. 그들이 기술을 바라보는 관점은 적대적이거나 무관심적인 기피대상이 아니라 오히려 선택적 수용의 입장이라고 보는 것이 더 적합한 표현이다. 즉 그들은 러다이트(Luddite)식의 기계문명과 적대적인 관계를 취하는 것이 아니라, 그들 공동체에 필요한 기술을 취사선택하여 현대 문명을 받아들인다고 할 수 있겠다. 이러한 그들의 태도 배경에는 그들 사회가 일반 주류 사회와는 다른 형태의 공동체 사회라는 점에서 출발할 수 있다. 즉, 주류 사회에서의 기계문명의 선택 문제는 여건과 취향에 따른 개인적 선택 차원이지만, 아미쉬 사회는 종교공동체의 특수성이 지배하는 집단적 선택에 의존하기 때문이다. 아미쉬 사회는 특정 기술 사용에 관한 수십 개의 규정이 있는데, 예를 들면, 전화, 공용배선전기, 가솔린 연소 트랙터 사용에 관한 구체적인 규정들이 그것이다. 전화는 직접적으로 외부세계와 연결되는 통로이자 공동체 내부의 뒷공론(gossip)을 만들어 낼 수 있는 기기이므로 사용을 규정해야 하고, 공용송전망으로 공급되는 전기는 각종 전기, 전자제품을 가동시키는 자원으로 검약과 검소함을 지향하는 공동체 생활에 해를 줄 수 있고, 기피해야 할 외부 소비문화가 무분별적으로 들어와 공동체 가치를 오염시킬 수 있기 때문에 규제 대상이고, 비싼 트랙터와 자동차를 사용하여 생산성과 효율성을 높이려는 것은 공동체 집단 노동을 중시하는 아미쉬 가치에 해로운 요소로 작용하기 때문에 사용을 금하고 있다는 것이다. 물론 기술 사용 자체가 죄에 관련된 것도 아니고, 자체적으로 부도덕한 존재도 아니지만, 기술이 그들의 가치를 통제할 수 없도록 조치하고, 자신들이 수 세기 동안 지켜온 종교 문화전통에 큰 해가 되지 않도록 기술을 자신들의 관리 체제 안에 가두어 두겠다는 것이다.

2) 기술을 대하는 유형

아미쉬가 현대 문명을 대하는 태도에는 다섯 가지 유형이 있다고 한다. 완전히 공동체에서 배격하는 기술이 그 첫 번째이고, 두 번째는 수용하는 품목, 세 번째 유형은 공동체에 맞게 변형하여 수용하는 품목, 마지막으로 사용은 할 수 있지만 개인 소유를 금하는 품목이 그것이다.

[표 - 8] 아미쉬의 기술을 대하는 유형

기술을 대하는 유형	해당 품목과 기술
배제그룹	Car, Public grid electricity, Radio, TV set, video, Smart phones, the Internet
수용그룹	Lawn Mowers, Chain Saws, Farm Machinery, Milking Machines, Gas grills, Children toys, Detergents, Pesticides, Battery-powered cash registers, Word processors, Scales, Copy Machines
변형시켜 사용할 수 있는 그룹	배제그룹과 수용그룹의 중간에 위치한 기술로서 공동체 가치에 맞게 변형시켜 사용할 수 있는 기술임. Small airmotors(재봉틀용과 food processor용-), Air pumps(우물용), Propane gas(stove, refrigigerators, water heater용-), Tractors with steel wheels(Rubber wheel을 steel wheel로 개조), 개조된 Farm machines(트랙터에 의해 전원이 공급되어 작동하는 기계를 개조하여 말들이 끌고 나가는 구조로 변형시킴), Battery-powered word processors.
사용은 가능하나 개인소유 금지 그룹	가장 높은 단계의 기술로서 접근과 사용은 가능하나 소유를 금하는 품목들임, 예를 들어 Taxi 이용, 주류 사회의 산업에 고용되어 근무 중에 사용하는 기기들—전화, computer, fax 등.

* 출처: Donald B. Kraybill, Karen M. Johnson-Weiner, Steven M. Nolt(2013), p.314-317에서 재구성.

[표 - 8]에 나타난 각 유형은 아미쉬 사회가 기술을 어떻게 대하고 있는가를 보여주는 것이지만, 동시에 그들이 주류 사회의 산업화와 현대 문명과 접촉에 어떤 이슈를 가지고 대하고 있는지를 보여준다고 할 수 있다. 배제그룹은 그들 공동체 문화에 직접적인 해오가 된다고 판단하는 품목들이고, 두 번째 수용그룹은 생활공동체로서 그들의 생업과 관련되어 어쩔 수 없이 수용하는 품목들 주류를 이룬다고 할 수 있다. 현대 기술에 대한 그들의 신중한 태도는 세 번째 그룹에서 두드러지게 나타나고 있다. 수용하기에는 애매한 기술들을 자신들의 문화가치에 알맞게 (후진적으로) 개조하여 받아들이는 부분인데, 농부에게는 외부에서 완제품으로 나온

고무바퀴의 Tractor를 steel wheel로 개조하도록 하여 일반 포장도로에 진입하는 것을 어렵게 만들었다든지, 비즈니스를 운영하는 아미쉬에게는 산업전문가의 도움을 받아 시중에서 구입한 일반 컴퓨터를 다시 프로그램화한 뒤(일반적으로 Down grade한 뒤), 변형된 아미쉬 컴퓨터를 사용하도록 하고 있다. 즉 이메일링이나 인터넷, 비디오 게임과 다른 interactive media를 사용할 수 없도록 하고 오직, 재고 급여, 회계 처리를 위한 word processing과 spread sheet 소프트웨어만을 사용하도록 하는 것이다. 이 부분의 특이점은 아미쉬들의 고집과 완강함을 보여주는 사례가 될 뿐 아니라 동시에 주류 사회의 기술을 자신들의 재간으로 일종의 Invention과 Innovation을 이룩할 수 있는 여지를 제공했다는 점이다. 실제로 그들이 이룩한 Innovation 중에는 탈곡기의 conveyor speed를 조절하는 장치를 비롯해 토마토 재배를 위한 특수 수정장치(battery-powered pollinator) 등 다수의 장치를 자체 개발하였다. 마지막으로, 사용은 가능하나 개인 소유나 집안에 설치를 금지하는 품목들의 경우는, 전화기를 비롯해 원거리 교통을 위해 Taxi를 이용하는 경우라든지, 아미쉬가 아닌 사업주에 고용된 사람들이 직장의 성질상 사용하게 되는 업무용 현장기기와 기계(컴퓨터, 팩스와 각종 기계)들이 이에 해당한다.

　다음으로 우리의 흥미를 끄는 부분은 기술을 대하는 이러한 다양한 기준들이 아미쉬 생활 현장에서 어떻게 구체적으로 적용되고 있는가 하는 부분이다.

[그림 - 12] 장소에 따른 기술 허용의 범위

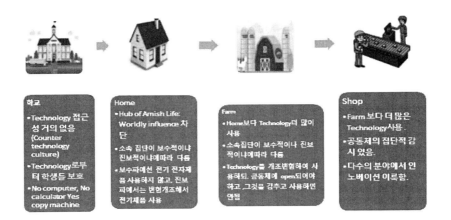

[그림 - 12]에서 볼 수 있듯이 아미쉬 사회에서는 화살표 방향으로 진행될수록 기술 사용이 더 많아지는 것을 볼 수 있다. 즉, 학교는 다음 세대의 양성을 위한 아미쉬 인큐베이트 기관이므로 현대 문명이 공동체의 다음 세대에 일찍 침투 못하도록 하여 반(Anti)기술 정책을 펴고 있다. 즉 복사기 같은 최소의 장비 이외는 일절 기계와 장비를 사용하고 있지 않다. 집에서는 생활에 필요한 문명의 이기들을 자신이 속한 그룹의 원칙에 따라 아예 사용하지 않거나 시장제품을 아미쉬 전통에 맞게 개조·변형하여 쓰고 있다. 기본적으로 아미쉬에게 가정은 아미쉬 사회의 허브로 규정되어 가장은 세속적 가치와 물질문명으로부터 가족을 보호하고, 종교의식과 가족노동으로 사회성을 함양하고 물질문명의 소란함을 통제할 책임을 지고 있다. 생업이나 생산 현장에 들어오면 기술 사용은 완화되고 있다. 비록 자신들이 속한 그룹의 성격에 따라 다르겠지만, 아미쉬 문화와 전통가치를 준수하는 원칙은 변하지 않는다. 전통적으로 농업의 경우는 자연스럽게 기술 사용이 회중에게 노출되어

따로 통제가 필요하지 않지만, 사업장(Shop)의 경우에는 공동체의 집단적 통제 아래 이 원칙이 준수되고 있다. 다만 이러한 원칙이 적용되지 못하는 경우는 아미쉬가 아닌 경영주에게 고용되어 회사의 규정에 따라 기술을 사용하는 경우거나 건축업 같은 Mobile job에서 근무하는 경우는 기술 사용이 예외적으로 많이 허용된다고 한다.

이상에서 알 수 있는 것은 아미쉬 사회에서 기술 사용은 학교와 집에서 멀어질수록 기술 사용 범위가 넓어진다는 것인데, 일과 후 생활과 생업에서 돌아와 다시 아미쉬 본래의 모습으로 돌아오기 때문에 기술의 확산을 잘 제어하고 있다고 볼 수 있다.

마지막으로 기술에 대한 아미쉬의 태도에 관하여 우리의 관심을 끄는 또 하나의 포인트는 왜 그들은 특정 기술을 거부하거나 애써 기능 저하를 시켜 선택 사용하고 있는가 하는 부분이다.

먼저 공공 배선망으로 들어오는 전기와 유선전화에 대해서 간단히 살펴본다면 그들은 세상과 직접 연결된 송전선과 전화선이 가정으로 직접 연결되는 것 자체를 문제로 삼고 있으며, 가전제품의 기능이 그들이 멀리해야 할 세상과 연결을 강화시킬 수 있는 것으로 가족과 공동체의 연대감에 해오를 줄 수 있는 것으로 보고 있다. 따라서 필요한 경우 전기는 자체 발전기를 통하여 가전제품을 사용하거나, 배터리로 구동할 수 있도록 개조하여 쓰고 전화기는 아예 없거나 거실에서 멀리 떨어진 곳에 두어 필요한 시간에 메시지를 확인하고 전화를 걸기도 한다. 비록 진보적 그룹에 속한 가정은 휴대전화를 사용하는 경우도 더러 있지만, 스마트 폰은 허락되지 않는다고 한다. 같은 논리로 자동차의 소유는 허락되지 않는다. 자동차는 일종의 신분을 나타내는 상징이기도 하여 소박한 삶을 사는 그들에겐 거부대상이 되고, 자동차의 속도는 안전에 위험

요소이거니와 높은 이동성으로 말미암아 공동체와 가족이 흩어질 가능성이 그만큼 크다. 또한, 유지비용은 물론이거니와 고장이 날 경우 공동체 밖의 서비스에 의존하게 되는데, 이것은 아미쉬 기본 정신에 위배되는 일이다. 따라서 업무 때문에 자동차를 이용할 수는 있으나 그것을 소유하는 것을 금하는 것이다. 요컨대 아미쉬 사회는 그들이 자신과 공동체 가치를 위해 기술을 통제하기를 원하고 있는 것으로 기술이 자신들의 가치를 침해하거나 좌우하는 것을 배격한다고 볼 수 있겠다.

4. 아미쉬 사회의 경제생활

1) 농업 분야

아미쉬에게 농업은 전통적으로 하나님이 명한 신성한 의무라고 여길 정도로(창세기 3:23) 깊은 애착을 가진 분야라고 할 수 있다. 농사는 신앙 속에서 자녀를 잘 기를 수 있는 최적의 장소이자 생명의 순환과 하나님 창조물을 경외 속에서 관찰할 수 있는 현장이자, 가족 간 협동과 유대를 함양하는 가장 이상적인 분야라고 그들은 생각하였다. 사실 농업은 1950년대까지 90% 이상의 아미쉬 가정의 주 수입원이었지만 1950년대 이후 미국의 농업이 기업화, 기계화됨으로써 전통적 생산방법을 고수하였던 아미쉬 농업은 큰 위기에 봉착하게 되었다. 비록 소수의 Old Order 그룹은 아직도 소규모, 기계를 쓰지 않는 농업을 하고 있지만, 농업에 종사하는 많은 아미쉬 그룹들은 전근대적 소규모 가족농장 수준으로 머물고 있어 생산성과 타산성 저하로 고전하고 있다. 특히 아미쉬 인구가 큰 폭으로 증가되어 농지 수요가 증가되자 농지 가격을 치솟았고, 비료 값, 종자 값, 장비 값이 덩달아 올라 농업으로 수지타산을 맞추기가 여간 어려운 일이 아니다. 비교적 돈벌이가 보장되는 낙농업(Dairy Farming)은 미국이나 캐나다나 2백만 불이나 투자해야 가능한 분야이기 때문에 진입의 벽이 너무 높다. 결국 21세기 들어와 전체 아미쉬 인구의 7%만이 전업 농업에 종사하고 있다고 한다.[65]

한편 아미쉬들은 활로를 찾기 위해 새로운 벤처 농업 분야인 치즈 제조, 유기농, 온실 분야로 진출하는가 하면, 사냥감 동물 사육, 애완동물 사육, Fish farming, Dairy goat farming, 채소와 화훼 분야 등으로 진출하기도 했

지만, 이런 분야 역시 현대적 기술 사용에 제약이 많기 때문에 큰 성공을 기대하긴 어렵다. 따라서 많은 아미쉬들, 특히 젊은이들은 농경지를 떠나 건설이나 산업 현장으로 내몰리고 있다 한다.

2) 산업 분야

현재 북미 아미쉬 가정의 약 2/3가 공동체 안과 밖에 있는 비농업부문에서 나오는 소득을 기본 소득으로 하고 있는 실정이다.[66] 그들이 종사하는 업종들은 소매업, 식당, 공장 그리고 건설 현장 등 다양한 형태를 보여주고 있는데, 특히 아미쉬 젊은이들의 경우, 북미의 의무교육인 고등학교 졸업자도 아니기 때문에 그들이 선택

---

65) Donald B. Kraybill, Karen M. Johnson- Weiner, Steven M. Nolt(2013), p.292.
66) Donald B. Kraybill, Karen M. Johnson- Weiner, Steven M. Nolt(2013), p.291.

할 수 있는 직종은 전통적인 농업, 자영업, 임노동자 중의 하나를 선택할 수밖에 없다. 전술한 바와 같이 농업부문은 고성능 기계와 기술을 적용하여 대량생산하는 외부 거대 농업자본과 경쟁할 수 없는 것이고, 대부분의 젊은 아미쉬들이 선택할 수 있는 것이라고는 외지에 가서 임노동자로 근무하거나 시장을 상대로 한 자영업 경영이 그 활로의 전부가 되어있다.

이것은 곧, 전통적인 형태였던 공동체 경제 내의 협업과 분업체제로부터의 이탈을 의미하는 것이며, 공동체 경제가 지역경제와 국민경제에 깊이 편입되어 가는 현상을 반영하는 것임으로 공동체 지도자들의 우려가 적지 않다. 먼저 임금노동자로 근무하는 경우 우려스러운 일은 전통적인 공동체 관습의 하나인 협업과 상호부조의 미덕이 위협받게 된다는 점이다. 아미쉬 공동체는 의료, 양로 분야에 있어서 국가의 도움 없이 자체적으로, 서로 돕고 짐을 나누는 것을 규율로 하고 있는데, 만약 아미쉬 근무자가 직장에서 제공하는 건강보험, 연금 혜택(pension benefits) 제도를 거부하지 않고, 의무적으로 부과된 사회보장세(social security tax)의 환불을 요구하지 않고 자유재량으로 제도의 수혜자가 된다면 상호부조 공동체 관습은 심각한 도전에 직면하게 되는 것이다.

같은 논리로 외지에서 아미쉬가 아닌 경영주에 고용되는 경우, 산업제도 속에 있는 노조 가입문제도 이슈이고, 일반적으로 아미쉬가 아닌 경영주가 지급하는 높은 임금 수준은 아미쉬가 경영하는 다른 사업체 임금 상승을 부추길 위험도 크다. 대개 아미쉬들은 특정 산업에 몰려 고용되는 경향이 강한데, 이점은 불황 시 대규모 실업사태를 면하기 어려운 점도 추가적인 우려 대상이다.

다음으로 1970년대 이후 급성장한 자영업 경영에 대해 살펴보면, 첫 번째 유형은 이른바 Cottage Industries라고 하는 가내수공업이나 영세 사업체로서, small engine repair shop, green house, cabinet shop, small retail shop, auction company 등으로 가정에서 멀리 떨어지지 않은 곳에서 5인 이하 인원으로 활동하는 소규모 자영업을 경영하는 경우이다. 이 형태는 이윤을 추구하는, 시장 지향형이라기보다는 전통가치를 보존하는 가운데, 가족들과 혹은 이웃과 함께 노동하는 것을 주목적으로 하기 때문에 공동체 측면에서 환영하는 유형이다.

두 번째 형태는 소규모 비즈니스를 경영하는 경우인데, 종업원이 5인 이상 30인 이하의 규모로서 경영자는 다소간의 기업가적 소질이 있어야 하고, 외부 시장에 생존을 위한 경쟁력 즉 효율성과 생산성을 갖추어야 하는 분야이다. 이 분야는 투입자본이 크고 때로는 기술이 많이 요구되어 리스크가 큰 분야이며, 년 매출액으로 볼 때 천만 달러를 상회 하는 회사도 있다. 규모가 크든 작든 아미쉬 비즈니스들은 이동성이 많은 분야에 진출하고 있다. 예를 들면 건축 관련 일들이나, 농부직매장터(Farmer's Market)에서 소매업에 종사하는 경우가 이에 해당한다. 특히 많이 진출한 분야는 건설과 관련된 부분으로 상업건물과 주택 건설과 관련된 carpentry, excarvation, roofing, remodeling, masonry 등에 진출하고 있다.

개괄적으로 본 아미쉬 비즈니스 경영은 성공적으로 볼 수 있다. 많은 제약조건-전기 사용의 제약, 자동차 소유금지 컴퓨터 사용제약 등-에도 불구하고 많은 장점들이 성공요인으로 작용하기 때문이다. 무엇보다 굳건한 노동윤리(work ethic), 절약정신, 최소의 간접비, 공동체 노동 pool이 장점으로 작용하였다. 또한 아미쉬 경영주는 아미쉬 근무자에게 건강보험료와 사회보장혜택(social security benefit)의 부담을 지지 않기 때문에 그만큼 가격 경쟁력을 확보하는 이점도 있다. 게다가 대중들의 아미쉬 Brand에 대한 호의적 인식이 높아서 가구나 음식류 등과 관련한 매출이 높게 나타나고 있다고 한다.

그러나 이러한 장점 못지않게 문제점도 함께 발생하고 있다. 즉 비즈니스의 급성장으로 공동체 정신이 쇠퇴해 가고 점점 자본주의적 개인주의가 싹트고 있다는 점, 비즈니스 성장과 더불어 여성의 경제 참여가 늘어나고, 혹은 남녀 젊은이들이 외지로 나가 임노동에 종사함으로써 전통적인 남녀의 역할 구분이 점점 희미해져 간다는 점, 따라서 이런 요인들로 인해 공동체 구성원들이 바깥세상을 보는 세계관이 수정되어 나간다는 점들이 중요 이슈로 대두되고 있다고 한다. 일반적으로 농업에 종사하는 층은 보수적 경향이 강하고, 자영업에 종사하는 부류는 진보적인 경향이 있으며, 임노동으로 근무하는 층은 그리 부자는 아니라 하더라도 안락하고 북미 표준적인 생활을 영위하려는 성향이 있다고 한다. 게다가 생업의 차이로 인해 개인 간 외부세계와의 접촉 빈도가 차이가 있고 이로 인해 가계 간 소득 불평등이 심화될 수 있으며, cottage industries와 소규모 비즈니스 간 격차가 커져 분파 간 불균등 발전으로 연결될 수도 있다. 또한, 외지 산업체에 근무하는 근로자들은 일정 기간 여가 기간을 누릴 수도 있지만, 농업에 종사하는 사람들은 그것을 누릴 수가 없기 때문에 상호 간 입장차이가 공동체의 동질성을 와해할 가능성이 크다.

이 모든 요소들이 생업의 변화와 발전에서 비롯되었으며 이들이 아미쉬 고유의 문화를 전환시킬 수 있는 잠재적 변동성이 있다는 점은 부인하기 어렵다. 필자가 접한 어느 아미쉬 리더의 말에 의하면 아미쉬들의 비즈니스 성공과 가계들의 번영이야말로 아미쉬 공동체의 적이며, 과거에 그들이 경험했던 쓰라린 박해만큼 위험한 것이라고 했으며, 덧붙여 경제적 번영은 자만감으로 연결되고 이것은 결국 죄의 문턱으로 가는 길이라고 하였다. 분명히 현재의 아미쉬들은 주류 사회 경제체제에 편입되어 일하고 있는 것은 사실이다. 하지만 아직 그들이 완전히 북미 사회에 동화되었다거나 생업 변화가 아미쉬 사회의 근본을 흔들었다고는 볼 수 없다. 아직도 그들은 자동차와 컴퓨터를 가지지 않았으며, 8학년 수준으로 자체교육을 고집하고 있고, 돌아가며 구역 내 가정예배도 계속하고 있다. 특히 아미쉬 사회의 주춧돌인 Family는 생업이 아무리 변했다 하더라도 영향을 받지 않고 그대로 존속하고 있다.

3) 관광과 미디어

농업과 자영업에 이어 관광산업이 아미쉬 사회에서 주요한 부문이 된 것은 20세기 들어와서부터였다. 아직 캐나다 온타리오(특히 Perth county)에서는 관광부문이 활성화되지 않았지만, 미국에서는 Lancaster county(Pennsylvania), Holmes county(Ohio), Elkhart county(Indiana) 지역이 미국 아미쉬 관광의 3대 명소가 되어 유명세를 타고 있다. 대표적 관광지인 Lancaster county의 경우 연간 천백만 명의 관광객이 방문하여 20억 달러의 지출을 한 것으로 나타났으며, 고용 효과는 이만이천 명으로 알려져 있다. 아미쉬 관광의 중심지인 3대 명소를 전부 합할 경우 매년 관광객 수는 매년 천구백만 명에 달하며, 이는 아미쉬 인구 일인당 235명의 관광객을 끌어들이는 놀라운 숫자로, 이 관광산업으로 인해 해당 지역들에 총 삼만삼천 개의 일자리를 만들었다고 한다.[67] 물론 아미쉬가 직접 관광업을 경영하는 것은 아니고, 외부 전문 여행업체가 주선한 연출된(staged) 현장 체험-예컨대 buggy riding, craft store 방

---

67) Donald B. Kraybill, Karen M. Johnson- Weiner, Steven M. Nolt(2013), p.390.

문-으로 진행된다고 한다. 아미쉬가 관광업에 편승하여 비즈니스를 하는 경우는 미리 예약된 5~6명에게 아미쉬 가정식 식사를 제공하는 식당을 경영한다든지, Gate selling을 통해 직접 재배한 생산물을 팔거나 하는 정도이며, 이 경우에도 관광객들은 공동체 구역의 접근 금지와 아미쉬들의 Privacy를 존중할 것, 사진촬영을 자제할 것 등 주의를 받는다.

아미쉬 경제와 아미쉬 Brand에 긍정적 역할을 한 부분은 과거 아미쉬 출신자들과 외부 영상매체들이 합작품으로 만든 Virtual tourism과 미디어였다. 가장 큰 반향을 일으킨 할리우드영화는 1985년 Peter Weir 작품인 'Witness' 그리고 1997년 영화 'For Richer or Poorer'였다. 이 두 영화는 농촌 지역을 배경으로 아미쉬 생활상과 그간 베일에 싸여 있던 그들의 믿음과 가치체계를 보여주고 있기 때문에 흥행에 크게 성공한 영화들이다. 특히 해리슨 포드가 주연한 'Witness'의 촬영지를 답사하는 투어가 생기기도 하였다. 21세기에 들어와 TV, 인터넷 등 수많은 미디어가 다큐멘터리를 제작하거나 인기 있는 토크쇼, 인터넷의 수백 개의 유튜브 동영상, 블로그와 Face book을 통하여 엄청난 자료를 쏟아 내었다. 따라서 이들이 소개하는 아미쉬 사회의 virtual tourism은 아미쉬의 입장과는 상관없이 상업 미디어의 중요한 상품이 되었다고 할 수 있다.[68]

---

68) TV를 통한 주요 Documentaries는 다음과 같음: 'Devil's Playground'(2002), UPN's six-episode reality series 'Amish in the City'(2004), ABC's 'Primetime: The outsiders'(2008). 이상은 Rumspringa와 아미쉬 청소년 비행을 추적하는 부정적인 이미지를 부각하는 내용임. The Lifetime Movie Network 작품 'Amish Grace'(March 2010): 2006년의 유명한 사건(Shooting at the Nickel Mines Amish School)을 우호적 이미지를 부각하는 내용임. BBC Documentaries인 'Trouble in Amish Paradise'(2009), 'Leaving Amish Paradise'(2010), Four episode reality show로서 UK version of 'Amish in the City'라고 할 수 있는 'Amish: The World Squarest Teens'(2010), The BBC Sequel인 'Living with the Amish'(2011), National geographic의 두 작품인 'Amish at the

아미쉬 사회에 대한 대중들의 인기는 어디서 나오는 것일까? 아마도 그들이 우리 일반인들과 다른 삶을 사는 그래서 우리가 상상으로 살고 싶은 일종의 환상이미지를 제공해서인지, 아니면 이민의 나라인 북미에서 초기 이민자의 삶을 불러일으키는 향수 때문인지 잘 밝혀지지 않았지만, 현대 물질문명의 홍수 속에서, 혹독한 경쟁 속에서 살아야 하는 일반 대중들은, 중세 복장을 차려입고, 마차를 타고 다니며, 정부기관은 물론 세상의 물질문명과 일정한 거리를 두고 소박한 믿음 공동체로 살아가는 그들이 그 자체로 특별한 관광자원이 되는 것은 틀림없을 것이다. 그러나 아미쉬의 입장에서 본다면 거리를 두어야 할 외부인들이 공동체로 들어옴으로써 일종의 문화적 침공을 감내해야 하는 숙제를 안게 되는 것이다. 관광객의 증가로 해당 지역 경제가 활성화되는 이점과 이런 문화 침투의 숙제가 어떻게 조절되는가 하는 것이 관건이 될 것이다. 적어도 현재까지는 관광을 통해 방문자들은 자신의 현재 모습을 확인할 수 있는 것과 마찬가지로, 아미쉬들도 방문객과의 접촉을 통해 자신들의 정체성을 확인하여 자신들의 문화에 자부심과 만족감을 제공함으로써, 관광산업은 서로에게 도움을 주고 있다고 볼 수 있겠다.

Alter'(2010), 'Amish:Out of Order'(2012), TLC의 nine-episode reality TV series인 'Breaking am-ish'(2012) 등 수많은 작품이 있고, 한때 미국의 가장 인기 있던 Talk show 담당자인 Oprah와 Anderson Cooper가 아미쉬 사회를 대상으로 사회를 다수 진행하였다. 이들은 모두 과거 아미쉬 출신이거나 연출된 인물들을 통해 자료를 편집한 것으로 Real 아미쉬를 직접 출연시켜 만든 작품이 아니다. 매체를 기피하는 아미쉬가 인터뷰에 응한다면 파문 가능성이 있을 정도로 그들은 카메라에 서는 것을 매우 기피한다. 그 외에도 수많은 블로그와 face book의 사이트에도 아미쉬에 관한 여러 정보가 있는데, 운영자는 대부분은 과거 아미쉬 출신이지 현재 아미쉰 사람은 없다고 볼 수 있다.

5. 아미쉬 사회의 과제와 전망

지금까지 살펴본 바와 같이 혈연과 가족 중심의 소수민족으로서 문화 종교 공동체로서 살아가는 아미쉬는 생존을 위해 거대한 산업화의 흐름 속에서 적응하지 않으면 안 되었는데, 적응의 형태는 다음의 세 가지 형태로 나타났다.[69] 첫째는 타협이 가능한 부분과 타협 불가능한 부분의 구별을 통한 적응, 둘째로 일종의 부분적 양보를 통한 적응, 마지막으로 협상을 통한 적응 부분으로 정리할 수 있다.

첫째 형태와 관련하여 아미쉬가 타협하지 않고 배격하는 부분은 다음과 같다. 개인주의(집단적 목표지향), Modernity(약간의 예외가 있음), 도시생활(공동체로 구심력지향), 세상과 동화(의복, 언어, horse and buggy 등 세상과 구별된 emblem들을 갖춤), 외부세상(소비주의 배격, 현대 기술 배격, 대중문화를 배격), 국가에 의한 혜택과 의무 거부 (국고-government coffers-로 지원되는 각종 혜택인 연금, 실업수당, 의료보험 등 배격, 납세는 하지만 정치 행위와 병역거부), 자신들의 공동체 내에 관료주의적 구조, 일반개신

---

69) Donald B. Kraybill, Karen M. Johnson- Weiner, Steven M. Nolt(2013), p.405.

교의 형태(주일학교 배격, 제직회 등이 없고, 교회건물 갖지 않음), 교파초월 세계교회주의(신학이론 학습 배격, 영어식 예배 배격), 각종 사회운동과 문화(대중문화 배격, 전통적인 gender role 고수, endogamy, no feminism, no divorce, no pluralism, no multi-cul-turalism, no inclusivism, no high school or higher education).

두 번째 형태로써 양보를 통한 적응의 예는 다음과 같다. 현대 자본주의 틀 안에서 공동체 특성을 가미하여 독특한 자본주의를 만들었다. 일종의 아미쉬 스타일 자본주의라고 할 수 있는 이 체제는 이윤은 추구하되 경쟁은 하지 않고, 기업의 크기와 개인적 power를 제약하고 있으며 민·상법적인 이익을 지키기 위해 법에 호소하지는 않는 체제라고 할 수 있다. 또한, 생산과정에서 기술을 적용하는 경우 공동체에 미치는 영향을 고려하여 선별적으로 채택하는 선에서 양보하고 있으며, 대정부관계에서도 충실하고 순응적으로 세금납부를 통해 협조하고, 군 복무 문제도 대체복무로 타협하여 대응하기도 하였다.

마지막으로 협상을 통한 적응을 살펴보면, 1967년 The National Amish Steering Committee를 결성하여 국가 기관과 협조하는 가운데, 아미쉬의 관심인 토지용도와 이용관리규정(zoning regu-lation)에 관한 협상을 하기도 하였으며, 자체적으로 기술을 사용하는 경우 소유와 사용에 관한 구분을 명확히 하여 공동체 내부로 무분별하게 기술이 침투하지 못하도록 일종의 방화벽 설치를 협상하여 타결지었다. 또한, 내부적인 협상을 통하여 의사 변호사 등 외부 전문직업 종사자와의 의존 수준에 대해 협상을 매듭지었다. 그 이외에도 비즈니스와 관련한 자동차 접근성과 소유 가능성에 대한 논의를 비롯해 여러 분야에서 아미쉬 전통과 현대성을 감안하여 균형을 유지하는 방향으로 타협하는 데 성공하였다.

이제 우리는 향후 아미쉬 사회가 기존의 이슈들과 현대 산업사회가 강제하는 각종 도전을 어떻게 대처할 수 있을 것인가를 살펴볼 단계가 되었다. 기본적으로 소수민족 성향의 문화 종교 공동체인 아미쉬 사회는 다음과 같은 영역에서 생존 전략을 강구해야 할 것으로 보인다.

첫째는 현대 과학기술 문화의 발전과 침투력과 공동체 문화 보존 역량이 어떻게 상생 모드로 갈 수 있을 것인가 하는 문제이다. 세상과 분리된 삶을 지향하는 아미쉬 사회가 현재 직면한 도전 중 하나는 각종 디지털 기기들을 어떻게 자기 통제하에 둘 수 있느냐는 점이다. 2010년경부터 스마트 폰과 아이패드의 등장으로는 공동체 밖과 외부 세상과의 경계가 사라졌고 사실상 통제가 어렵게 되었다. 이 기기들은 업무와 오락 기능은 물론 전 세계의 사정을 가정으로 순식간에 직접 연결시킬 수 있기 때문에 사실 자동차보다 훨씬 공동체 문화에 위협적인 요소가 될 수 있지만 통제하기가 쉽지 않을 것이다. 특히 호기심 많은 청소년들이 간단히 이불 밑에 숨길 수도 있어서 바깥세상과 공동체의 경계 구분이 의미가 없게 되어있다.

둘째로 공동체 내부에서 갈등이 고조될 수 있는 면들을 공동체가 어떻게 자체적 역량으로 해결할 수 있는가 하는 측면이다. 이미 살펴본 대로 비즈니스는 이미 자체 논리대로 자본주의 이윤 추구형태로 발전해 나가는데, 교회는 전 근대적 통제로 아미쉬 자본주의를 고수하려는 현 체제가 언제까지나 공존할 수 있는가 하는 점이 확실치 않다. 이점이 향후 아미쉬 사회의 잠재적 변동성으로 작용할 것이 예상된다. 동시에 기술을 대하는 지금의 태도도 큰 이슈가 될 것이 예상된다. 이미 외부 사회는 초현대적으로 진행되어 외부 공장에 근무하는 아미쉬에게 상당한 기술적 친화력을 심어 놓았다기 때문에 애써 기술을 기피하는 데는 한계가 올 것이다. 더욱이 장애인 혜택과 의료보험, 연금 등 사회보장체제에 편입되는 것을 개인의 재량권으로 주장할 경우 이것에 제약을 가하기가 매우 어려울 것이다. 결국, 이런 문제들은 정부와의 관계의 심화를 의미하는 동시에, 공동체 권위보다는 주체적 내지 개인적 선택권이 존중될 수밖에 없는 형태로 변모해갈 가능성이 크다. 같은 맥락으로 교회와 공동체의 규약(communal Ordnung)을 기초로 하는 공동체 믿음체계는 점점 개인적 복음주의 신앙의 도전을 받게 될 것이다.

셋째로 아미쉬 사회의 다양성이 고조됨에 따라 아미쉬 사회의 변동성이 더 높아질 것이다. 아미쉬 인구 증가와 함께 생업진출의 다양성도 함께 성장하면서 향후 아미쉬 사회는 점점 다양한 사회로 발전되어 나가는 것은 확실해 보인다. 비록 다양성 증가가 아미쉬 사회에 반드시 위협적인 요인이라고 보기에는 확실치 않지만, 그 다양성으로 인해 아미쉬 사회가 잠재적인 변동성을 갖게 되었다는 점은 부인하기 어렵다. 현실적으로 사회문제화 되어있는 Rumspringa에서 보듯이 많은 아미쉬 젊은이들은 아미쉬 공동체가 아닌 외부 도시 산업사회의 문물과 문화에 충돌하고 있으며, 생업 전선에서도 기술기피로 인한 비효율성 때문에 더욱 다양한 그룹의 탄생이 예상될 수밖에 없고 잠재적 변동성은 그만큼 더 높아질 것이다.

마지막으로, 아미쉬 사회의 내부 모순을 어떻게 정당화하느냐는 과제가 매우 중요하다. 즉 문화 종교 생활의 신조에 의해 마땅히 기피해야 할 바깥 주류 사회로부터 경제생활을 비롯해 거의 모든 사회생활의 도움을 받고 있는 현금의 모순은 물론이거니와 남성 우위의 전통과 이혼 금지, 교육제한 등의 교회전통은 평등과 자유로 대표되는 현대 문명사회의 가치와 모순되는 점을 어떻게든 정당화시켜야 할 과제가 있는 것이다. 이혼 불가로 행복한 결혼생활이 어려울 수 있고, 교육제한으로 인간의 잠재력을 억압하여 무 학식, 무 과학, 무 예술을 지향하여 종교와 공동체 문화에 얽매인 꼭 두각시형 인간이 된다면 그것을 중대한 모순이 될 것이다. 또한, 자신들의 선조인 재세례파들이 기존의 교단으로부터 당한 억압 형태와 지금까지 자신들이 만든 이런 억압구조가 얼마나 큰 차이가 있을 것인가 하는 모순은 쉽게 해결되지 않을 것이다.

상기와 같은 주요 과제에도 불구하고 향후 아미쉬 사회의 전망을 밝게 해주는 요소도 많다. 지금까지 아미쉬 사회는 미국 주류 사회의 이른바 용광로(Melting pot) 효과에 살아남았고, 비록 경제 의존성을 심화시켜 왔지만, 문화의존성은 그리 크지 않고 독자적인 라이프 스타일을 고수하는 가운데, 주류 사회와 훌륭한 공생관계를 이룩하였다. 즉 아미쉬 사회가 주류 사회를 경원시하여 출발하였지만, 주류 사회는 점점 아미쉬 사회를 존중하고 흠모하는 가운데, 일종의 계약관계가 형성된 것이다. 미국의 주류 사회는 아미쉬 사회를 통하여 과거 개척시대의 향수를 느끼는 한편, 현대 물질문명의 건조함과 스트레스를 치유하는 건전한 삶의 현장으로 받아들인다. 그들에겐 '홈 리스'도 없고, 과부와 고아도 없으며, 궁핍한 자와 장애인도 공동체가 관리하고, 재난과 병고, 노환과 죽음 등 삶의 전체를 공동체가 책임지고 있다. 이런 인간다운 체제에 주류 사회는 경의를 표한다. 아미쉬는 공동체 재생산을 위한 경제적 기반으로서 주류 사회를 선택적으로 받아들인다. 이러한 일종의 계약관계는 향후 양쪽의 가치체계 변화에 상호 영향력을 가지고 있다. 개인주의와 질서와 규율이 작동하는 공동체주의의 조화, 개인적 목표와 공동체 목표의 타협, 개인의 희생과 개인의 성취 간의 모순적 통합 등이 그것이다. 거대한 산업사회의 물질주의, 기술문화에 제한을 가하고, 비대한 관료주의와 국가의 폭력성을 거부하면서 겸손과 소박한 삶을 위해 규율화된 공동체 생활을 그들은 이미 수 세기 동안 성공리에 고수하고 있다. 아마도 앞으로도 이들의 용감하고 단호한 평화와 행복 추구의 길은 당분간 공동체 내외에서 지속적인 동의와 참여로 이어질 여지가 많을 것이다.

아미쉬(Amish) 사회

후터파(Hutterite) 사회

* 필자가 방문한 Canada Manitoba주의 Winnipeg 근처 후터파 Colony의 입구 전경임. 왼쪽 하단의 고물 트랙터에다 Colony 이름과 주소(fire route number)를 표시한 소박한 입 간판이 보인다.

1. 16세기 종교개혁 운동과 후터파의 탄생배경

후터파 신앙은 유럽에서 종교 개혁운동이 고조되었던 16세기에 탄생하였으며 전술한 바와 같이, 가톨릭교회의 타락과 폭력에 반기를 든 급진적 종교개혁 운동인 이른바 재세례운동 계열에 속하고 있다. 당시의 개혁운동이 온건파로부터 급진파에 이르기까지 다양한 모습으로 발전하게 된 것은 루터의 선구적 노력으로 성경이 일반인들도 쉽게 읽어낼 수 있도록 번역되어 나왔고 인쇄술의 발달로 성직자 전유물이었던 성경이 평신도 일반인들의 수중에 들어와 그들 스스로 성경을 읽고 해석할 수 있게 되었기 때문이었다. 그리고 생산력이 일정한 상태에서 부패한 가톨릭과 봉건 영주를 비롯한 기층세력들의 압제와 착취가 계속됨으로써 피지배층의 생활은 더욱 곤궁하게 되어 대중 다수가 신앙적 쇄신을 절감하게 되었고, 가능하다면 새로운 사회체제까지도 모색하지 않을 수 없었다.

잘 알려진 바와 같이 후터파는 메노나이트 그룹과 같은 뿌리에서 출발했기 때문에 시대적 배경과 환경적 요인들이 크게 다르지 않았고 동일한 재세례운동의 흐름 속에 있었다. 그러나 이들은 다른 재세례파들과 비슷한 시기의 동일한 시대의 배경을 가지고 지역적으로 거의 동일한 지역에서 출발하였지만, 이들의 사회 종교 운동은 다른 그룹과는 구별된 가장 독특한 형태로 계승·발전시킨 종교 그룹으로 분류되어 우리의 관심을 끌고 있다. 즉 후터파는 과거에 치열한 사회 종교 운동의 주역이었을 뿐만 아니라 현재에도 이른바 재화 공동체를 기본으로 하는 독특한 믿음, 생활공동체를 건설하여 종교 운동사에서 혹은 종교-사회공동체 운동에서 가장 시범적인 위치에 있는 독특한 사회이다.

따라서 우리의 관심은 과연 이들 사회가 어떤 경로로 발전되어 나왔으며, 그 과정 중에 그들이 선택한 믿음 생활과 공동생활양식은 구체적으로 어떤 것인가 하는 점일 것이다. 이하에서 우리는 간단하게 현재 후터파의 규모와 분포에 대한 현황을 살펴본 뒤에 이들 사회의 단계별 발전 형태를 검토하고 결론적으로 이들 사회의 특징을 살펴보기로 하자.

2. 후터파의 개요와 현황

1) 후터파 개요

후터파 믿음의 시조인 Jacob Hutter(1500-1536)는 오스트리아에서 모자(Hat) 제조업자로서 자신이 만든 제품을 팔기 위해 발품을 팔아 the Puster Valley 지역을 두루 다니고 있다가 28세의 나이에 우연히 시장에서 재세례파를 처음 만나게 되는데, 그는 그 자리에서 그들의 열정과 확신에 매료되어 마침내 자신의 길을 확정하게 되었다고 알려져 있다. 후터는 그 뒤에 확장일로에 있던 재세례파들 중에 새로운 종류의 믿음 공동체를 이끄는 지도자가 되었는데, 그가 이끄는 집단은 사도행전 제2장 44-45절의 말씀을 근간으로 하고 있다. 즉 그들은 성경 말씀인, "믿는 사람은 모두 함께 지내며, 그들의 모든 것을 공동소유로 내어놓고, 재산과 물건을 팔아서 모든 사람에게 필요한 만큼 나누어 주었다."는 초대교회의 공동체 생활을 그대로 답습하자는 생각이었다. 이러한 후터의 열정적인 사회 비전은 재산을 나누고 공통 선을 위해 함께 일하는 것으로 요약된다.

그러나 다른 재세례파들과 마찬가지로, 후터파들은 그들의 믿음 체계와 생활방식 때문에 혹독한 박해를 받게 되었다. 수천의 사람들이 체포되어 형장의 이슬로 사라졌다. 1536년 2월 25일 후터가 화형당하여 죽자 그의 추종자들은 Moravia(현재 체코공화국)로 피난하여, Bruderhofs라는 백 개의 공동체를 세우고 약 삼십 년간 융성하게 되었다. 당시 그들은 자신들의 재능과 자질을 발휘하여, 농장, 목장, 포도원, 양조업, 제분과 제재소 등에서 뛰어난 수완을 발휘하였고, 장인

• Jacob Hutter(1500-1536)

의 솜씨로 시계, 마차, 마구, 농사 기구, 신발, 모자들에서 걸출한 솜씨를 보였다고 한다. 그중에서도 가장 인정받은 것은 그들이 만든 도자기였다. Haban faience라는 도자기는 흰색과 진한 하늘색으로 무늬를 넣은 것으로 영주나 귀족들의 식탁을 장식하는 최고급 제품이 되어 유럽의 각 궁중에서 애호품이 되었다고 전한다. 그러나 애석하게도 도자기에 대한 그런 그들의 장인 솜씨는 Moravia에서 다시 탄압을 받고 The Carpathian 산맥을 넘어 러시아로 탈출할 당시 모두 사라지고 말았다고 한다.

* 유물로 남아 있는 후터파의 대표적 도자기들

당시에 탄압은 최고조에 달하여, 삼만 명의 교인 중 탄압과 박해에서 살아남은 사람은 단지 육십구 명에 불과했다니 그 탄압의 정도를 짐작할 수 있다. 그 뒤 러시아에서 그들은 분산된 형태로 집단을 이루어 거의 백 년 동안 살게 되었다. 러시아에서도 그들의 고달픈 삶은 계속되었다. 제정 러시아를 타도하고 들어선 새로운 러시아 정부는 과거 제정 러시아 당시에 맺은 징집 면제 약속을 백지화하고 그들에게 징집 의무를 부과하였다. 그런 정세변화는 그들의 종교적 신념에 반하는 것으로 그들이 받아들일 수 없는 조건이었다. 그들은 마침내 새로운 피난처를 찾아 나섰고 그곳은 다름 아닌 미합중국이었다.

일차로, 1874년 7월 5일, 천이백 명의 후터파들이 뉴욕 항으로 들어와 서부로 이동하여 Dakotas에 정착하였다. 곧이어 1차 세계대전이 일어나 미국 내 징집문제가 대두되자, 양심적 병역거부자를 향한 대중적 박해를 우려하여 모든 후터파들은 다시 캐나다로 이주하게 되었다. 1차 세계대전이 끝나자 미국 정부는 농토와 가축관리에 대한 후터파들의 노하우를 높이 평가하여 그들에게 미국으로 다시 돌아올 것을 요청하였다. 이 요청에 응한 후터파들은 전체의 삼 분의 일에 달한 숫자였고 나머지는 모두 캐나다에 잔류하게 되었다. 그리하여 오늘날 52,500명의 후터파들이 565개의 Colony를 형성하여 미국의 북서쪽과 캐나다의 프레리 지역에 집중적으로 사는 것이다.

2) 현황

현재 알려진 바에 의하면, 북미의 후터파들은 크게 3개의 분파(sect)를 이루고 있는데, 첫 번째는 the Schmiedeleute[70]로써 가장 진보적인 종파로 알려져 있고, 분포지역은 Manitoba(캐나다), Minnesota

(미국), North and South Dakota(미국)이다. 두 번째 종파는 the Dariusleute로써 중도노선을 유지하는 종파이다. 분포지역은 캐나다의 British Columbia와 Saskatchewan, Alberta 그리고 미국의 Oregon, Washington과 Montana주이다. 마지막 종파는 the Lehrerleute로 가장 보수적 종파로 알려져 있다. 그들은 캐나다의 Alberta와 Saskatchewan 그리고 미국의 Montana주에 분포하고 있다. 여기서 진보적이라고 하는 것은 전래의 그들의 전통을 다소 완화하여 의복도 개량하고 컴퓨터 접근은 물론이고 외부 사회와의 접촉도 허용하는 것을 말하는데, 세 종파 모두 공통적인 점은 언어와 종교적 신념 그리고 음식 문화가 동일하다는 점이다.

[표 - 9] 후터파 현황[71]

종파구분/ 합계	특징	Colony 수(%)	인구수(%)	분포지역
the Schmiedeleute	Liberal	213 (37.7)	21,930 (41.9)	Manitoba Minnesota North and South Dakota
the Dariusleute	Moderate	195 (34.5)	14,972 (28.6)	B.C. Saskatchewan Alberta Oregon Washington Montana
the Lehrerleute	traditional	157 (27.8)	15,504 (29.5)	Alberta Saskatchewan Montana
합계		565 (100)	52,407 (100)	Canadian Prairies Northwestern US

---

70) Schmiedeleute는 1992년 분열하여 Schmiedeleute one과 schmiedeleute two로 분열되었다. 하지만 종파적으로 다른 것은 아니므로 보통 대별하여 세 가지로 분류한다.

71) Kirby, Mary-Ann(2014), pp.4-5에서 재구성.

상기 표에서 볼 수 있듯이 가장 진보적인 Schmiedeleute 분파가 전체 후터파의 교인 수와 Colony 수에서 각각 42%와 38% 정도의 우위를 차지하고 있다. 이들 분파의 지역적 분포는 [표 - 10]과 같다.

[표 - 10] 후터파 Colonies, 2009

		Dariusleute	Lehrerleute	Schmiedeleute		Unaffliated	Total
				One	Two		
Canada	Alberta	102	72	1	0	1	176
	B.C	2	0	0	0	0	2
	Manitoba	0	0	50	57	1	108
	Saskatchewan	32	32	0	0	1	65
	Subtotal	136	104	51	57	3	351
U.S	Minesota	0	0	3	4	2	9
	Montana	15	35	0	0	0	50
	N.Dakota	1	0	0	5	0	6
	Oregon	1	0	0	0	0	1
	S.Dakota	0	0	6	52	1	59
	Washington	5	0	0	0	0	5
	Subtotal	22	35	9	61	3	130
Japan		1	0	0	0	0	1
Nigeria		0	0	1	0	0	1
Grand Total		159	139	61	118	6	483

* 출처: Rod Janzen, Max Stanton(2010), p.74.

표에서 알 수 있듯이 2009년도 기준 Colony 수로 볼 때 캐나다 소재 규모는 351개로 전체 483개의 73%를 점유함으로써 Alberta 동부와 Saskatchewan, Manitoba에 걸친 캐나다의 대평원지역인 지역이 압도적인 비중을 보인다. 캐나다 지역은 미국과의 국경을 거의 접하고 있으며 국경을 사이에 두고 캐나다의 Alberta와 Saskatchewan, 그리고 Manitoba주에 밀집되어있다. 미국은 캐나다의 Alberta주와 Saskatchewan주에 가까운 Montana주 그리고 캐나다의 Manitoba주와 가까운 South Dakota주에 밀집되어 살고 있다.

이들을 분파별로 살펴보면 서부 쪽인 Alberta, Saskatchewan, Montana 지역은 보수파와 중도파인 Lehrerleute와 Dariusleute가 밀집되어 있고, 동부 쪽인 Manitoba와 South Dakota주는 가장 진보적인 Schiedeleute파가 집중적으로 살고 있다([그림 - 13] 참조).

[그림 - 13] 후터파 분파들의 분포도(2009)

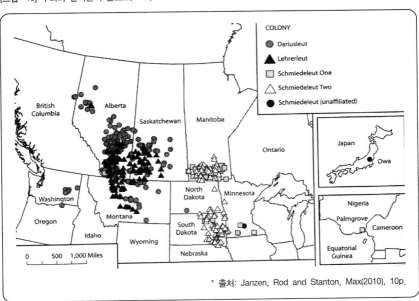

* 출처: Janzen, Rod and Stanton, Max(2010), 10p.

다음으로 후터파 각 분파의 주요 특징은 [표 - 11]로 정리될 수 있다. 넓은 의미로 보면 사실 후터파의 각 분파는 믿음체계는 큰 차이가 없고 굳이 다른 점을 부각한다면 상호 간 문화와 관습의 차이 그리고 약간의 강조점이 서로 다른 정도라고 생각된다.

[표 - 11] 후터파 각 분파의 주요 특징

분파 (Colony 수)	설립 연도 (설립자)	주요 특징	분포지역 (Colony 수)	비고
The Lehrerleut (139)	1877 (Jacob Wipf)	가장 다양성 적음. High level of communal identity. 견고한 조직체계. 교육과 기술에 보수적 태도. 예배형태나 의복변경에 반대, 예배 시 영어 사용과 악기 사용 반대	Alberta(72) Saskatchewan(32) Manitoba (35)	가장 보수적
The Dariusleut (159)	1874 (Darius Walter)	내부에 다양성 존재. 이데올로기적으로 분열되어 있음. 지리적으로 가장 흩어진 집단. 개인과 집단의 개별 양심을 강조(상대적 자율성 존중)	Alberta(102) Saskatchewan(32) B.C.(2) Montana(15) Washington(5) Oregon(1) N.Dakota(1) Japan(1)	중도파 Lehrerleut와 Schmiedeleut 중간
The Schmiedeleut (179)	1874 (Michael Waldner)	1870년대에서 1990년대 가장 큰 규모 집단임. 자유스런 복장과 외부개방적 태도. 예배 시 영어 사용과 악기 사용 허용 경우도 있음. 1992년 Group One과 Group Two로 분열. 리더십과 금융자산 운용문제로 법정 다툼으로 연결		진보적
Schmiedeleut One (61)	1992 (Jacob Kleinsasser)		Manitoba(50) S. Dakota(6) Minesota(3) Alberta(1) Nigeria(1)	
Schmiedeleut Two (118)	1992 (Donald Gibb)		Manitoba(57) S.Dakota(52) N.Dakota(5) Minesota(4)	

상기 표에서 나타나 있듯이 후터파 각 그룹은 관습과 문화 차이를 두고 가장 보수적인 Lehrerleute 그룹과 가장 진보적인 Schmiedeleute 그룹 그리고 그 중간 영역에 있는 Dariusleute로 구분할 수 있는데, 가장 보수적 그룹인 Lehrerleute 그룹은 다양성이 결여되고, 견고한 집단체제 문화가 있는 반면에 가장 자유스런 Schmiedeleute 그룹에는 자유스런 문화 체제로 인해 가장 규모가 크고 다양하여 마침내 1992년 다시 두 group으로 양분돼 오늘에 이르고 있다.

먼저 Lehrerleute 분파는 외부인과의 접촉을 멀리하고 폐쇄적인 조직을 운영하여 타 후터파 그룹까지도 방문을 제한하는 가장 보수적인 집단이다. 부인들이 외출할 경우 남편과 동행의 의무가 있으며, 여인들의 모자도 챙이 길고, 머리 커버링도 머리를 완전히 가릴 정도로 깊게 부착한다. 남자들은 턱수염은 허용하되 콧수염은 금하는데, 이것은 과거에 콧수염이 무사 계급의 상징이었던 유럽 전통을 의식한 조치라고 하며, 이점은 아미쉬의 경우와도 일치하고 있다. 또한, 이들은 공동체에 미디어의 접근이나 기술을 적용할 때도 가장 보수적 태도를 견지하는데, 이것은 소박한 삶(Simple life)을 지향하는 그들의 생활문화에서 기인한 것으로 이 점도 아미쉬 문화와 같은 맥락에 서 있다고 할 수 있다. 그 외에도 자녀들에게 엄격한 노동윤리를 주입한다든지 15세가 되기까지는 자녀들을 엄격히 통제하지만 16세가 되면 일종의 실험 기간(Time of Experiment)을 용인하여 공동체를 떠나 공동체 밖의 다양한 사생활과 사회생활을 경험하는 경우도 있는데 그 기간은 작게는 수개월 혹은 몇 년간 계속하는 경우도 있다고 한다. 이점도 이른바 'Rumspringa'라는 제도를 운영하는 아미쉬와 비슷한 경우라고 할 수 있겠다. Lehrerleute의 가장 독특한 점 중 하나는 공동체 규모가 커져 분가하는 경우 독특한 방법[72]으로 분가를 정한다는 점이

---

72) 공동체 규모가 커져서 일단 분가를 결정하고 나면 위원회는 남아 있는 그룹과 떠나는 그룹을 정하도록 제비뽑기를 시행한다고 한다. 제비뽑기가 끝나기 전까지는 누구도 그 결과를 사전에 알 수 없도록 장치를 하는데, 이것은 개인적 친소 관계나 이해관계를 일소하고 오로지 성스러운 영감으로 처리되는 절차라고 그들은 믿는 것이다. 새로운 Colony에서 위원회가 구성되면 기존의 위원회와 공동 의사 결정을 하는데 그 기간은 약 1년간이며, Pooling Fund를 공동 사용하여 새로운 Colony의 설립절차에 들어간다고 한다. 이때도 있을지도 모르는 새로운 Colony 경제적 어려움을 담보하기 위한 별도의 자금도 확보하여 정착에 만전을 기한다고 한다. 이러한 그들의 배려는 새로운 Colony의 독자적 운영을 미리 방지할 뿐만 아니라 Colony 간의 동일한 문화 관습 유지를 목적으로 하고 있다.

고, 공동체 구성원 전원의 평등을 가장 주요하게 생각한다고 한다. 즉, 각 거주지는 가족 규모에 따라 다르지만, 건물 내부적으로 구조와 재질은 모두 동일하며, 개인과 가족 간의 평등이 유지되도록 설계되고 운영된다고 한다.

두 번째 그룹인 Dariusleute는 복식과 미디어 사용 취향, 교육관 등에서 보수적인 입장과 중도입장, 그리고 진보적인 입장이 혼재하는 다양한 모습을 가진 집단이다. 따라서 이들은 이데올로기 측면에서 분열되어 있는데, 전통적 입장에 있는 분파는 역사적 Communal teaching을 고수하는 데 반하여, 진보적인 분파는 고등교육을 지향하고, 세계교회주의를 받아들이고, 기술에 개방적이며 하나님과의 개별적 관계를 중시하기도 한다. 한편 이 그룹은 지리적으로 가장 널리 퍼져 있는 그룹으로서 일본에 있는 후터파도 이파에 속하고 있다. 공동체의 규모가 커져서 분가하는 경우에도 이들은 Lehrerleute와 같은 방식을 취하는 것이 아니라 제비뽑기 없이 상호 동의를 통해 새로운 Colony 참여를 결정한다고 한다. 요컨대 그들은 개별적 양심을 강조하고 상대적 자율성을 용인하여 다양성을 발휘하고 있다고 볼 수 있다. 하지만, 이들의 다양성은 어디까지나 중도적 입장에서 용인된다는 점에서 Schmiedeleute와 구별되고 있다. 실제로 Dariusleute가 다른 분파와 결혼하는 경우는 매우 드물고, 그들만의 정체성을 나타내는 복식도 잘 지켜지고 있고, 무엇보다 가족의 유대가 돈독하여 매우 안정적 그룹으로 분류되고 있다.

마지막으로 Schmiedeleute 그룹은 가장 진보적인 모습을 보이고 있는 집단이다. 이들은 복식도 다소 자유롭고 외부인과 접촉을 거부하지 않으며 매우 개방적이고, 영어 사용과 악기 사용을 금하지 않는다. 물론 카메라, 휴대전화 사용도 허용한다. 한때 가장 큰 규모를 가졌던 이 그룹은 그 다양성과 진보적인 성격 때문에 서로의 지향점을 달리하는 그룹이 생겨나 1992년 두 그룹으로 세분되고 말았다. 이 과정에서 리더십과 금전 운영관계를 둘러싸고 법정 다툼으로 연결되는 오점을 남기고 있는데, 이것은 애초부터 진보적인 환경과 다양성을 허용하는 과정에서 필연적으로 나타날 수밖에 없는 결과였다. 이 부분은 이어지는 다음 항에서 보다 자세히 언급하기로 하자.

* 후터파 공동체

3. 후터파 사회의 발전단계

우리는 앞에서 후터파의 모태로서 재세례운동이 3세기까지의 초대교회 정신과 관습을 회복하고 자신들이 외부로부터 받는 박해와 고통을 초대교회 때 당한 순교자들의 고통과 동일시하여 곧 닥쳐올 예수 재림을 준비하고 기다리는 삶을 유지하자는 운동이라는 점을 살펴보았다. 그러나 대개의 재세례파들과는 달리 그들은 재화 공동체를 운영한다는 점이 가장 구별되는 점이었다. 1528년

Jacob Wiedemann이 최초의 이 공동체를 설립할 때도 그 목적이 지상천국을 건설하는 것, 즉 죽음을 초월한 삶을 미리 맛보는 것 그것이었다. 이러한 지상천국 건설의 시도가 그들만이 유일하게 추진한 것은 아니지만, 크리스천 생활공동체로서 재산공동체를 성공적으로 안착시킨 크리스천 공동체는 이들 말고는 아직 없다. 이하에서 이들이 이룩한 공동체의 발전 과정을 종교 문화와 관습 측면에서 어떤 사회적 진화 과정을 거쳐 왔는가를 각 시기별로 나누어 살펴보기로 한다.

1) 형성기(1525-1553)

1525년은 스위스 재세례파 운동이 Zürich에서 시작된 해로서 이듬해부터 본격적인 재세례운동의 박해가 시작되었다. 이 운동에 참여하여 설교를 듣거나 가르치거나 하는 경우 사형을 면치 못하는 극단적 상황에서 수많은 재세례파들은 Moravia로 피난하게 되었다. 이때 등장한 지도자들은 Jacob Wiedermann, Phillip Jäger, Hubmaier, Spittelmaier, Liechtenstein, Glait, Hans Hut 등이 있었으나 가장 중심이 되는 지도자는 Balthaser Hubmaier(1480-1528)였다. 그는 Moravia에 최초로 재세례운동을 도입한 독일 남부 지도자로 알려져 있는데, Bavaria 출신인 그는 Freiberg 대학을 수료하고 사제로 임명되어, 여러 직책을 거쳐 그가 최종적으로 부임한 곳은 Waldshut 교구였다. 그곳에서 1525년 그는 마침내 세례를 받고 재세례파가 되었다고 한다. 전직 가톨릭 사제 출신의 학식 있는 그를 중심으로 재세례파들이 모여드는 것은 당시의 상황에서는 자연스러운 모습이라 할 수 있겠지만 그를 통한 재세례파의 증가 속도는 놀라울 정도였다. 그가 직접 세례를 베풀어 재세례파가 된 사람들이 며칠 만에 300명 이상을 돌파한 것이다. 따라서

Waldshut 교구는 갑자기 재세례운동의 본거지가 된 상황이 되고 말았는데, 그해 12월 군대가 도시를 포위하자 그는 몰래 도망 나와 Zürich를 거쳐 Moravia로 거처를 옮기게 되었다.

당시로써는 Moravia는 약속의 땅으로, 그곳의 지배자들 특히 영주인 Leonhard von Liechtenstein(뒤에 그 자신이 재세례파가 됨)의 호의로 안전을 보장받고 있었다. 그는 신학자이자 개혁주의자로서 다수의 저술을 남기고 있는데, 그의 저술은 후에 후터파들 뿐만 아니라 오늘날의 북미의 침례교에 의해서도 존중되어 침례교의 창시자의 한 사람으로 간주되고 있다. 그의 저술은 스위스 재세례파들의 Schleitheim Articles와 일치하고 있으며 후일 Peter Riedemann은 그의 저술의 많은 부분을 삽입하여 '후터파 강령'이라고 할 수 있는 'Rechenschaft(The Confession of Faith)'을 완성하였다.[73]

그 지도력은 당분간 흔들림 없이 유지되었지만, 곧 다른 지도자들의 도전을 받게 되었다. 분쟁의 시작은 재세례운동의 평화주의 노선을 둘러싸고 극심한 탄압 국면에서 평화주의를 어떻게 견지하느냐 하는 점에서 문제의 발단이 시작되었는데, Hubmaier는 행정당국이 시민을 보호하기 위해 전쟁세를 부과하는 것은 합법적인 것이며 더 나아가 그의 저술 속에 무력의 합법적인 사용을 주장하였기 때문에 원론적인 평화주의 노선을 견지하는 지도자들과 분쟁을 피할 수 없게 되었다. 그 후 Moravia도 가톨릭 세력으로 편입되어 탄압을 받게 되어 결국, Hubmaier는 이단과 소요죄를 적용받아 투옥되고 마침내 Vienna에서 1525년 3월 10일 처형되었다.

공식적으로 후터파가 형성된 시점은 Jacob Wiedemaier를 지도

---

73) Heimann, Franz(1952), pp.142-160.

자로 하는 약 200명의 집단이 최초로 '재화 공동체'를 실시한 1528 년을 기점으로 삼고 있다. 그들은 탄압을 피해 Moravia를 떠나 Austerlitz로 향하는 도중에 최초로 이 공동체를 실시한 후, 이어서 뛰어난 지도자 Jacob Hutter의 노력으로 확실한 기초를 다지게 되었다고 알려져 있다. 이 시기의 특징은 재화공동체를 실시했다는 점과 함께 그들의 평화주의 노선이 확고하게 굳어졌다는 점이다. 전자는 재세례운동의 보다 진전된 형태의 독특한 초대교회주의 지향성을 보여주는 것이고, 후자는 Hubmaier의 영향을 벗어나 평화주의 원칙을 확고히 했다는 평가를 내릴 수 있다.

이들의 평화주의 정도를 알 수 있는 유명한 일화가 있다. 오스만 제국(The Turks)의 침입으로 가톨릭 세력과 합스부르크 왕조는 그동안 협조를 거부해 온 Moravia 지배층을 더 압박하여 군사적 위협을 가하였다. 전쟁 수행을 위해 전쟁세 징수와 군사적 필요가 절실하였기 때문이었다. 그러나 Moravia는 이미 재세례파들이 대거 유입된 상태에서 그곳의 영주까지 재세례파가 된 처지여서 Moravia는 가톨릭 세력과 응전하기로 결의하고 있었다 한다. 바로 이때 Wiedemann과 그를 따르는 집단은 무력 수단으로 자신들을 보호하는 것은 자신들의 평화주의 원칙에 반할 뿐만 아니라, 자신들의 존재로 인해 Moravia 지배층을 곤란하게 만드는 일은 양심상 받아들일 수 없다고 보고 마침내 Moravia를 떠나 무력을 사용하지 않고 평화주의를 끝까지 옹호하는 다른 관용적인 영주를 찾아가 보호를 요청하기로 하고 길을 떠났다고 한다.

이미 언급한 대로 이런 도정 중에 Wiedemann과 그의 추종자들은 재화공동체를 실시했던 것이다. Moravia 영주인 Leonhard von Liechtenstein는 그들을 따라가 그들이 떠날 필요가 없다고 설득했으나 실패하자 그들에게 통행세 면제는 물론 먹을 것과 음료수를 제공하는 편의를 제공했다고 알려져 있다.[74] 박해와 고난 중에도 후터파는 점차 자신들의 정체성을 쌓아 나아갔는데, 그중에 하나가 이미 언급한 '후터파의 신앙고백(Rechenschaft—confession of Faith)'이었다(Peter Riedemann이 투옥 중 작성한 신앙고백으로 추후 후터파의 신앙고백이 되었음).

형성기의 또 다른 특징들이 있다면 잦은 분규로 인한 내부 분열의 위기가 수차례 진행되었다는 점이고 가톨릭 세력의 혹독한 박해와 그에 다른 이산, 그리고 수많은 순교자들이 생겨났다는 점이다. 먼저 Moravia 시절부터 후터파들이 직면했던 내부 분열에 대해 살펴보면, 1527년 Nikolsburg에서 발생한 평화주의 노선에 관한 의견 차이로 분열된 건, 1529-33년간 공동체 재화를 둘러싼 불협화음으로 분열된 건, 그룹 내부의 리더십에 대한 불만으로 분열된 건 등이 있었으나[75], 후터의 탁월한 지도력으로 모두 봉합되어

---

74) Hostetler, John A.(2010), pp.15-16.

75) 후터파 내부의 분규는 피난민으로 Austerlitz에 정착하여 세 군데로 흩어져 각자 별도의 지도자를 중심으로 공동체를 운영한 점도 분열의 이유가 되었다. Wiedemann이 Austerlitz의 대표 지도자인 것은 분명하였지만, 유입 피난민을 담당하던 지도자인 George Zaunring, William Reublin(Basel 주의 St. Albans에서 전직 사제 출신이자, Swiss Brethren의 지도자인 Conrad Grebel의 동료) 사이에 의견 차이가 발생하게 되었다. 1930년도 Reublin은 Wiedemann의 권위주의적 지도력에 불만을 가지고 열 개나 되는 불만목록을 열거하며 Wiedemann을 공격하였다. 그중에는 전재산을 바친 부모들의 아이들이 20명 이상이나 사망했는데, 지도층과 많은 장로들과 그의 가족들은 잘 먹고 잘 입고 있다는 내용, 유아들이 세례를 못 받고 죽으면 바로 지옥으로 간다는 설교 내용 등이 있지만, 그중에도 전쟁세를 거부 못하고 받아들인 점을 신랄하게 비난하고 나섰다. 이런 비난들이 우연히 Wiedemann의 부재중에 발생하였는데, Wiedemann이 돌아오자마자 즉시 Reublin과 Zaunring의 항변도 듣지 않고 투표를 결행하여 이들의 의견이 묵살되고 말았다. 이를 계기로 공동체는 분열되고 Wiedemann의 지도력을 따르는 250명 정도가 되었다. 나머지 350명은 Austerlitz를 떠나 Auspitz로 이주하게 되었다. 양쪽의 불만이 고조되는 중에 마침내 Jacob Hutter의 지도력이 발휘되었는데, 공교롭게도, Reublin은 독직 사건으로 지도자 자격을 잃게 되고 Zaunring 마저 간통죄를 범한 아내의 처벌을 거부하여 파문되고 말았다고 한다. 그후 Hutter는 뛰어난 지도력으로 인근 그룹들을 흡수 통합하여 마침내 동질적인 후터파 그룹으로 통일하였고 한다. -john A. Hostetler(1974), pp.17-20.

이질적 집단이 동질적 집단으로 통합되었다. 당시 후터가 파악한 내부 분열의 원인은 지도자들과 그를 따르는 추종자들이 모두 세상적인 것들에 대한 집착한 나머지 세상적인 것과 완전히 결별하지 못한 것이었으며 여기에 해결책으로 가족 집착과 질투심 등을 버린 완전한 'Gelassenheit(resignation)'이 필요함을 역설하였다. 즉 공동 생산과 분배를 통한 완전한 공동체 조직을 결성한 것이다.

다음으로 외부 탄압 측면을 살펴보면 1535년대 박해를 정점으로 하여 후터파들이 거의 2,000명이 처형되어 거의 전멸 상태에 이르렀고 남은 사람들은 들판과 숲 속, 동굴 등으로 피신하였다고 알려져 있다. 1536년 당시에 대표적 지도자인 Jacob Hutter는 Austria Innsbruck에서 화형을 당했으며, Jakob Wiedemann은 같은 해 비엔나에서 처형당하고 말았다. 그러나 비록 짧은 기간이었지만 후터의 지도력은 강력하면서도 추종자들의 단결을 얻어내는 데 성공적이었다. 그는 공동체 삶의 방식을 자신들의 필요불가결한 요건으로 삼도록 만들었으며, 이후 신도들의 믿음과 생활공동체에 기초를 만들어 냈기 때문이었다.

2) 성장기(1554-1592)

후터파들이 박해를 피해 Moravia에 정착 생활을 하게 된 시기는 대개 1554년경으로 이때부터 그들은 비로소 종교집단의 형식인 규약(Ordung-Order)을 구축하여 안정적인 성장을 도모하게 되었다. 당시에 자율권을 가진 군주의 보호를 받아 우선 Moravia에 Neumühl Bruderhof을 만들어 중앙조직으로 리더십을 구축하였고, 이어서 직능별 종교조직을 만들어 1561년에 구두제조업자 조직, 1576년에는 도공들 조직을 만들기도 했으며, 1584년에는 최초로 '후터파 수칙'을 만들어 배포했다고 한다. 즉 이 시기는 조직의 양

적 성장이 현저하게 되어 1529에서 1621년 사이에 Moravia만 해
도 무려 102개의 Bruderhof가 건설되어 인근 지역인 오스트리아,
남독일, 오늘날 슬로바키아 지역까지 선교영역으로 확장되기도 하
였다고 한다.76) 중요한 점은 이러한 양적 성장과 함께, 이 시기에
그들의 종교조직이 정비되었으며 나아가 후터파들의 정체성을 확
립하는 계기가 되었다는 점이다. Hostetler에 의하면77) 이 시기에
성립된 후터파의 각 부문별 특성은 당시의 Bruderhof의 핵심 활동
을 통해 알 수 있는데, 대강 다음과 같이 구축되었다고 한다.

첫째, 사회구조적 측면에서 결정적인 리더십이 확립되었고 상당
한 직분이 구분되어 주어졌다는 점이다. 초기 조직의 몇몇 리더는
이미 히브리어와 희랍어, 불어를 잘 알고 있는 전직 가톨릭 사제
출신의 학식 있는 사람들이었지만, 대다수는 후터와 마찬가지로
신앙심이 깊은 장인 출신이었다. 그들은 비록 많이 배우지는 못했
지만, 우직한 장인정신을 가진 불굴의 신앙심으로 무장된 사람들
로서 새로운 형태의 사회구성체인 재산 공유 체제를 확립하게 된
것이다. 사실 이러한 재산 공유사회의 건설은 그들이 최초로 고안
해 낸 것은 아니고 당시 여러 공동체들이 유사한 형태의 공동체를
시도하고 있었으며, 이러한 예가 유명한 초기교회 신학자인 Clement
의 서간문78)에도 언급돼 있다고 한다. 이들이 어떤 경로로 또 어
떤 모델을 따라서 이러한 사회구성을 안착시켰는지를 보여주는 문
헌은 잘 알려져 있지는 않지만, 그들의 공동체가 주로 신약성서의
초기 성도들의 공동체 정신을 기초로 하고 있다는 점은 확실하다.

Hostetler의 연구에 의하면 그들이 만든 초기 조직에는 최소한

---

76) John A. Hostetler(1974), p.29.

77) John A. Hostetler(1974), pp.30-59.

78) Williams, George H.(1962), p.431.

다섯 개의 직분이 나누어져 있었는데, 사도직(apostles, Senboten, missioners, 하나님이 내보낸 사람, 각 지방을 돌며 말씀 전파와 세례를 베풂), 설교자직(preachers, shepherds, 사도직과 같은 책무를 가지지만 한곳에 머문다는 점이 다름), 보조자직(helpers, 설교자직과 함께 봉사하며 신도들에게 참되게 살라고 권면함), 사무장직(stewards, 임시 필요에 따라 목회함), 장로직(elders, 설교자와 함께 교회의 공통 선을 위해 노력, 설교자를 도움)으로 구분되어 있었는데, 이들 중 영적 지도자 그룹에 속하는 직분은 설교자와 보조자이며, 이들은 일단 신도들의 지명(투표)으로 후보자들이 결정되고, 그 후보자 중의 한 명을 제비뽑기로 결정하는 것이다. 이러한 형태는 고린도전서 1장에 나와 있는 초기교회의 모습이며 또한 초기 재세례운동의 전통을 따르는 것으로 현재 메노나이트나 아미쉬들도 이와 비슷한 관행으로 설교자를 만들고 있다. 현재 Colony 내의 직분은 많이 변모되었지만 변함없는 것은 이들 직분 간에는 세속적인 것과 종교적인 것 사이에 구분은 거의 없고, 오직 교회 공동체(Gemain)가 지배 기구라는 점이다.

둘째, 후터파의 초기 경제조직은 농업을 기본으로 하였고 그 외에도 각종 생필품을 담당하는 장인들과의 협업을 통해 마치 시곗바늘을 움직이는 각종 바퀴처럼 혹은 벌집 안에서 벌들이 공동으로 함께 일하는 모습으로 매우 효율적으로 조직되어 있었다고 한다. 피난민으로 Moravia에 정착한 초기 후터파들은 그들이 가진 능력이 큰 밑천이 되어 당시에 농업 생산력에 의지할 수밖에 없었던 영주들에게 호감을 얻은 점은 서로에게 큰 다행이었다. 그들은 미개척지인 습지에 오리[79]나 거위를 기르는 한편, 갈대를 채취하

---

79) 이러한 전통을 이어받아 지금도 캐나다의 후터파 Colony에 가면 거의 대부분 대규모로 오리를

여 바구니나 지붕을 만드는 좋은 재료로 쓰는 등 버려진 땅이나 황무지를 농경지로 바꾸는 재주와 억척스러움을 가지고 있었던 것이다.

이런 호혜적인 관계가 다수의 문건으로 정리되어 지금까지 전해지고 있는데, 군주는 인구와 세원을 확보하고 경작지를 넓히는 이점을 얻고, 후터파들은 군주의 보호와 종교의 자유를 얻는 것을 골자로 하고 있었다고 한다.[80] 이들의 계약관계는 기본적으로 중세 장원제의 기본 골격을 그대로 유지하고는 있었지만, 후터파들은 농노신분도 아니고 자영민의 신분도 아닌 일종의 특별대우를 받는 측면이 있었는데, 그 중에는 영주의 직영지에서의 노역의 의무를 지는 대신 현금으로 지급하는 협약을 맺고 있었던 점, 그리고 어떤 사정이 생기면 재산을 처분하고, 공물을 바친 다음 어떠한 간섭도 받지 않고, 하나의 단체로서 돈을 가지고 다른 곳으로 이주해 나가는 자유를 협약으로 맺고 있었던 점 등이 그 예가 될 것이다.

절대 강자의 위치에 있던 봉건 영주가 난민 처지의 후터파들을 특별우대한 이유는 그들이 우수한 농업 일꾼이었을 뿐 아니라 당대 최고의 장인들[81]이기 때문에 그들이 가진 기능과 기술이 장원 경제에 큰 도움을 주었기 때문이었다. 그중에서도 그들이 만든 시

사육하는 것을 볼 수 있다. 필자의 조사에 의하면 캐나다 Praire 지역의 대부분 후터파 Colony에서는 봄에 대규모로 오리들을 부화시켜 기른 뒤 본격적인 겨울철이 오기 전에 대량 도살되어 저장식품으로 보관되고, 이때 나오는 부산물인 오리털은 토론토에서 오는 중간 상인의 손을 거쳐 캐나다제 겨울 방한 옷(Down Jacket)과 침구류로 가공되어 국내외적으로 인기리에 시판된다고 한다.

80) John A. Hostetler(1974), pp.40-41.

81) 당시 장인들의 다양한 직능은 동시대의 모든 장인 종류를 거의 망라하는 수준이었다고 한다. 예를 들면, 제본업, 양조업, 목공, 마차 제조, 랜턴 제조, 가죽과 마구 제조, 석공업, 의약업, 로프 제조, 구두 제조, 도자기 제조, 유리 제조, 재단과 의류 제조, 시계 제조, 염색, 열쇠 제조, 철, 구리와 주석은 물론 농기구 제조 등 생필품에 없어서는 안 될 각종 분야를 거의 망라하고 있었는데 그중에도 가장 압권은 당시엔 첨단 분야라고 할 수 있는 세라믹 도자기 제조 기술이었다고 한다. -John A. Hostetler(1974), p.42, pp.44-53.

계와 마차는 귀족들의 애장품이 되어 고가에 팔렸고, 정밀한 세라 믹 제품은 왕실에서 가장 선호하는 품목의 하나가 될 정도로 귀중 품 취급을 받았다고 한다.

그들의 경제활동과 관련하여 독특한 측면의 하나는 그들의 종사 직능이 반드시 종교지도자들의 승인에 의해 가능하였다는 점이다. 이 부분은 믿음 생활이 세속 생활에 휘둘리는 것을 막으려는 측면 과 함께 타지역에서 계속 유입되는 장인들의 기술에 대한 관리 감 독이 주목적이라고 알려져 있다. 이 부분과 관련되어 주목할 점은 몇몇 품목의 제조나 판매 그리고 상업이윤을 금하고 있는 점이다. 즉 무기나 칼을 만드는 일은 금하거나 매우 제한하고 있다든지, 자 신이 손수 만드는 품목이 아닌 품목을 사서 시세차익만을 노리는 상술은 가난한 사람들을 더욱 가난하게 만드는 것으로 여기고 금 기시하는 점, 그리고 재봉-재단 작업에 있어서 제약조건을 두어 지 나친 외부 장식을 못하도록 하고 허영과 자만, 오만스러운 외모를 만드는 세상일에 관여 못하도록 한 점들은 프로테스탄티즘 윤리의 다른 한 측면을 나타내는 중요한 점이 될 만하다.

셋째, 당시 후터파들의 교육과 훈련제도는 다른 재세례파 그룹 보다 훨씬 뛰어난 체제를 갖추고 있었다고 한다. 교육의 목표는 하나님을 경외하고 바른 삶의 방식을 가르치는 것이고 세속적인 고등교육은 경원시하였다. 그들의 눈에는 고등교육을 받은 학식 있는 사제나 목회자들이 바로 세상의 소박한 사람들을 총과 폭력 으로 내모는 계몽되지 않은 인간 부류라고 치부하는 것이었다. 젖 먹이 시절이 지나면 school mother가 감독하는 Little school에 들 어가고 6세부터 12세까지는 big school에 다니게 되는데, 학교는 단순한 가르침을 위한 장소가 아니라 돌봄의 장소가 되었으며, 거 기서 아이들은 공동체 생활에 필요한 예절을 배우게 된다고 한다.

비록 부모들도 아이들을 가르칠 책임이 있지만, 아이들을 가르칠 책무는 School master에게 주어져 있었다 한다. 하나님에 대한 경외심으로 충만한 교사들은 아이들을 사랑과 온유함으로 보살피며 훈육하는 것으로 되어있었고, 학생들은 자기 멋대로의 행동에서 벗어나 부지런히 기도하고, 하나님을 사랑하는 법을 배우도록 하였다.

* 후터파의 어린이들

교사의 책무는 아이들의 청결, 위생, 식탁예절, 복장은 물론 잠버릇 그리고 병자들의 격리와 간호에까지 보살피는 것으로 되어있었다고 한다. 성경학습과 성경 암송 등 성경지식을 함양함으로써 아이들이 힘든 일을 만날 때 강건하게 대처할 힘을 기르도록 교육체제를 갖추고 있었다. 6세부터 12세까지 어린이 교육이 합스부르크 왕조에서 의무교육으로 확립된 것은 1775년으로 후터파 정착 이후 이백 년이 지난 다음에야 이루어졌다고 하니 이들의 조기교육에 대한 열정을 이해할 수 있겠다. Kindergarten으로 유명한 독일식 유아교육도 1837년 Friedrich Froebel에 의해 최초로 마련되었으나, 후터파의 Little School은 270년 전에 이미 정착된 제도였던 것이다. 교육이야말로 후터파의 정체성 확립에 결정적인 역할을 담당한 중요한 부문이라고 말할 수 있겠다. 이 부분은 추후 별도의 항으로 좀 더 자세히 살펴보기로 하자.

넷째, 당시의 후터파 조직에는 이미 의료시술이 행해지고 있을 정도로 후생제도가 확립되었다고 한다. Moravia에는 이미 상당한 치료 시술과 의료인력이 있었고 후터파 집단에 속하지 않은 외부인들이나 많은 귀족과 심지어 왕족들까지 후터파 의료인력의 시술에 많이 의존하고 있었다 한다. 당시의 의술은 목욕치료, 사혈과 부항 치료 같은 시술이었는데, 일종의 이발사라고 할 수 있는 Barber surgeon들이 일정한 수련을 거쳐 의료시술을 담당했다는 점은 의료 수준이 미약했던 당시의 상황을 고려하면 이해될 수도 있겠다. 기숙학교나 집단생활을 하는 후터파들은 전염병을 비롯한 각종 질병에 예민할 수밖에 없고, 평소에 청결과 위생 관리로 질병 예방에 힘쓰는 한편 일단 질병이 의심되면 신속하게 격리하여 관리하는 습관을 기르며 공동체의 안전을 도모하였다고 한다. 이러한 전통은 지금까지 이어지고 있다.

마지막으로 지적할 수 있는 점은 당시 그들이 수행한 활발한 선교 활동이다. 비록 그들은 정식 서품을 받은 자격 있는 신도가 아니었지만, 선교의 소명을 예수의 명령으로 여기고 유럽의 각지로 선교 여행을 떠났다고 한다. 죽음을 각오한 그들이 직접 선교하거나 서간문 형태로 전교한 내용들이 많은 문헌으로 남아 있고, 현재 절절한 그 내용들의 많은 부분이 그들의 찬송가로 전해지고 있다. 후터파들의 황금기라 할 수 있는 38년 동안 이 선교 사업에 대한 그들의 열정은 최고조에 달했으며, 수많은 순교자를 만들면서 가장 강력한 내부 기강을 유지하는 밑거름이 되었다고 한다. 이런 이유로 오늘날 후터파들은 이 시기를 성스러운 시기라고 보고 있으며, 이 시기야말로 하나님이 이 땅에 재화공동체 설립을 위해 개입했다고 간주하고 있는 것이다.

3) 조정기(1593-1873)

이 시기는 전쟁과 가톨릭의 반 종교개혁운동(Counter Reformation), 그리고 러시아 혁명 등 거대한 사회적 변혁의 시기에 동유럽의 후터파 커뮤니티가 와해되거나 쇠약해져서 대혼란과 이주를 경험하는 가운데, 후터파 사회가 거대한 조정기를 겪는 시기이다. 이 조정기는 물경 280년 동안 지속되는데, 그 출발은 1593년 터키와 합스부르크 왕가와의 전쟁으로 시작되었다. 이 시기에 그들은 피난민으로 동유럽의 여러 지방을 전전하다가(전반기) 결국은 러시아로의 정착을 거쳐 마침내 북미로의 이민을 선택하게(후반기) 되었다.

1593년 전쟁이 발생하자 우호적인 Moravia 군주도 더 이상 후터파들을 보호할 여유가 없었고 Colony는 군대 주둔지가 되어 공동체가 유린당하였으며, 죽임을 당하거나 포로가 되어 잡혀가기도 하였고, 전쟁세 부과는 물론 소 떼와 양 등의 가축을 비롯해 많은 재물이 몰수되어 후터파의 생활 수단은 고갈되고 말았다.

또 하나의 시련은 가톨릭의 종교개혁운동 와중에서 후터파들이 가톨릭의 집중공격 목표가 된 점이었다. Moravia의 가톨릭 사제들과 지도자들은 후터파들을 이단 집단으로 규정하고 이들을 말살하기로 작정하고 탄압의 수위를 높여 나갔다고 한다. 그 결과 수많은 후터파들이 죽임을 당했고 평화주의자들인 많은 후터파들은 난민이 되어 지하로 숨어들었다. 그들은 지하 통로를 파고 왕래하거나 지하 창고 같은 데서 숨어지내게 되었다고 한다. 후터파 역사

기록에 따르면 이 어려운 시기에 그들은 땅굴을 파고 그곳에서 생활했다고 하니 그들의 비참한 생활을 상상할 수 있다.

이어서 1618년부터 1648년간 소위 가톨릭과 개신교 사이에 30년 전쟁이 일어나서 후터파는 다시 한 번 참혹한 희생물이 되고 말았다. 참화는 전쟁으로 인한 것만은 아니었다. 전쟁의 후유증으로 많은 신도들이 역병으로 죽어갔는데, 1621년만 하더라도 신도의 삼분의 일이 희생되었다고 한다. Moravia를 평정한 가톨릭 세력은 1622년 후터파들에게 Morvia를 떠나거나 가톨릭 교구로의 편입 중 하나를 선택할 것을 강요하였다. 그들 중 일부는 이 요구를 수용하여 재산과 토지 그리고 안전을 보장받았지만, 환자와 노인들을 비롯한 많은 신도들은 이 요구를 거부하고 겨울이 시작되는 철에 아무것도 가진 것 없이 Moravia에서 축출당하고 말았다.[82]

그들이 향한 곳은 후터파에게 우호적인 지역이었던 슬로바키아 (오늘날의 North Hungary) 지역이었지만, 이 지역 역시 30년 전쟁의 소용돌이를 피해갈 수 없었고 후터파들의 숫자는 점점 줄어 1631년경에는 신도 수가 천 명 이하로 줄어들어 겨우 명맥을 이어가는 형편이 되었다고 한다.[83]

---

[82] 후터파 믿음을 말살하려는 가톨릭 세력 중에 가장 선봉에 선 집단은 합스부르크 황녀 Maria Theresa와 그녀의 동반자인 예수회 사제단(The Jesuits)을 꼽을 수 있다. 1534년 창립된 예수회의 본래 목적은 가톨릭을 반대하는 적들에 대항하여 싸우기 위해 교황을 돕고 교황에 절대복종하도록 되어있었지만, 이들의 활동은 점점 과격해져서 교황의 명령도 듣지 않는, 신·구교 모두에게 두려운 집단이 되고 말았다. 오늘날 Moravia 지역에는 과거 후터파들의 자손이 가톨릭교도로 남아 있고, 현재의 오스트리아 국민의 95%가 가톨릭교도가 된 것도 이들의 과격성과 압정에 힘입었다고 할 수 있겠다. 예수회는 가톨릭과 반대되는 개신교에 무자비했으며 일단 이단시되는 무리에 대해 가차 없는 말살 정책을 추진하였다. 그 결과 많은 희생자가 나왔으며 보헤미아에서는 예수회가 6만 권이나 되는 귀한 서책을 불태우는 희대의 야만을 저질렀다. 그 뒤 Maria Theresa의 아들 Joseph 2세 재임 시(1780-1790)에 상황이 호전되어 1776년에는 악명 높던 고문을 폐지하고 1781년에는 '관용칙서'를 발표하여 민심을 돌리려 했으나 당시의 후터파들은 이미 Ukraine에 정착한 뒤였다. —John A. Hostetler(1974), pp.70-71.

[그림 - 14] 후터파 이주(1621-1770)

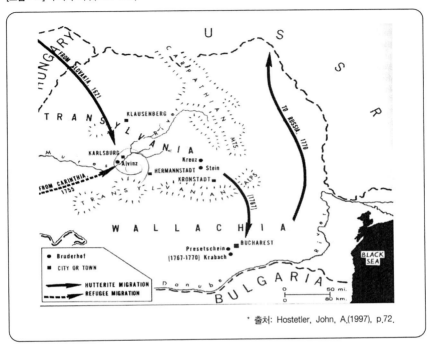

* 출처: Hostetler, John, A.(1997), p.72.

　이 어려운 시기에 한가지 다행스러운 일은 한 걸출한 지도자의 출현으로 후터파의 생활신조와 믿음실천이 더욱 공고해지고 훌륭한 설교 문헌이 생산되었다는 점이다. 즉 Andreas Ehrenpreis의 지도력(1639-1662)으로 내부 기강이 더욱 공고하게 되고, 마지막이 된 유럽 선교 활동도 가능하였다고 한다. 그의 공적 중에 가장 빛나는 점은 생전에 주옥같은 설교 문헌을 많이 남겨 현재도 많은

---

83) Hungary에서 후터파의 숫자가 급감한 이유는 Colony 내에 군대가 주둔하여 유린한 점 말고도 1638년과 1639년의 기근으로 인해 Colony 내의 비축 식량을 노리는 귀족들과 빈민들의 약탈도 일조했다고 한다. 이들의 횡포로 더 이상 Colony 유지가 어렵게 되자 1685년 Hugarian 후터파들은 자발적으로 공동체 해체를 결정한 뒤 비밀리에 자신들 만의 후터파 예배와 communal practices를 계속했다고 한다.

후터파 분파에서 이 문헌을 애독하고 있다는 점이다.[84] 이후에도 후터파는 가톨릭 세력과 Turks 군대 사이를 오가며 온갖 고초를 당하는 가운데 그들의 공동체 신앙을 지키기 위한 필사의 노력을 기울였으나 그 세력은 극소수의 신도만이 있는 거의 사멸 수준에 이르고 있었다. [그림 - 14]는 후터파들이 Moravia에서 축출당한 1621년부터 러시아로 떠나는 시점인 1770년까지의 고난의 여정을 보여주고 있다.

1621년 후터파들이 Moravia에서 축출되고 있을 동안 Transylvania의 군주 Gabor Bethlen은 후터파들에게 공식적인 초청장을 보내 그들을 받아들인다는 의사를 표시하였다. 문건상 정중한 표현이었지만 명령이나 다름없는 초청장이었는데, 갈 곳이 없는 그들에게는 피할 수 없는 선택이 되었다. Bethlen이 이들을 받아들인 것은 자신의 영지에 그들의 장인 솜씨가 필요했기 때문이었지 다른 이유가 있었던 것은 아니었다. 어쨌든 Transylvania의 생활은 열악하였지만, 그런대로 종교의 자유를 보장받고 있었으므로 Alwinz에서의 생활은 그리 나쁜 것은 아니었다. 그러나 합스부르크와 Turks 간의 전쟁(1658-1661)으로 고난이 계속되었고, 가톨릭이 고용한 용병들이 집요하게 그들의 은신처를 추적하고 탄압을 계속하자 견딜 수 없었던 후터파들은 뿔뿔이 흩어지고 더러는 산속으로 숨어들었다고 한다.

따라서 합스부르크 왕가와 가톨릭의 끈질긴 후터파 말살 정책과 전쟁은 Transylvania의 후터파 그룹의 해체로 이어져 오늘날 Alwinz에는 그들의 흔적이라고는 거의 없게 되었다. 그러나 이미 언급한

---

84) Friemann, Robert(1966), pp.5-26.

대로 그런 와중에도 후터파들은 뛰어난 도예공예품들을 생산하였고, 이것이 근대에 들어와 후대 수집가나 고고학자들에 의해 발견되어 오늘날까지 잘 전해지고 있다.

[그림 - 14]는 또한 1755년 오늘날 오스트리아 지역인 Carinthia 지역으로부터 Alwinz로 유입된 난민들에 관한 내용도 보여주고 있다. 난민들은 후터파들과 교류하면서 공동체 생활에 공감하고 강압에 의한 루터파 예배의식을 버리고 공동체 생활운동을 복원하고 이것을 Wallachia, Russia 그리고 최종적으로 북미까지 가져온 집단으로 알려져 있다. 그들은 탄압을 피해 Alwinz에서 Kreutz로, 그리고 알프스 산맥을 넘어 Bucharest로 탈출하였지만, 안전을 확보하지 못한 채 결국 러시아 이주를 결심하기에 이르렀다.

이상에서 살펴본 후터파 사회발전의 조정기 시대의 전반기 부분의 특성은 다음과 같이 요약될 수 있겠다. 첫째, 전체적으로 지배적인 특징은 엄청난 외부 탄압에 직면하여 항거하거나 보복하지 않고 평화 노선을 고수하여 후터파 본연의 평화주의 원칙을 고수했다는 점이다. 이 과정 중에 수많은 순교자들[85]이 발생하였고, Turk와의 전쟁 중에는 포로로 잡혀가기도 하였다. 둘째로 이러한 종교탄압과 국가테러에 대하여 그들의 대응은 이주와 피신, 개종 그리고 동화 등으로 나타났으나, 핵심 세력은 Hungary로 피신하여 Transylvania를 중심으로 자신들의 정체성을 지켜나갔다. 이때 그들이 가진 뛰어난 장인 솜씨는 이주에 큰 도움을 주었다. 셋째, Transylvania에서 다시 이주한 남루마니아 지방의 Wallachia에서의 생활은 비참한

---

85) 문헌에 의하면 2,173명의 순교자가 가장 극악한 모습으로 희생되었다고 한다. 주요 죄명은 이단과 반란이었으며 가톨릭은 중세 전통의 화형인 데 비하여 개신교 측은 참수로 처형되었다고 한다. 자세한 자료는 다음 문헌들을 참고할 수 있음. - Claus-Peter Classen(April 1973), p.118, Ethelbert Stauffer(July 1945), pp.179-214.

환경 특히 경제적 궁핍으로 재산공동체 생활을 계속하기가 어려웠다
고 한다. 이 과정 중에 1665년에는 암스테르담(Amster-dam)의 메노나
이트에게 금전적인 도움을 받기도 하여 공동체 생활을 계속하려고
했지만 성공하지 못했다. 마지막으로 후터파들의 문화적 유산은
오늘날 슬로바키아와 루마니아 등에 많이 남아 있는데, 후터파 성
씨를 가진 후손들이 많이 분포하고 있을 뿐만 아니라 도자기를 비
롯한 많은 후터파 장인들의 솜씨가 그대로 보존되고 있다고 한다.

　이제 조정기의 후반부인 러시아 생활을 간단히 검토해 보자. [그
림 - 15]는 후터파들이 러시아에서 보낸 여정을 나타내고 있다.

[그림 - 15] 러시아에서 후터파들의 마을(1770-1879)

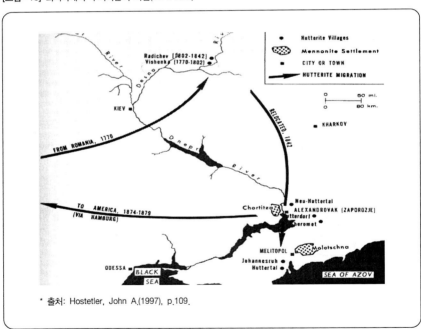

* 출처: Hostetler, John A.(1997), p.109.

후터파들의 러시아에서의 여정은 1874년부터 1879년까지 독일 함부르크를 거쳐 미국으로 이주하기 전, 오늘날 우크라이나의 Vishenka (1770-1802)와 Radichev(1802-1842)를 거쳐 1842년 메노나이트의 거주지인 Molotschna에 정착한 기간을 포함하여 104년간 지속되었다. 헝가리 이주 시와 마찬가지로 당시의 러시아는 그들이 가진 장인 솜씨와 뛰어난 농사기술이 매우 필요하였기 때문에 종교의 자유를 비롯해 징집 예외 등 후터파들이 요구하는 모든 조건을 모두 받아들였다. 즉 전반기와는 다르게 러시아에서의 생활은 종교적 박해나 그들의 정체성에 위협을 가하는 외부 세력이 없었다고 할 수 있다.

그러나 안전했지만 고립되어 있고 러시아라는 새로운 환경에 적응하는 문제는 간단한 것이 아니었다. 더구나 재산공동체의 재구조화를 둘러싸고 내부 불화와 지도층의 분열상은 심각한 수준이었다. 예를 들면 사욕을 추구하려는 사람들이 생겨 그룹으로부터 이탈하려는 경향이 있는 가운데, 몇몇 카리스마적 지도력이 충돌함으로써 양자가 도저히 어울릴 수 없는 상태가 있기도 했다. 이런 혼란의 수습은 일단 보수적 형태로 고문서에 있는 형식과 절차를 따르자는 것이었는데 이런 해결책도 역사의식이 약한 2세들에게 납득이 되는 해결책은 아니었다고 한다. 지도력이 양분되어 혼란스런 처지에서 화재로 인한 피해가 엄청났고 경작지는 늘어나는 인구를 부양하기에 부족한 사정이다 보니 공동체 생활의 유지는 어렵게 되고 말았다. 결국, 1819년 러시아체류 49년 만에 그들은 재산공동체 체제는 무너지고 말았다. 외부 탄압이 강할 때는 공동체가 단결의 모습을 보였지만, 박해가 사라지고 평화스러운 환경이 되자 내부 갈등이 극대화되어 조직이 해체된 점은 종교공동체나 일반 사회조직이나 비슷한 형태를 보여주는 사례라고 할 수 있겠다. 일단 공동체가 사라지자 공동체 재생산을 위한 학교 교육도 사라졌고, 따라서 자녀들의 문맹률은 높아 갔다. 또한, 농토가 사유화되면서 분업과 협업이 가져다주는 생산성도 저조하고 기술 발전도 기대할 수 없었다. 이런 혼란은 1842년 러시아 관리의 개입과 메노나이트들의 도움을 받아 메노나이트 거주지인 Molotschna로 이주하는 것으로 결말이 났다.

후터파들은 그곳에서 30년간 메노나이트들과 교류하면서 한편으로 절대복종-심지어 결혼문제에서도-의 원칙을 개선하여 구래의 보수적인 사회 관습도 개선하고, 농업에도 혁신적인 방법을 도입하여 젊은이들을 교육시켜 나갔다. 한편 Molotschna에서 후터파들의 지도자들은 메노나이트 거주지에 사는 것은 과거 Vishenka와 Radichev에서 고립적으로 살던 때와는 다른 문화적 차이를 경험하게 되고 메노나이트들과 동화되는 것을 염려하고 있었다. 메노나이트들이 살아가는 상호부조 사회인 'Gemeinschaft'는 자신들의 재산공동체 생활인 Gütergemeinschaft와는 다른 것이었고, 예배방식과 설교자의 선출도 달랐다. 사실 그들의 언어인 Hutterish는 메노나이트들이 사용하는 Low German과는 다른 언어였으며, 후터파 설교집도 메노나이트들과는 다른 자신들의 선조들이 만든 설교집을 사용하고 있었다.

후터파 정체성 확립에 대한 갈망이 높아가는 가운데 한 사람의 걸출한 리더가 나타났는데 그 이름은 Micheal Waldner(1834-1889)였다. 그는 심령체험과 환영과 황홀경을 체험한 후 공동체 재건을 도모하게 되는데, 이런 개인적 체험이 공동체 재건 과정에 강력한 영향력을 발휘하게 되었다고 한다.[86] Micheal Waldner를 중심으

---

86) 환영과 영성 체험 등은 영향력 있는 종교지도자들의 리더십에 큰 영향을 미치는 요소가 된다.

로 한 새로운 Gemeinschaft가 창립된 해는 1859년이었다(이듬해 Darius Walter를 지도자로 한 새로운 공동체도 생겼다). Micheal Waldner는 대장장이였기 때문에 사람들은 그를 Schmied-Micheal 이라고 불렀는데, 그를 따르는 사람들이 늘어나자 후일 자연스럽게 Schmiedeleute라는 이름을 얻게 되었다. 그들은 1874년 미국의 South Dakota로 이주해오기 전 15년간 재산공동체 생활을 계속하였다.

두 번째 그룹인 Dariusleute는 지도자 Darius Walter(1835-1903) 의 이름을 딴 것인데, 이들은 미국으로 이주해오기 전까지 러시아에서 14년간 재산공동체 생활을 했고, 마지막 그룹인 Lehrerleute는 지도자 Jacob Wipf가 메노나이트 고등학교에 다녔고 Teacher(Lehrer) 직을 수행했다고 해서 붙인 이름이 되었는데 이 그룹은 1877년 러시아를 떠날 때 생긴 그룹으로 세 그룹 중 가장 늦게 만들어진 조직이다.

이 세 그룹에 속하지 않으면서 공동체 생활을 하지 않았던 후터파들도 1874년과 1879년 사이에 러시아를 떠나 South Dakota의 Prairie에 살게 되었는데 이들을 가리켜 Prairieleute라고 부르고 있다. 이들은 언어를 Hutterisch를 쓰고 후터파 문화를 가지고 있지만, 재산공동체로 살고 있지 않고 메노나이트 그룹인 GCM(General Conference Mennonite church group)에 속해 있다.

한편 후터파들이 러시아를 떠나 북미 이주를 결심하게 된 배경에는 러시아의 애국주의 편향이 결정적 이유가 되었다. 1864년 러

퀘이커리즘을 만든 George Fox, 이슬람교를 만든 Muhammad, 프란체스카 성인 등 여러 종교지도자들은 특별한 영적 체험을 통해 자기 소명을 얻게 되고 그것을 확신하여 리더십을 강화할 수 있었다. 같은 맥락으로 Micheal Waldner는 여러 차례 영적 체험을 통해 재산공동체 복원을 자신의 소명으로 삼게 되었다고 한다. -John A. Hostetler(1994), pp.107-112.

시아는 학교 교육에 러시아어를 강제했으며, 1871년에는 군사복무를 도입함으로써 메노나이트들과 후터파들의 종교적 신념이 큰 위험에 직면했던 것이다.

이상을 정리한다면 조정기의 후반기인 러시아에서의 72년간 생활은 정착 후 49년 뒤 지도력 상실과 혼란 및 2세들과 함께 다수의 개인주의 성향 그리고 화재 등으로 공동체 운영을 포기한 후 메노나이트 지역으로 재이주하여 30년간 메노나이트들과 교류하는 가운데, 점차 경제력을 회복하고 지도력도 굳건하게 되어 마침내 1859년 재산공동체 생활을 재건하게 되었다. 이러한 재건의 배경에는 메노나이트 종교 문화로의 흡수를 우려한 지도자들의 노력, 임박한 러시아 정부의 애국주의 경향으로 자신들의 종교적 신념이 도전받게 된 점, 마지막으로 Micheal Waldner의 탁월한 지도력 등이 포함될 수 있을 것이다.

4) 도약기(1874-1950)

필자가 설정한 도약기는 후터파들이 1874년 미국으로 이주해 온 시기부터 출발해서 최초로 캐나다 연방정부가 후터파 Colony의 법적 지위를 규정한 1951년 전까지의 기간까지를 말하는 것인데, 이 기간 동안, 전체적인 인구 증가가 일어났고, 동시에 각 Colony는 Daughter Colony를 확장해 가는 시점에 Colony 관련 법적인 지위를 확보하기 위해 노력하고 있었다.

앞서 언급한 바와 같이 후터파들의 미국 이주의 원인은 미개척 시대의 이민 문호의 개방과 관련을 맺고 있다는 측면에서 경제적 요인이 유인요인이라고 할 수 있겠지만 일련의 러시아 환경이 이탈요인이 된 것으로 보인다. 즉 러시아는 자국 내 미개발지역의 개척을 원했고 메노나이트들과 후터파들은 자신들의 신앙을 자유롭게 유지하기를 원하여 맺은 계약이었다. 하지만 쌍방의 이해관계는 러시아의 징집요구로 더 이상 계속될 수 없었고 마침내 메노나이트들과 후터파들은 아메리카로 이주할 것을 결정하였다. 러시아 정부로서는 유능한 사만오천 명의 농부를 상실한다는 것은 엄청난 국가적 손실이었기 때문에 특사를 파견하여 대체 복무를 제안하는 등 유화적 조치를 제안했으나 결과는 일만팔천 명의 이주자가 나왔으며 이 숫자 안에 후터파 인구 전부가 포함되어 있었다고 한다. 즉 후터파들은 1874부터 1879년에 걸쳐 여러 단계를 통해 주로 South Dakota로 정착하게 되었는데 단 두 가족을 제외하고 후터파 배경을 가진 전 가족들이 모두 미국 Dakota로 이주해 나간 점이 특징적이다.

[표 - 12] 후터파 인구성장 추이: 1528-1974

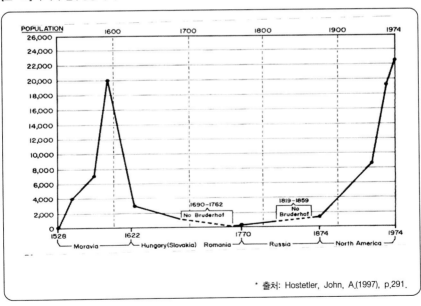

* 출처: Hostetler, John, A.(1997), p.291.

그들이 도착한 해 1874년은 아직 South Dakota가 주로 승격되지 않았던 시기로 이른바 미국 역사상 서부로의 대이주 물결이 일어났던 시절이었다.

이 시기의 특징은 대강 다음과 같이 요약할 수 있다. 첫째 후터파 정착지는 미국과 캐나다 정부의 이민자 유인정책과 맞물려 대평원지역으로 한정되어 나타났다. 즉 미국의 Dakota 지역과 Montana 지역은 물론 캐나다의 대평원지역인 Alberta, Saskatchewan, Manitoba에 집중정착하고 근대적 농업을 개시했던 것이다. 당시 미국과 캐나다 정부는 서부개척을 위해 싼값에 토지를 제공하여 서부개척을 장려하고 있었고,[87] 처음 정착지인 Dakota 지역의 자원(토양과 기후)은 메노나이트들과 후터파들의 출신 지역인 우크라이나와 비슷하였다고 한다. 그러나 수공업 제품 판매시장은 매우 협소하여, 대안으로 수공업 제품 생산보다는 근대적인 농업생산으로 특화하게 되었는데 이 부분이 우크라이나 때와는 구별되는 변화였다고 한다.

둘째, 세 그룹의 후터파들은 모두 Dakota주의 Missouri강 유역에 정착했는데, 비록 교리와 언어와 사회패턴이 동일했지만, 정착 초기를 제외하고는 그들 간의 공식적인 관계를 거의 갖지 않았다. 하지만 각 Colony 경영은 성공적이었으며 개소린 엔진의 사용, 거대한 트랙터와 전력을 만드는 큰 발전기도 갖추고 높은 생산력 발전을 이룩하였다.

셋째, 1차 세계대전 이후부터 인근 농부들과의 분쟁이 발생하고 미국 정부와 갈등을 겪게 되었다. 즉 후터파들이 댐을 만들어 수력을 이용한 동력을 사용하게 되자 이웃 농부들이 불만을 갖게 되

---

87) 당시 미국은 Homestead Act를 실시하여 가구당 160에이커를 구매할 수 있었고, 40에이커에 나무를 심을 경우 160에이커를 추가로 구입할 수 있었다. 160에이커의 값은 에이커당 $1.25에 불과하였다.

고 여러 차례 댐을 파괴하는 사태에 이르렀으며, 공장이 불타는 소동까지 발생하자 후터파들은 댐을 포기하고 수력 대신 가스 엔진을 사용하기도 했다. 정부와의 갈등은 전쟁과 징병제 도입과 관련된 이슈로써 이 문제는 후터파들과 메노나이트들에게는 매우 민감한 사안이었다. 결국, 미국과 캐나다 사이에 이주가 반복되는 과정에 징병당한 후터파들이 핍박받고 더러는 옥사하는 사태가 벌어졌다. 당시에는 양심적 병역거부자들의 권리가 인정되지 않는 시기여서 후터파 젊은이들이 병영에서 구타와 고문 등이 가미된 잔인한 대우를 받았던 것이다. 더구나 독일에 대한 반감이 고조된 시기에 독일계의 이민자들에 대한 사회적 태도는 매우 적대적이었다고 한다.

넷째, 사회적 적대감과 양심적 병역거부문제를 해결하기 위해 후터파들은 전문 변호사를 통해 자신들의 법적 위치를 확립해 나갔다. 예를 들면, 1935년에 South Dakota 주 의회를 통과한 Communal act는 집단 농장을 조합형태로 규정하고 주와 연방 공히 법인세를 감면한다고 규정하게 되었다. 또한, 비록 기존 Colony가 새로운 농지를 구입하거나 빌릴 수는 없다는 제약을 두긴 하였지만, 새로운 Colony를 만들어 나가는 것에는 어떤 제약도 없었다.

미국의 예와 마찬가지로 캐나다의 경우에도 세 그룹의 후터파들은 단일창구를 만들어 법적 위치를 확보하기 위해 노력하였다. 이들의 법적인 문제는 주로 토지 소유와 관련된 것이 많았다. Alberta에서는 한때 적성국가와 후터파들에게 토지매입을 금지하는 법안을 통과시키기도 했으며(Land Sales Prohibition Act, 1942), 1947년에는 토지매입의 한도를 규정하여 6,400에이커로 한정하기도 하였다. 미국에서와 같이 캐나다 Prairie 지역에서의 매입제한 조치는 어느 의미로 후터파들의 Colony를 지리적으로 더 확장시키는 역설적인 결과를 가져왔다고 볼 수 있다.

5) 안정기(1951-현재)

2차 세계대전이 끝나고 북미에 평화가 오자 후터파들의 생활기반도 안정기에 접어들기 시작하였다. 우선 외부적 장애 요인이었던 토지매입제한도 완화되었을 뿐만 아니라, Colony의 법적 위치도 견고해졌다. 무엇보다 내부적 문제로서 종전까지 명확하지 않았던 그래서 잠재적 걱정거리였던 Colony의 공동재산에 대한 개인 소유지분에 대한 건이 해결되었다. 1951년 캐나다 연방법을 통과한 규정에 의하면 후터파 집단의 재산 소유권은 Colony에 있다고 명문화한 것이다. 따라서 개인의 Colony 대한 청구권을 인정되지 않음으로써 Colony는 더욱 견고한 법률적 위치를 확보하게 되었다.[88]

안정기의 두 번째 특징은 후터파 집단 간의 관계개선이 화해 집회로 나타나기도 하고 후터파 그룹 중 제일 큰 그룹이 분열되는 사태를 맞이하는 등 외형적으로 다소 불안정한 모습을 보이기도 하였다. 전자는 1974년에 개최된 화해 집회로서 그간 소원했던 'Society of Brothers'와 '후터파 Brethren'이 관계를 정상화한 경우

---

88) 필자는 Manitoba주의 한 Colony를 방문하여 지도자들에게 실제로 공동재산에 대하여 어떤 개별적 권리를 갖고 있는지, 동시에 어떤 개인적 이유로 Colony를 떠나게 될 때, 그 개인과 가족이 어떤 보상을 받을 수 있는지를 물어보았다. 그들의 대답은 간명하였다. 개인이 공동체 재산에 대해 개별적 소유권은 인정되지 않으며, 따라서 공동체를 떠나는 개인과 가족에게 보상해주는 제도와 관습은 없다. 언제든지 공동체가 싫으면 떠날 수 있지만, 떠난 주민이 다시 돌아오는 것도 일정한 Probation 기간을 조건으로 환영한다. 실제로 다른 분파에 속한 사람이 자기 Colony에 오는 경우이거나 새롭게 Colony의 일원이 되고자 하는 사람도 같은 조건으로 받아들인다. 새로운 Colony 건설에 그 어떤 공헌을 했거나 간에 일단 공동체 자산에 기여한 것은 자기의 시간과 열정, 그리고 개인적 자산 모두를 Colony에 선물로 기증한 것으로 보는 것이다. "누가 선물을 돌려 달라고 요구할 수 있겠는가"하고 그들은 반문하였다.

가 대표적이며, 후자는 Schmiedeleute가 분열되어 Group One과 Group Two로 나누어지게 된 경우라고 할 수 있다. 그러나 이런 현상은 박해시대보다는 평화시대에 일반적으로 나타날 수 있는 경우로서 그 내용을 보면 그룹의 비대화로 인한 세력 성장의 표현으로 볼 수 있는 것이지, 결코 후터파 Colony들의 쇠퇴 현상은 아니다. 1874년 북미로 이주해온 후 현재까지 후터파 Colony들은 계속 성장하고 있는 중이다.

4. 후터파 사회의 특성: 믿음체계와 공동체 경제

1) 후터파들의 세계관

[그림 - 16] 후터파 교리 요약

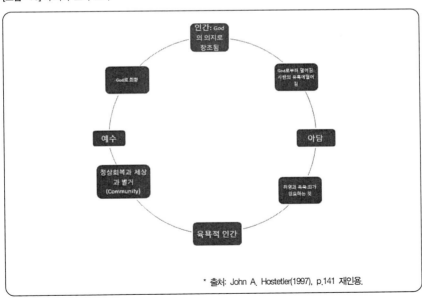

* 출처: John A. Hostetler(1997), p.141 재인용.

후터파들이 공유하고 있는 핵심적 교리는 [그림 - 16]에 요약되어 있다고 할 수 있다. 이 표는 1527년 투옥 중이었던 후터파 중의 한 사람이었던 Leonard Schiemer에 의해 작성된 것으로 알려져 있는 데 현재까지 후터파들의 신앙체계를 간략히 이해하는 데 큰 도움을 주는 것으로 평가된다.[89]

이 그림의 줄거리는 하나님의 의지로 창조된 인간인 아담이 죄를 통해 타락된 인간 즉 육욕적 인간으로 되어 하나님과 멀어졌지만, 하나님, 곧 예수를 통해 본래의 인간으로 회향한다는 간명한 메시지를 보여주기 때문에 기존의 주류 기독교 종파와 큰 차이를 보인다고 볼 수 없다. 즉 그들은 원죄설을 믿고, 예수를 하나님의 육화로 보는 삼위일체도 믿고, 성경도 다른 종파와 달리하지 않고, 때때로 찬송도 같은 부분도 있어서 주류 측에서 기본교리를 두고 큰 시비를 걸기엔 다소 무리가 있다고 할 수 있겠다.

그러나 상기 그림은 다른 주류 기독교 종파에서 볼 수 없는 독특한 실천교리가 있는데, 그것은 바로 타락한 인간 즉 육욕적 인간이 예수를 통해 하나님이 원래 창조한 인간으로 회귀하는 부분을 설명하는 부분이다. 이점을 잘 이해하기 위해서는 불가피하게 후터파들의 믿음체계 전체 속에서 이 부분을 이해하는 것이 필요한 것 같다. 그들의 믿음체계를 간단히 살펴보면 먼저 인간은 하나님을 경배하도록 창조되었으며 인간은 현세를 즐길 것이 아니라, 죽은 뒤의 생활을 위해 부단히 노력해야 한다. 왜냐하면, 하나님의 것은 불변이고 영원하며 영성적인 것이지만 물질을 포함한 모든 피조물은 변화하는 것이고, 과도기적이고 일시적인 것이기 때문이다. 이러한 영성적인 것과 물질계에 대한 이분법 구조는 후터파의 사고체계의 기본적인 요소가 되고 있다.

---

89) Friedman, Robert(1961), p.286-298.

둘째, 그들의 사고에는 하나님의 질서는 거룩하고 선하지만, 그것을 벗어나거나 이탈하면 사악한 것이 되므로 선함은 하나님으로부터 나오는 것이고, 악은 하나님의 질서를 이탈함으로써 초래된 것이라고 믿는 것이다. 또한, 그들의 믿음체계는 위계와 권위에 대한 존중이 내재하고 있는데, 하나님과 인간과의 위계가 명확하게 존재하듯이, 남성과 여성 간 위계, 부모와 자녀들 간의 위계, 연장자와 젊은이들 간의 위계가 존재한다고 보는 것이다. 그들의 믿음체계 의하면 이것은 하나님의 질서이므로 그것을 바꿀 수 없는 것이다. 동일한 논리로 인간은 물질계, 발명품, 기계를 지배하는 것이고, 적절한 관계를 유지하는 한 그것을 사용하게 된다.

셋째, 인간은 최초의 인간인 아담의 죄를 물려받아 죄를 범하는 경향을 가지고 이 땅에 태어나며, 인정받고 싶은 욕망, 육욕, 소유욕 등 속물적 갈망 속에서 타락된 상태, 즉 육욕적 인간으로 살아간다고 한다. 따라서 인간성 자체는 혼자 스스로 이 육욕적 경향을 극복할 수 없는데, 다행인 것은 인간에게는 하나님의 선물인 양심이 있어서 그것으로 죄를 구분하고, 죄의식을 느끼게 해 두었다고 한다. 따라서 회개하고 예수의 은총을 통하여 그리고 하나님 말씀을 믿고 따름으로써 죽은 뒤 영원한 생명을 얻을 수 있다고 보는 것이다. 문제는 그런 과정을 어떻게 만들어 내느냐 하는 것인데, 후터파들이 택한 방안은 끊임없이 자아를 하나님의 뜻에 맡겨버리고 공동체 생활로 살아가는 것이다.

넷째, 그들의 공동체 생활에서 금기시 되는 것들이 있는데 예를 들면 상업이윤을 위해 물건을 사고파는 행위인 상행위를 금하고 있고, 분쟁 해결을 위해 세상 법정을 이용하거나, 전쟁과 관련된 행위, 또한 정부 관련 직책을 맡는 행위를 금기시하고 있다. 전자는 하나님 앞에 정결한 양심을 유지하기 위해서는 손을 사용하는 정직한 노동이 필요한 것이지, 노동하지 않고 상업이윤을 얻는 행위는 죄를 짓는 사업이라고 간주하기 때문이고, 후자의 경우는 하나님의 법이 지상의 법이며 인간의 법과 정부는 인간이 하나님을 떠난 징표와도 같다고 믿기 때문이다. 따라서 평화를 위한 세금은 납부하지만, 전쟁목적이나 무기생산을 위한 세금납부는 거부하고 있다.

다섯째, 공동체 생활은 일정한 과정을 거쳐야 하는데, 이른바 유치원 교육과 Colony 내의 정해진 교육(현재 12학년까지 교육하고 있음)을 받아야 하고, 일단 성년이 되어 자발적인 세례성사를 통해야만 정식 공동체 일원으로 활동할 수 있는 자격이 주어진다. 인간은 누구나 죄를 범하기 쉬운 경향을 가지고 태어나기 때문에, 유치원부터 정규 교육과정을 통하여 공동체 정신을 배우는 한편 이기심을 거부하고, 겸손의 가치와 복종의 미덕을 교육받아야 한다.

* 후터파 Colony의 Kindergarten. 교사와 수제복을 입은 어린이들이 함께 어울려 놀고 있다. 울타리 건너 멜빵을 걸친 남자는 유치원과 학교를 담당하는 교장임.

* 후터파 Colony의 천과 옷감보관소. 유치원 근처 별도 건물에 보관 중인 각종 천과 옷감과 부속 재료임. 여성들의 요구에 따라 일정한 날짜에 외부에서 이들을 조달함. 조달책임자는 교회 지도자의 부인이 맡고 있다고 함.

* 후터파 Colony의 학교교실 내부 전경. 모든 학급이 모두 한 교실에서 수업을 받고 있음. 건물 외부에는 필요한 경우 위성으로 수업을 받을 수 있도록 높은 안테나가 세워져 있음.

* 아동용 신발 보관용 캐비닛임. 교실의 한 면은 Colony 관리자(주로 설교자)가 열 수 있는 큰 캐비닛이 있고 대량의
새 운동화가 크기대로 보관되어있다. 빠르게 성장해가는 아동들의 발의 크기를 감안해 미리 대량 구매해 놓았다.

   이러한 공동체 교육은 비단 학교 교육에서만 일어나는 것이 아
니라, 가정에서 그리고 공동식사 과정에서도 엄격히 실시되고 있
다. 식사 시 자리 배정도 엄격하고, 식사 후 청소도 엄격한 규율
속에서 이루어지고 있다. 필자가 방문한 Colony 식당의 정돈상태
와 청결 상태는 완벽 그 자체였다.

   후터파의 공동체 교육은 대개 성년이 되는 약 20세 전후까지 계
속된다고 볼 수 있는데, 그 뒤 Colony의 가르침을 자발적으로 받
아들여, 참회와 극도의 자기 낮춤, 죄짓는 행위를 혐오하는 상태가
되어야만 비로소 세례를 받아 정식 멤버가 되는 것이다. 그러나
세례를 받아 정식 멤버가 되었다고 해서 육욕적 유혹에서 벗어난
것은 아니므로 개인은 자신의 성경해석이나 나름의 복종관을 따르
는 것이 아니라 커뮤니티의 의지에 따라야 한다. 왜냐하면, 커뮤니

티가 하나님의 의지이기 때문이다.

* 후터파 Colony 식당 내부 전경. 후터파 Colony의 식당의 청결 상태는 항상 최상의 상태를 유지하여 구성원들의 쾌적한 식사와 위생을 함께 고려하고 있다. 식사는 남녀의 구분은 물론 어린이들 좌석을 따로 배정하며, 식사 전 감사기도(Grace)로 (대개 침묵) 식사가 개시되고, 단체식사가 끝나고, 식사 후 기도(Thanks)가 끝나면 젊은 여인들 이 모두 동원되어 의자를 들어 올려 걸레질을 한다.

여섯째, 그들은 하나님을 경배하는 적절한 방책은 재산공유공동 체라고 믿고 있다. 그들의 공동체는 성령의 도움으로 뭉쳐 있는 그룹이며, 그리스도의 교회이며, 모든 성인들의 통공의 장이며, 하 나님 자녀들의 모임이므로, 그리스도의 몸체(공동체)의 통제 아래 에 재산을 사유화하는 그 어떤 영성적 형태도 거부하는 것이다. 한마디로 말해서 재산공유공동체는 하나님의 의지라고 믿는 그들 의 믿음의 기초에는 인간의 육욕적 성향은 죄의 온상이며, 사적 소 유욕 추구는 하나님 질서를 무시하는 처사라고 보는 것이다.

즉 하나님의 창조물인 달과 태양은 사적 소유로 창조된 것이 아 니라 모든 피조물의 공유물로 창조된 것이다 따라서 하나님의 창조 질서는 사유가 아닌 공유이므로 하나님이 창조한 이 세상 모든 재물과 재화를 사적 소유로 할 것이 아니라 공유체제로 하는 것이 하나님의 질서에 알맞은 형태라는 것이다. 재산 공유체제가 하나님 질서에 알맞다는 것을 어떻게 증명하느냐 하는 문제는 필자 같은 문외한이 감당할 수 없겠지만 소박하게나마 필자가 파악하는 바로는 성서에 나타난 초기교회의 공동체 생황을 어떻게 이해할 것이냐 하는 측면으로 요약될 수 있다고 생각된다.

널리 알려져 있듯이 예수 사후 크리스천 신도 그룹이 탄생하여 새로운 종교가 시작된 후, 크리스천 교회는 하나의 공동체로서 권위와 교회질서를 가지게 된 것인데, 그런 권위와 질서가 교리이며 그것은 모두 성서와 공동체(교회)에서 나온 것이라고 볼 수 있을 것이다. 실제로 사도행전(특히 사도행전 2:43-47, 4:32-37)을 보면 전체 내용이 초기교회들의 공동체 생활을, 그중에서도 신도들의 재산공유 공동체 생활을 명확히 보여주고 있으며, 그것은 다른 해석이나 주석이 필요 없는 크리스천의 실생활을 보여주는 중요한 부분이다.

그 이외에도 성서의 여러 곳에서 신자들이 취해야 할 바른 자세에 대한 언급이 많이 발견되고 있다. 예를 들면 예수의 제자가 되는 조건(자기가 가진 것을 모두 버려야 한다. -마태복음 10:37-38, 16:24, 누가복음 14:25-33), 부자 청년이 영원한 생명을 얻는 길(일명 '낙타와 바늘귀' 비유 -마가복음 10:17-27, 누가복음 18:18-27), 세상의 친구는 하나님의 원수(야고보서 4:1-10) 등 수없는 구절에서 성경은 명확하게 세상 것과 하나님의 것은 대척 관계에 있음을 보여주고 있다. 후터파들은 이런 명확한 성경 구절을 여과 없이 일상생활로 연결한 순수 크리스천 교회 모습을 보여준다. 기성 주류 교회들이 이런 초기 크리스천 교회를 따르는 후터파 교회를 이단이라고 부를 수 없는 이유가 여기에 있다.

　이상에서 열거한 후터파들의 세계관은 다른 재세례파들과 거의 동일하지만, 재산공동체라는 독특한 형태의 실천교리를 갖추고 있다는 점이 큰 차이로 나타나고 있다. 여기서 논란이 될 수 있는 점들은 재산공유공동체가 하나님의 의지라고 본다고 해도 그 운영이 어떻게 하나님의 의지와 공조하여 실천해 나갈 수 있느냐 하는 문제와 영성적인 것과 물질을 꼭 적대적 관계로 파악해야 하는가 등의 의문이 생길 수 있는데, 이 부분은 별도의 지면에서 보다 자세히 검토해 보기로 하자.

2) 후터파들의 재산공유 공동체 운영

　후터파들의 재산공유공동체 운영을 검토하기 위해서는 무엇보다 공동체의 기초를 이루고 있는 그들의 실천교리 중에서 경제적 실천교리를 보다 자세히 검토할 필요가 있을 것 같다. 그들의 경제적 실천교리는 성경과 그들만이 사용하는 후터파 설교집[90]에 근거

---

[90] 후터파 sermons는 후터파들이 성경을 해석하는 데 도움을 주고 영적 안내를 돕기 위한 설교집인데 그들은 그것을 'The Lehren(sermons)'이라고 부르고 있다. 후터파 재산공유공동체는 물론 성서에 근거하고 있지만, 그 성서의 해석은 The Lehren 같은 성스러운 작업에 의해 가장 잘 해석될 수 있다고 그들은 보고 있다. 대개의 Lehren들은 신·구교 전쟁인 30년 전쟁의 직후 쓰여 17세기에 마감된 것으로 보이는데, 이 당시 후터파 인구수가 사만 명에서 이만 명으로 급감하여 후터파들이 거의 사멸될 처지에 놓여 있었다고 한다. 생존자들은 초기의 정신적 활력을 재정립하고 힘썼는데, The Lehren은 그러한 노력의 중추적 역할을 담당했다고 한다. 설교집의 주저자들은 H. F. Kuentsche, Caspar Eglauch, Mathias Binder, Johannes Milder, Tobias Bertsch, Andreas Ehrenpreis 등으로 알려져 있다. 비록 후터파 분파들 간에 완전히 통일된 설교집을 갖지는 않았지만(일반적으로 Schmiedeleute sermons가 Dariusleute것보다 더 짧은 경우가 있다고 함), 후터파들은 The Lehren이 하나님으로부터 영감을 받아 쓰였기 때문에, 성경의 의미를 파악하는 데 그리고 어떻게 크리스천으로 살아가야 하는가를 잘 보여주는 최상의 방책이라고 믿고 있다. 설교의 내용은 거의 50%가 성서를 재인용하는 것으로 되어있으며, 전통적으로 sermon들은 Chanting으로 독서되어 주일 오전 예배나 특별 종교기념일 등에서 독서되고 있다고 한다. Schmiedeleute에서 채택한 378 sermons는 삼대 일의 비율로 신약 비중이 높고, 그중에 149개의 설교가 복음서를

하고 있다고 볼 수 있는데, 이것을 보다 자세히 검토하기 위해서 우선 그들 Colony의 운영 조직부터 언급하는 것이 전체 파악을 위해 도움이 되겠다. 앞서 우리가 조금 언급한 대로 후터파 사회는 종교와 경제가 융합된 형태로 운영되기 때문에 그에 합당한 위계를 가지고 리더십이 작용하고 있다. 이것을 보여주는 [표 - 13]에 의하면 공동체의 사령탑이라고 할 수 있는 집행위원회(Executive Committee)는 목회자와 부목회자, Business Manager, Farm Manager 로 되어있는데, Colony의 규모와 특화된 사업형태에 따라 집행위원회와 기타 주요 보직자들의 구성은 다소 다를 수 있다[91].

[표 - 13] Colony 리더십 구조

집행위원회	목회자, 부목회자, Business Manager, Farm Manager
기타 중요보직자	Carpenter, Chicken Man, Dairy Man, 'English' Teacher, Factory Manager, German teacher and spouse, Minister's spouse, Assistant minister's spouse, Head Cook, Hog Man, Kindergarten teacher,

북미에서는 관습적으로 집행위원회와 장로(senior elders)를 선출하는데 무보수 종신직으로 봉사한다. 이 관습은 Schmiedeleute two가 약간 다를 뿐 3개 종파가 모두 차이가 없다고 한다. 집행위원회는 그룹의 계율이 잘 집행되도록 돕고 평가하는 책무를 가지고 있는데, 각 그룹의 목회자들은 연차회의를 개최하여 중요한 이슈들을 협의하지만, 정치적 경제적 관점에서 각 공동체는 완전 자

해설하고 있다고 한다. -Rod Janzen, Max Stanton(2010), pp.77-82.

91) 필자가 방문한 Manitoba주의 colony의 집행위원회는 부목회자는 없고 Business Manager대신 Financial Manager 직책을 두고 있었다. 현재 후터파 Colony들의 대부분은 농업을 주업으로 하지만 각기 나름대로의 특화된 부업을 가진 경우가 많은데, 이런 특수성과 규모를 반영하여 집행위원회의 구성이 Colony마다 차이가 날 수 있다.

치권을 가지고 있다. 이 자치권은 때때로 Colony 간의 특화를 가능케 하는 장점이 있는 동시에, 설사 한 Colony가 경영에 실패하더라도 교회 전체와 다른 Colony는 경제적 영향을 받지 않는 장점이 있다. 집행위원회의 핵심위치에 있는 목회자는 종교적 권위와 경제적 권위를 함께 행사하는 중요 직책인데, 영성적인 것과 세속적인 것에 대한 이해와 그것의 절묘한 작동을 책임지고 있는 일종의 만능 재주꾼이 되어야 한다.

Business(혹은 Financial) Manager는 공동체의 경제 회계를 담당하는 중요한 직책이고, 부목회자는 가끔 German teacher의 직책을 겸하기도 하며 Garden 일과 젊은이들과 여인들에게 할당된 일을 감독하는 일을 담당한다고 한다. 각 Colony는 기본적으로 세례받은 성인 남자들에 의해 민주적으로 관리 운영되고 있으며 후터파 사회는 의사결정과정에 완전 평등주의를 채택하고 있기 때문에, 의사결정 전, 후에 아무 거리낌과 주저 없이 자기 의견을 개진하지만 일단 결정이 되면 획일적으로 그 결정을 따르는 전통을 가지고 있다.

그들의 실천교리는 성경의 여러 곳에서 발견되고 있지만, 전술한 바와 같이, 사도행전 2장 44-45절의 말씀을 근간으로 한 초대교회의 공동체 생활을 그대로 답습하자는 생각이었다. 즉, 우리가 이미 후터파의 초기 역사에서 살펴본 바와 같이 교회 내의 분쟁의 뿌리는 이기심과 개인의 사적 욕구추구에서 비롯된 것이라는 인식 하에, 그들은 성서에 적힌 대로 초대교회의 재산 소유 공동체 정신을 구현하자는 것이다.

그리고 이러한 창립 정신을 구체적으로 실천하도록 신도들을 안내하는 규범서인 후터파 설교집(후터파 Sermons)을 독서함으로써 그들의 신심을 돈독하게 만드는 것이다. 성서에 있는 내용 특히 예수의 설교는 비유로 가득 차 있고 일반인이 그 가르침을 이해하고 그대로 따르기가 힘이 드는 경우가 많아서 주류 교단의 설교자들은 대개 부드러운 접근으로 우회적으로 신도들에게 설교하고자 하는 경향이 있지만, 후터파들의 설교집은 날카로운 직선형 설교이며, 성경의 가르침을 있는 그대로 숨김없이 설교하며 설교 내용 자체가 곧바로 일상생활에서 바로 적용하는 메시지로 기술되고 있다고 한다.

따라서 기존 주류 교단의 진보적인 설교와는 구별되는 급진적 내용을 가지고 있다. 예배시간만 해도 주류 교단이 주일 예배로 약 한 시간 남짓의 시간을 할애하는 데 비해 그들의 예배시간은 최소 삼십 분이 더하여 진행된다. 더구나 특별의식 기간에는 두 시간 반에서 세 시간 동안 예배가 계속된다고 한다. 설교집의 내용은 후터파 그룹마다 차이가 있지만 변함없는 점은 Chanting 형식으로 함께 설교 본문(The Lehren text)을 봉송하여 말씀과 그 뜻의 주요성을 강조하는 것이다. 예배 때마다 매번 함께 본문을 독서함으로써 그들이 예배 중에 확신하는 것은 그들의 믿음과 관습은 분명하며, 불변이라는 것, 또한 이런 관습과 전통을 유지함으로써 크리스천 공동체를 통일적으로 만드는 것이 보다 용이하다는 것이다.

목회자는 일요일에 설교의 서문을 시작하여 계속해서 한 주간 설교를 5회 내지 6회로 나누어 봉송하는데 설교 분량이 많아 일년을 주기로 봉송문 차례와 찬송가 순서를 잘 배치하여 준비한다고 한다. 교회건물 안에는 십자가는 물론 아무 장식이 없고, 악기나 찬양대자리도 없고 기껏해야 소박한 탁자 뒤에 평범한 의자가 세 개 정도가 있을 뿐이다. 예배가 시작하기 전 집행위원회와 장로들이 먼저 입장하고 나면 남자들이 들어와 설교자 측에서 볼 때,

오른쪽에 착석하고, 뒤이어 여자들이 들어와 왼쪽에 착석하는데, 어른들이 자리를 잡을 동안 밖에서 어린이들이 줄을 서서 기다린 후 입장하여 앞 좌석에 남녀 구분하여 착석하며 예배가 끝나면 출입 시와는 반대 순서로 교회를 나온다고 한다. 이러한 그들의 예배 형식 자체는 Old Order 메노나이트와 크게 다르지 않은데, 아마도 이것은 그들 모두 같은 뿌리의 재세례운동을 배경으로 하고 있기 때문인 것으로 보인다. 후터파 설교집 본문은 강건한 마음을 가진 자들을 위한 내용으로 채워져 있다. 기본적으로 강력한 도덕적 기준을 강요하고, 자만과 거만을 경고하고 있지만 많은 곳에서 실용적 내용을 가지고 있으며 특히 동물의 삶을 비유적으로 사용하여 크리스천 공동체 삶을 권유하고 있다고 한다. 예를 들면 마태복음 6장의 설교 본문은 다음과 같이 표현하고 있다. "…이 세상에 인간처럼 조롱거리를 만드는 피조물은 없다. 기도하는 입으로 욕하거나 저주를 퍼붓는 이런 행위가 어떻게 같이 있을 수 있는가?" 또 다른 예로써 사도행전 2장을 설교하는 부분에서는 하나님을 믿는 사람과 그렇지 않은 사람의 차이를 설명하면서 다음과 같이 밝히고 있다. "…돼지들은 들판에서 집으로 돌아오자마자, 서로 여물통을 차지하기 위해 낑낑거리고, 다른 돼지가 접근을 못하도록 난투극을 벌린다. 하나님을 모르는 사람도 이와 같아서 그들이 공동체로 살아가는 것은 불가능한 일이다."92) 다소 거칠게 말한다면, 후터파들의 경제 실천교리는 성경과 후터파 설교를 따라 이기심을 죽이고 하나님의 의지라고 할 수 있는 크리스천 재산공유공동체 삶을 견고하게 유지하는 것이다.

92) Rod Janzen, Max Stanton(2010), p.81.

다음으로 후터파 공동체의 경제 운영방식에 대해 살펴보기로 하자. 필자가 방문한 Manitoba주의 한 Colony에는 5,000에이커의 농토를 총 25가구(120명 주민)가 경작하고 있는데, 농기계로써 가장 비싼 콤바인 3대와 다수의 트랙터 그리고 운송 수단으로 밴과 트럭을 합하여 10개의 차량이 있었다. 그들의 말에 의하면 대개의 Colony가 비슷한 규모의 생산 수단을 가지고 있다고 하였다. 이 규모는 Manitoba에 사는 일반 농부들의 경우보다 낮은 가구당 경작지와 자본 장비율을 보인다.[93] 필자가 사는 온타리오주 대다수의 Grain 생산 농부의 평균 경지 면적은 대개 100에이커에서 200에이커 내외이고, 콤바인과 트랙터 각각 1대, 운송 수단으로 트럭 1대 그리고 필요에 따라 약간의 중장비를 보유하고 있는 것을 감안할 때 그들의 가구당 토지 소유는 비슷하지만 자본 장비율은 현저하게 낮은 수치임을 잘 알 수 있겠다. 더구나 생산과정에 노동 인건비가 제로일 뿐만 아니라, 이 세상에서 그 어떤 집단도 따를 수 없는 높은 노동의욕과 견고한 노동관습[94]이 자리하고 있는 점을 고려하면 공동체 생산에서 생기는 이점은 비단 단순한 자본 효율성 문제만은 아니다. 생산에 있어서 이러한 이점들 못지않게 소비에서도 공동체 경제의 이점이 작동된다. 그들은 한꺼번에 생필

---

93) Hostetler에 의하면 1968년 Manitoba에서는 농업인구, 인당 경작지는 118에이커, 즉 가구당 500 에이커의 경작지를 가진 데 비하여 후터파들은 인당 36에이커 즉 가구당 250에이커를 가진 것으로 기록하고 있다. —John A. Hostetler(1997), p.181.

94) Anabaptism이라는 같은 뿌리를 가진 메노나이트, 아미쉬, 후터파들의 노동력과 노동관습은 세상에 잘 알려진 일이지만, 그중에서도 특히 후터파들의 노동관습이 더 주목받는 것은 공동체 경제라는 특성 안에서 노동관습이 굳어졌기 때문이다. 다른 집단과는 달리 모든 생활을 집단 중심으로 할 뿐만 아니라 출산과 육아는 물론 장례식이나 묘지 안치까지 Colony 안에서 협동 노동으로 수행하기 때문에 노동규율이 정형화되어 관습적으로 전해지고 있다. 필자가 그들의 여가활동에 대해 질문을 하자. "더 열심히 일한다."고 말할 정도로 그들의 강한 노동 의지는 일상화되어있다. 심지어 공동체가 합의하면 일요일 노동도 가능한 것이 이들의 노동 전통이다. 이 점이 다른 재세례 파들과는 구별되는 전통이다.

품을 대량 구매하는 경우 끈질긴 협상력을 발휘하여 도매가격 정도보다 훨씬 싼 가격으로 구입하는 것으로도 유명하기 때문이다. 무엇보다 공동체 구조상 사적 이익 추구가 없기 때문에 공동체 경제 내부에 분업으로 인한 폐해인 계층화나 계급 구분의 단초가 존재하지 않는다. 그들의 슬로건에서 소위 '요람에서 무덤까지의 복지'에 소요되는 모든 비용을 공동체 경제 운용의 이점에서 만들어 내고 있다. 그들은 공동체 전체 소득을 개별적으로 환산한 금액으로 개인 소득세도 납부하고, 판매세도 납부한다. 하지만 독자적인 의료보험 체계를 가지기도 하고[95], 정부 연금제도에서 벗어나 독자적인 공동체 케어제도를 운영한다. Old Order 메노나이트들이 정부 의료 보험제도에서 벗어나 교회의 상호부조시스템으로 자체 의료 사회보험제도를 운용하는 것과는 차이를 보인다.

이제 후터파들의 주업인 농업경영과 부업이라 할 수 있는 산업 경영에 대해 좀 더 자세히 살펴보기로 하자. 농업은 이들의 주 수입원천이므로 전 구성원이 총동원되어 농업경영에 참여하고 있다. 주 생산물로는 wheat, canola, barley, corn, potato 등 다양한 곡물류를 생산하고 있고 다양한 가축과 각종 가금류를 기르고 있다.

---

95) (사회)보험에 관해서는 여러 가지 시도가 있었다. 캐나다에서는 1980년에 Schmiedeleute가 독자적인 보험회사를 설립한 후 미국의 shmiedeleute에서도 1983년 의료보험을 추가한 형태로 유사한 보험회사를 설립하였다. 그러나 다른 후터파 분파들은 독자적으로 사설 보험회사의 보험 상품을 구입한다고 한다.

* 캐나다 곡물 추수 장면. 콤바인으로 추수한 곡물을 트럭에 싣고 있음

* 거대한 Silo. 추수한 곡물을 작물별로 보관함

* 오리사육장 모습. 늦가을 겨울 식량용으로 대규모 도살하여 지하 냉장고에 보관하며 이때 도시의 의류 제조업자
들이 방문하여 대규모로 오리털을 구매하여 간다고 함. 오리를 돌보거나 동계 음식 마련을 위한 오리고기 준비과
정은 주로 어린이와 소년 소녀의 노동력에 의존하고 있음.

작물 생산의 결정은 기본적으로 농업경영의 특수성이라고 할 수 있는 토질과 기후 또는 비옥도에 따라 결정되고, 병충해 예방을 위한 윤작은 물론이거니와 수로 접근성 시장 수요 등을 고려하지만, 보다 결정적인 요소는 정부의 농업정책이라 할 수 있다. 예를 들어 캐나다의 경우 달걀 생산을 위한 license를 확보하기 위해서는 백만 캐나다달러의 돈이 필요하고, 우유, 곡물, 육계, 소, 돼지 생산을 위해서는 Production Quotas가 필요하다. 이 Quota 제도는 형식상 각종 협회에서 주관하는 것으로 되어있지만, 시장질서 유지와 보건위생 등이 관련되어 준사법적인 규정으로 엄격히 관리되어있다. 따라서 신규진입자는 기존 Quota 소유자로부터 시장가격으로 Quota를 구입할 수밖에 없기 때문에 캐나다에서의 농업경영은 진입 장벽이 높다.[96] 농업 관련 규정이 엄격한 캐나다와는 달리 미국의 경우 상대적으로 정부의 규제 수준은 낮다고 할 수 있지만, 곡물 생산 보조금, 품질관리와 농산물 처리에 관한 부분, 제초제나 화학비료 사용에 관한 정부 규제는 미국과 캐나다 양국에서 피해 갈 수 없는 규제이다. 따라서 많은 후터파 Colony들은 국외자인 전문 변호사의 도움을 받고 있으며, 대량 생산과 판매, 국외수출 등으로 인한 복잡한 서류처리를 위해 국외자인 회계사와 판매대리인을 고용하기도 한다. 기본적으로 후터파들은 최고의 농부들이다. 미국의 Montana주의 양돈사업의 90%와 egg business의 98%를 후터파들이 차지하고 있고, South Dakota에서는 주 양돈사업의 50~60%를 그들이 담당하고 있는데 이 규모는 미국 전체 양

---

96) 그렇다고 작은 규모의 농가가 직접 생산한 제품을 시장에 내다 파는 것은 전부 금지하는 것은 아니다. 많은 소규모 농부들이 자신이 생산한 품목들을 gate selling하거나 Farmer's Market에서 달걀이나 가금류, 채소, Maple syrup 등을 팔 수 있다. 그러나 단 Milk와 유제품의 판매는 금지하고 있다.

돈사업의 1%에 해당한다고 한다. 캐나다에서도 사정은 비슷하며, 특히 Manitaba주의 후터파 Colony가 차지하는 egg business의 비중이 현저히 높다고 한다.[97]

비록 후터파들의 농업경영이 성공적이라고 하더라도 토지가격의 상승과 경쟁적인 (국제) 시장에서 곡물가의 파동 때문에 대부분의 후터파 Colony들은 1970년대와 1980년대부터 부업으로 제조업 경영에 참여하고 있다.

* 후터파 캐비닛 공장 외부모습.

97) Rod Janzen, Max Stanton(2010), pp.212-213.

* 후터파 캐비닛 제조 공장 내부(근무자는 전원 남성뿐임).

상기 두 사진은 필자가 방문한 Manitoba주의 한 후터파 Colony
의 공장 외부와 내부 모습을 담은 것인데, 그곳에서는 싱크와
countertop 등 주로 각종 부엌용품과 캐비닛을 전문으로 생산하고
있었다. 그곳에는 모든 설비가 자동화되어 있고, 디자인 담당 부서
에는 CAD/CAM 소프트웨어를 사용하여 여러 가지 모델을 자체 설
계하고 있었다. 고등교육을 받지 않는 그들이 어떻게 컴퓨터 스킬
을 갖게 되었는가를 질문하자 인근 공동체의 Conference에서 교육
을 받았다고 하였는데 시연하는 그들의 컴퓨터 다루는 솜씨가 매
우 능숙하였다. 그들이 만드는 상품은 부엌용 캐비닛, Countertop,
각종 수납장 심지어 남는 자투리 나무로 도마까지 만들고 있었는
데 그 공정은 세속의 그 어느 일류 공장 못지않은 완전한 컨베이
어시스템으로 연결되어 최종 특수 페인트 작업실로 이어져 있었
다. 그들이 생산하는 제품들은 외부인의 주문에 의할 수도 있고,
국외자 전문 판매 중개인들을 통해서 시장에 나오게 된다고 한다.

필자의 조사에 의하면 그들의 제품은 저렴하며(노동인건비 제로), 제품을 만드는 원료도 최고급이고, 최신 디자인과 최신자동 시설 덕분에 판매에 어려움이 없다. 물론 후터파 Colony의 모두가 제조업 분야에만 참여하는 것은 아니고, 건물 철거 사업과 차량개조 사업, 풍력발전 사업 등에 참여하는 Colony가 있기도 하지만, 대부분 사료 제조업, 축사용 환기시스템제작, 축사용 보일러와 온방기계 제조 등 농업 관련 제조업이거나, 가구, 부엌용기 등 실생활에 긴요한 제품 생산에 종사하고 있다고 한다. 현실적으로 많은 Colony들이 아직까지는 농업이 주 수입원이고, 농한기인 겨울철에 이러한 제조업 경영에 참가하고 있기 때문에 공장 규모는 중소형이지만, 일부 Colony는 산업이 주 수입원인 곳도 있어서 대규모 공장에서 자신의 특허를 이용하여 대량의 시장 생산을 하는 곳도 있다고 한다.[98]

그러나 이러한 농업경영에서 제조업 경영 참여는 전통 사회인 후터파 사회에 약간의 부정적인 영향을 미칠 수 있는 여지가 있다. 예컨대 산업에 전문화된 노동과 전통 농업 노동 간에 생길 수 있는 갈등이 예상될 수 있고, 산업 노동 자체의 단조로움과 9시 출근과 5시 퇴근 노동의 건조함은 또 다른 문제이거니와 이러한 변화가 가져올 수 있는 문화 및 종교적 악영향도 우려된다. 그래서 대부분의 Colony들은 제조업은 소규모로 운영하여 산업 노동과 농업 노동이 교대로 이용되도록 배려하고 있다고 한다.

---

98) 예를 들면, South Dakota의 Millbrook Industries는 Hydron Module Ground Source Heat Pump 를 제조하는데, 이 펌프는 지열을 이용하여 가정과 사무실의 냉·온방을 해결한다고 한다. 이 기계는 미국의 35개 주와 캐나다에서 인기리에 판매되는 품목이라고 한다. 또한, Millbrook Industries는 사료도 판매하며, 금속제조와 기계도 판매하고 있다고 한다. -Rod Janzen, Max Stanton(2010), p.215.

5. 후터파 사회의 과제와 전망

수많은 환난과 역경 속에서 살아남아 오늘날 북미의 유력한 종교집단의 하나로 성장해온 후터파들은 과거 Moravia 시절의 황금기 다음으로 현재 제2의 황금기를 살고 있다고 해도 과언이 아니다. 즉, 1990년대 최초로 후터파 인구수가 Moravia 시절의 인구수를 능가한 후, 정치적 종교적 차별과 박해에서 벗어난 오늘날에는 약 오만이천 명 이상의 인구수를 보이고 있으며, 종사하는 업종도 전통적인 농업 분야를 넘어 산업 분야까지 진출하여 경제적 안정을 갖게 되었다. 이러한 성공의 배경에는 다음과 같은 요인들이 작용한 것으로 정리할 수 있다.

첫째로 신앙적 차원에서, 후터파들은 강력하고, 독특한 크리스천 공동체확립에 성공하여 제도화시킴으로써 정체성과 통일성을 얻게 되었으며, 이러한 제도화된 믿음체계는 동시에 그들의 문화와 언어적 전통 유지와 공동체의 발전에 큰 기여를 하였다. 둘째로 경제적 측면에서 매우 유리한 환경을 가지고 있었다. 잘 짜인 협업 구조와 강력한 노동윤리, 기술과 혁신에 개방적 태도를 견지하되, 기술과 미디어 수단이 자신들의 믿음과 문화를 훼손하지 않도록 통제하는 데 성공하였다. 더구나 공동체 내의 출산율이 높아서 젊은 노동이 잘 공급되었으며, 어린이와 여성 노동의 활용도 매우 높아 공동체 경제활동에 큰 기여를 하였다. 세 번째로 공동체 조직이 질서와 위계를 통해 효율적으로 잘 작동하였다. 특히 공동체 규모를 작게 유지함으로써 구성원 간에 인간적 유대를 진작시킴과 동시에 구성원 각자가 맡은 소임이 공동체 운영에 매우 중요함을 공유할 수 있었다. 넷째로 환경적 요인으로 대부분의 Colony들은 대도시와는 떨어져 농촌 지역에 위치하고 있기 때문에 물질적 유혹과 세속적 야망을 떨쳐버리고 오로지 교회 규율 속에서 성경과 후터파 설교집의 가르침을 따라 살 수 있는 환경이 주어졌다고 볼 수 있다. 마지막으로 교회 규율이 실천가능하도록 유연성을 가지고 있으며 공동체의 리더십을 합리적으로 운용하고 있다. 바로 이런 유연성 때문에 후터파들의 다양성이 생겼으며, 그만큼 후터파 공동체가 성장한 결과가 되었다고 볼 수 있을 것이다.

그러나 현재 북미의 후터파들의 공동체 운영이 성공적이었다고는 해도, 조직 내 갈등과 이슈들이 없는 것은 아니다. 무엇보다 큰 이슈는 Colony를 떠나는 인구가 점점 증가하는 추세를 보이고 있다는 점이라 할 수 있다. 1870년대 북미로 이주해 올 당시엔 Colony 이탈 인구가 거의 없었지만 1950년대 Colony 이탈률이 5%였다가 1968년의 이탈률은 15%를 보이는데, Colony 내의 출산율이 과거보다 훨씬 낮고 Colony로 다시 되돌아오는 비율도 낮은 상태에서 Colony를 완전히 떠나는 인구가 증가함으로써 1974년에는 전 후터파 인구의 2%가 Colony를 떠난 때도 있었다고 한다.[99] Rod Janzen and Max Stanton 분석[100]에 의하면 대강 다음과 같은 이유가 Colony 이탈의 원인이 되었다고 밝히고 있다. 첫째는 2000년대에 들어와서 복음주의 기독교의 영향이 Colony 내부로 깊숙이 전파되었다. 라디오, 녹음카세트 테이프, 인터넷, 혹은 '영어' 교사 등을 통해 Colony 주민에게 전파된 이 복음주의 기독교는 소위 '거듭난 크리스천'으로 통칭하는 신자들로 구성되어 있는데, 이들은 극도로 개인주의적 경향과 경건주의적 경향을 강조하면서, 하나님과 개별적인 관계를 중시하고, 그것을 위해 성경공부에 더 많은 시간을 할애할 것을 주장하였다. 이러한 그들의 주장은 후터파

---

99) Rod Janzen, Max Stanton(2010), pp.240-241.
100) Rod Janzen, Max Stanton(2010), pp.242-258.

들의 전통적 믿음과 정면으로 배치되는 입장이라고 볼 수 있다. 즉 후터파의 믿음은 하나님과 공동체 중심의 집단관계를 중시하고 있고, 세상과 떨어져 Colony 안에서 내 가족과 친지, 동료들과 일 상생활 속에서 더불어 신앙생활을 하는 것을 모토로 하고 있기 때 문이다. 1960년대 시작되고 2000년대에 고조된 복음주의 기독교의 영향으로 많은 Colony들 내부에 갈등이 표출되어 다수의 후터파들 이 Colony를 떠났다.

그러나 비록 다수의 신자들이 집단 거류지를 떠나갔지만, Colony 경영은 그대로 유지되고 있었다. 그 이유는 Schmiedeleute Two의 경우에서 확인된 것처럼 개인적으로 하나님을 만나는 것이 곧 공 동체 생활이라는 자체결론이 나는 경우가 많았고, 성령체험과 거 듭남을 강조하는 복음주의자들이 갖는 태도는 결국은 영성적 우월 감을 추구하는 것이며 이것은 후터파의 전통적 믿음인 겸손 덕목 에 위배된다는 자체 반성을 하게 되었기 때문이다.

그렇다고는 해도 복음주의적 경향이 완전히 없어진 것은 아니고 젊은층이 중심이 되어 성경공부가 계속되는 가운데, 점점 후터파 지도자들은 적어도 약간의 복음주의 형태를 용인하는 추세가 있다 고 한다. 따라서 아직까지는 복음주의적 경향 그 자체가 후터파 공동체 문화와 전통을 파괴할 정도는 아니지만 상당한 변화를 주 고 있다는 정도로 이해할 수 있겠다. 또한 분명한 것은 이런 복음 주의적 경향과 공동체 이탈율 상승이 상관관계가 있다는 점이다. 비록 소수의 경우이지만 일부 Colony들은 집단적으로 후터파 분파 를 떠나 독자적인 공동체 생활을 하고 있는데 이들은 거의 모두 복음주의에 영향을 받은 배교자 Colony들[101]로 분류되고 있다. 즉

---

101) Rod Janzen, Max Stanto(2010), pp.252-253.

후터파 공동체 전통은 기독교 신앙을 집단적 형태로 규정하고, 그것은 하나님과의 직접적인 관계뿐만 아니라 예수의 대표자들로서 교인들에 의해 조정되어야 한다고 보는 데 반하여 복음주의자들은 자신의 마음속에 예수를 품는 것을 강조하면서 기독교의 개인적 이해와 체험을 주장함으로써, 쉽게 타협될 성질은 아니다. 바로 이 점이 추후 설명하는 다른 요인들과 더불어 향후 후터파 공동체의 미래에 큰 영향을 미칠 수 있을 것이다.

두 번째 이슈는 외부로부터의 박해와 탄압이 없어지고 공동체 내부체제가 안정되자, 내부 분열이 나타났다는 점이다. 1900년도 초반 Colony 간 상호교류의 빈도가 약화되고, 후터파의 분파 간 관계도 활기를 잃어갔다. 따라서 daught Colony와 관계만 유지될 뿐 분파 간의 결혼관습도 끊어졌으며, 1940년경에는 Prairie의 모든 분파들이 후터파 종교 문화전통을 포기하고 메노나이트 종파의 집회(Congregation)에 참석하기도 하였다. 이러한 분파 간 불화의 대표적 사례는 1992년 'Schmiedeleute의 분열'에서 극명하게 표출되었다. 문제의 발단은 1974년 The Society of Brothers와 The Hutterian Brethren이 과거 1955년 이후 단절했던 관계를 원상회복하고 공식적 교류를 재개하면서 발생하였는데, 두 분파 간에 화해 conference 전후에, 보수파와 진보파가 나누어지고 규칙위반, 정직성 결여, 권력장악추구 등의 상호 비방이 가열되는 가운데, Colony 구성원 간, 심지어 친척 간, 친구 간 사이가 멀어지게 되었다. 결국, 만오천 명에 달하던 Schmiedeleute는 보다 진보적인 Group One과 보수적인 Group Two로 나누어지게 되었다. 분파 간 관계가 소원해지고, 가장 큰 분파인 Scmiedeleute마저 분열되는 현상은 후터파 공동체 운영의 변화 조짐을 보여주는 사례의 하나가 될 수 있다. 무엇보다 Colony가 경제적으로 윤택해지고, 외부 탄압

국면을 벗어나게 되자, 사소한 내부 문제가 심각한 문제로 비화되고, 사람들은 고답적인 전통과 답답한 인습의 고리에 싫증을 느끼면서, 조금씩 통일성보다는 다양성을 추구하는 경향을 나타낸 것이다. 현재 후터파들의 분파들의 소원한 관계와 같은 분파 내에서도 Colony 간 서로 다른 생활관습을 유지하고 있는 것은 후터파 공동체 문화와 관습의 붕괴로 이어지는 것이라기보다는 적어도 당분간은 변화를 위한 다양성을 유지하는 것이라고 평가하고 싶다.

Colony를 떠나는 세 번째 이유는 외부 물질사회의 유혹과 개인주의 경향이다. 오늘날 후터파 젊은이들은 크리스천으로 평생 가난하게 살 것을 각오하고 검소함과 절약생활에 만족하기보다는 외부 사회의 풍부한 물질과 높은 보수에 유혹을 받게 되고, 보다 더 풍족한 물질생활에 대한 열망이 높다. 이와 관련하여 필자의 인터뷰에 응한 Colony의 한 지도자는 실제로 Colony의 경제 운영이 나빠질 때 Colony 이탈률이 더 높다는 사실을 인정하면서, 동시에 후터파 젊은이들은 공동체 생활보다는 개인적 삶에 대한 세속적 욕구를 위해 Colony를 떠나는 경우도 많다고 하였다. 젊은이들이 사회적 통제를 싫어하고 더 많은 인생의 기회를 갈망하고, 보다 더 전문적인 직업을 원하는 것을 탓할 수 없는 것이고, 공동체 지도자들은 이 문제를 어떻게 다루느냐 하는 데 공동체의 미래가 있다고도 할 수 있겠다.

네 번째 이유는 후터파의 교리와 Colony 관습 간에 불일치 문제와 위선적이고, 권위적인 리더십에 대한 회의가 점증되고 있는 점이다. 후터파 교리와 설교집을 해설하는 지도자들의 논리는 그들의 공동체는 마치 노아의 방주 같아서 그 속에서 안전과 행복을 추구한다고 역설하지만, 막상 공동체의 많은 구성원은 사회와 고립감과 완고한 원로들의 감시에 큰 불편을 감내하는 측면이 있다.

실제로 많은 이탈자들이 Colony 내에서 보다 열악한 직분에 종사하던 사람들이 많다고 하는 점은 지도자들의 원론적 입장이 구체적 실천과정에서 한계를 가지고 있음을 보여주는 것이라 할 수 있겠다. 더구나 다수의 구성원은 공동체 지도자들이 영성적인 것보다는 Colony 내의 경영에 집착하며 권위적 운영을 한다고 느끼고 있다고 한다. 이러한 권위적 규율은 구성원들의 다양한 욕구를 억누르는 형태로 작동하는 경향이 있는데, 특히 젊은 여성인 경우 이 부분에 대한 불만이 높고, 제한적인 결혼 상대자를 만나야 한다는 비관적 전망 때문에 Colony를 떠난다고 한다.

마지막으로 기타의 이유로서 일단 공동체를 떠난 주민이 공동체로 돌아올 경우, 건강검진을 포함한 일정한 절차를 통과하면 조건 없이 다시 공동체 일원이 될 수 있는 공동체의 관용이 존재하기 때문이기도 하고, 대외적으로 널리 알려진 후터파들의 노동윤리 때문에 일단 Colony를 떠난다 해도 일자리 구하기가 그다지 어렵지도 않으며, 이런 이탈자들을 환영하는 전직 후터파들의 조직적 협조와 지원이 존재하기 때문이기도 하다.

향후 후터파 공동체는 상기에 적시한 여러 이유들을 어떻게 해결해 나가느냐에 따라 그들의 장래가 결정될 것이다. 실제로 다수의 주민들이 이탈하고는 있지만, 그중에 일부는 다시 공동체로 되돌아오는 경우도 있기 때문에 후터파 인구는 아직 성장 중이다. 또한, 이런 이탈자들과 돌아오는 인구들이 많아질수록 Colony의 다양성과 잠재적 변화 또한 미래의 몫이 될 것이다. 그러나 적어도 당분간은 절대다수의 후터파들은 그들의 공동체 생활을 포기하고 대안적 삶을 추구할 것 같지는 않아 보인다. 화려해 보이는 바깥세상은 그만큼 위험이 가득 차 있고 종교적으로 죄를 범하기 쉬운 점을 그들은 알고 있기 때문이다. 더구나 구성원들은 Colony를 떠나는 사람들이나 다시 돌아오는 사람들에게 책무를 강요하거나 처벌식 대우를 하지도 않는다. 이것은 그들의 신앙심 혹은 성서에 나타난 탕자의 비유에서처럼 항상 용서와 관용 그리고 화해를 미덕으로 삼기 때문이기도 하지만, 다른 한편으로 보면 그들 삶의 우월성과 자신감의 다른 표현이기도 하기 때문이다.

Ⅲ 퀘이커(Quaker) 사회

1. 17세기 영국의 상황과 퀘이커리즘의 탄생배경

17세기의 영국은 정치와 종교가 격변의 소용돌이 속에 휘말리는 시기였다고 알려져 있다. 정치적으로는 왕권과 의회권이 주도권을 놓고 상호 충돌하는 시기였고, 종교적으로는 중심세력으로 오백만 명에 이르는 절대다수 세력인 영국 성공회(Anglican Church)가 있었으며, 양 극단 세력으로 교황파(Papist or Recusant)와 퓨리턴(Puritan Separatist or Dissenter) 세력이 서로 반목하며 종교적 다툼을 하고 있었다.

17세기 영국은 이런 사회적 격동기를 겪게 된 원인의 출발은 1554년 헨리 8세가 로마 교황권으로부터 독립하여 독자적 길을 걷게 되면서 시작되었다고 알려졌지만, 이에 더하여 그 뒤에 퓨리턴 혁명이 일어나고, 동시에 과학 혁명이 가세됨으로써, 당시의 영국은 정치적 개혁과 종교적(신학적) 개혁을 피해 갈 수가 없게 되었다. 또한, 일반 신자들도 성경을 직접 접하게 됨으로써 신자로서 하나님과의 관계를 보다 철저히 규명하고자 하는 욕구가 그 어느 시기보다 강하게 작용하였으며, 무엇보다 중요한 계기는 과학 혁명의 결과 사람들의 사고방식은 사물과 대상을 그 자체로 바라보는 경향, 즉 과거로부터 유래된 존재 형식과 특질에 의문을 품고 현상을 바라보는 경험주의 철학을 천착하게 되었다는 점이다.

이러한 시대적 배경을 가지고 탄생한 종교 운동이 1650년대 영국사회에 막대한 영향을 미친 퀘이커리즘이다. 이 운동을 일으킨 인물은 George Fox(1624—1691)였다. 그는 당시에 경험철학에 편성한 종파였던 The Seeker에 가까이 있었던 사람으로 19세의 젊은 나이에 자신의 종교적 정체성을 찾기 위해 영국의 각처를 여행하는 중 23세 되는 해인 1647년에 드디어 하나님의 인도로 언덕 위에 많은 (믿음의) 사람들이 모이는 장면을 비전

• George Fox(1624—1691)

으로 보게 되었으며, 그날부터 그는 예수 그리스도께서 직접적으로 그리고 개별적으로 자기 백성에게 발현한다는 것을 선포하기에 이르렀다. 말하자면 퀘이커리즘의 시작은 교육받은 사제도 없었고, 성경도 구비하지 못했던 초대교회의 사도들이 취했던 믿음체계를 계승한 형태를 가졌던 것인데, 믿는 자는 누구나 외부의 도움 없이 예수의 계시를 체험할 수 있다는 점에서 (기독)종교의 평등주의(Egalitarian Nature)를 주장한 것이다. 따라서 1647년은 퀘이커

교(정식 명칭은 The Religious Society of Friends)가 하나의 기독교 종파로서 출발한 초석이 된 해라고 할 수 있다.

2. 퀘이커리즘의 개요와 현황

1) 퀘이커리즘의 개요

전술한 바와 같이 퀘이커리즘은 1647년 영국의 George Fox에 의해 시작된 새로운 기독교 종교 운동으로써, Fox 신앙의 출발은 인간과 하나님과의 관계의 본성에 관한 탐구, 그리고 어떻게 하면 그 관계가 완전하여 하나님의 자녀로서 인식하고 이 땅에 살 수 있는가에 대한 탐구였다고 한다. 그에 의하면 외부로부터 혹은 풍문으로는 접한 그 어떤 것도 진실 되게 아는 것이 아니며, 체험적으로 아는 것이 경험의 요소로 융합되어 마침내 알게 된다고 한다. 즉, 이런 융합과정이 없으면, 진정한 앎은 없다는 것이다. 이러한 Fox의 주장은 곧 믿음과 예배 속에 성직자의 개입을 부인하고, 스스로 침묵예배를 보는 것인데, 이 경우 그렇다고 예배 속에 설교 자체를 배제하는 것을 의미하는 것이 아니라 교인이면 남녀 누구나 심지어 나이 어린 사람까지 설교할 책임이 있다는 것을 의미하였다. 또한, 그는 침묵을 소중히 했으며, 무익한 군더더기를 없앤 그룹 합동(침묵) 예배가 유효하다고 보았다.

그의 주장을 보다 구체적으로 표현한다면 하나님의 말씀은 '내부로 오는 그리스도의 빛'(the inward Light of Christ)을 통하여 주어지며 그것은 남자나 여자나 혹은 어린아이들을 포함해서 누구에게나 자유롭게 주어진다고 보는 것이다. 그러므로 기존 성직자 특히 남성 위주의 가부장적 목회자들의 독점적 권위를 존중하지도 않으며, 교회는 믿는 사람들 그 자체이므로 교회건물이 아니라고 하면서 교회 건물유지와 돈벌이 목사(hireling Ministry) 고용에 쓰이는 십일조 납부를 거부하였다.

또한, 그들은 로마 전통을 답습하는 요일과 달 이름을 거부하고 첫째 날, 혹은 첫째 달 등 서수적 표현으로 개칭하여 사용하는가 하면 You대신 thee를 사용하기도 하였다. 게다가 그들은 가장 보편적인 사회예절의 표현이라고 할 수 있는 모자 벗는 예절도 거부하여 하나님 앞이 아니라면 그 누구에게도 모자를 벗지 않는다는 식의 도발적 태도를 보임으로써 보편적 사회예절에도 반기를 들었다. 이러한 점들은 가부장적 사회인습에 대한 도전이자, 권력을 갖고 있던 기득권층과 상급자에 대한 무례의 표현으로 인식되어 박해의 단초가 되었다.

특히 기존 교단에서 무엇보다 참을 수 없었던 점은 그들이 상습적으로 교회에 들어와서 설교를 방해한다든지, 설교가 끝난 후에도 자신들도 신자로서 발언할 권리가 있다고 주장하며 경건해야 할 예배를 난장판으로 만들기가 다반사였던 점이었다. 이러한 초기 퀘이커교도들의 기성 교단에 대한 공세적 태도와 활발한 전교 운동으로 인해 퀘이커리즘은 영국 내 세력을 급속히 확장해 나갔다. 이점이 다른 급진적 종교 운동과 구별되는 점 중 하나가 되었다.

국외 선교에 관해서는 비록 식민지 미국을 제외하고는 다른 나라까지 확장될 수는 없었지만, 한때는 수많은 퀘이커교도가 이른바 '양들의 전쟁(the Lamb's War)'에 참여하여 이슬람의 최고 지도자인 콘스탄티노플의 술탄에게 교리를 전하기도 하고(Mary Fisher), 가톨릭의 수장인 교황 Alexander 7세에게 모욕적인 대화로 도전하기도 하였다(John Luffe).

이러한 맹렬한 전교 정신이 발현된 근본 배경에는 1650년 중반부터 굳어진 퀘이커리즘의 전형적인 믿음 형태가 있었다. 즉 그들은 예수가 주창했던 하나님 나라가 자기들의 운동으로 이미 개시

되었고, 이 세상의 끝이 곧 다가올 것이라는 믿음이었다. 그도 그럴 것이 그들의 믿음에 의할 때 예수의 재림은 외부로부터 오는 것이 아니라, '내부로 오는 그리스도의 빛'(예레미야서 31-34), 그것을 체험하고 지내는 퀘이커교도는 하나님과의 일종의 동업 관계 내지 대리인 관계(co-agents)를 유지하여 타락한 세상을 교화할 책무를 가지고 있다는 것이다.

이러한 믿음의 형태를 통하여 초기의 퀘이커리즘은 세상의 그 어떤 것에 대해서도 두려움을 가지지 않고 맹렬히 개혁 운동을 전개할 수 있었다. 즉 그들은 그들만의 소박한 옷차림과 소박한 언어를 사용하고 세상의 규범에 순응하기를 거부하였으며, 심지어 법정과 감옥을 자신들의 교회로 간주하고 투옥과 때로는 순교를 겁내지 않았다고 한다. 실제로 1660년 Cromwell 치하 퀘이커교도의 수는 아일랜드와 영국을 합하여 전체 인구의 0.76%인 6만6천 명 정도였지만, 400명이 옥사나 처형으로 목숨을 잃었으며, 만오천 명이 투옥되었고 식민지 미국에서 많은 목회자들이 교수형을 당하였다고 알려져 있다.

이상에서 우리는 '초기 퀘이커교도들의 역동적인 선교의 힘은 내부로 오는 그리스도의 빛의 예수를 직접 체험함으로써 가능했다'는 점을 언급하였지만, 의문이 남는 것은 구체적으로 이들이 어떻게 그것을 직접 체험하는가 하는 점일 것이다. 이것을 잘 이해하기 위해서는 그들이 어떤 예배 형식을 살펴보는 것이 필요하다. 기본적으로 퀘이커 예배는 내부적 빛으로 오는 예수를 직접 경험하기 위한 목적으로 구성되며, 특별한 경우가 아니면 사전 프로그램화된 절차가 없는 침묵예배, 곧 Unprogrammed worship이 큰 특징이다. 따라서 가톨릭처럼 예수의 행적을 추모하는 제사의식 같은 절차가 들어설 여지는 전혀 없다. 왜냐하면, 침묵예배로서 그들은 이미 오래전 부활해서 임재하는 예수와 내적인 친교를 항상 유지하는 상태를 계속하고자 하기 때문에 제사의식 자체가 있을 수 없기 때문이다. 이런 상황에서는 사제의 역할이니 교회력, 성인기념일, 혹은 지옥이나 천국 같은 개념도 등장할 수가 없게 되는 것이다.

그들은 이미 예수 재림의 시간 즉 말세의 시간에 살고 있기 때문에 내부로 오는 그리스도의 빛을 체험하는 것으로 예배의 내용이 채워지기 때문에 복음주의자들의 정례화된 예배 형식도 배제되는 것은 매우 당연한 귀결이 아닐 수 없다. 예배는 정기적으로 일요일과 수요일에 개최되지만 어떤 장소에서나 어떤 시간에도 구애됨 없이 소박하고 아무 꾸밈없이 행해진다. 예배시간도 자유롭다. 침묵 대기시간을 얼마나 갖느냐에 달려 있겠지만, 3시간 때로는 9시간 동안 계속될 때도 있다고 한다. 그들에게는 예배가 하나님에 응대하는 시간이지 그 어떤 인간 장치에 구속되는 것은 아니기 때문이다. 음악이 사용될 수 있기는 하지만 사전에 계획된 찬송 순서는 존재하지 않는다. 예배 참석자는 누구나 목회를 할 수 있다. 이런 관점에서 퀘이커 예배를 가장 간단히 축약해서 표현한다면, 예수 재림 혹은 세상 말세 의식 형태라고 할 수 있겠다.

그러나 이러한 급진적이고 공세적인 초기 퀘이커리즘은 창시자인 Fox가 죽고(1691), 탄탄한 옹호자였던 Margaret Fell도 죽고(1702), 다수의 1세대 지도자들이 사라지자, 명확한 교리 확립을 둘러싸고 내부적인 갈등을 겪게 되었으며 외부 반대세력의 공격에 직면하게 되었다. 주요 쟁점 중에는 역사상 존재하는 예수의 모습과 가르침이 경시되어 비성경적이라는 논란과 더불어 개인별 수준에서 체험하는 하나님 나라나 예수 재림이 너무나 개별적이므로 생기는 모순과 혼란, 그리고 하나님의 co-agent로 자임하는 퀘이커 교도들이 여러 가지 세속적 범죄에 온전하지 못하다는 현실 등 묵

과할 수 없는 치명적인 이슈가 발생하였다.

　이후 이런 이슈들은 연차회의를 통해 대폭 수정되었는데, 1666-1689년 동안 수정된 교리 중에는 역사 속의 예수상을 강조하기로 하고, 내부로 오는 그리스도의 빛을 개인적으로 체험하되 집단적 영적 권위를 강조하는 수준으로 수정되었다. 그 외에도 퀘이커교리가 산만하게 되는 것을 막기 위해 위원회를 설치하는가 하면, 퀘이커교도들의 완전성(하나님과의 co-agent) 주장을 수정했고 마지막으로 예수 재림이 즉각적으로 발현된다는 주장을 축소해서 표현하였다.

　이런 재정비 과정이 진행된 배경은 정치와 종교의 기득권층에서 가한 박해의 정도가 높은 가운데, 외형적으로 신도 수가 급증하여 박해 시기와 성장 시기가 일치하는 1660년대와 1670년대의 특수한 사정이 반영된 결과이기도 하였다. 이런 과정을 겪고 마침내 재정비된 퀘이커리즘은 1670년대 최초의 공식적인 예배장소(the Meeting House)를 설립하여 영국 내 안정된 종교세력으로 안착하게 되는데, 이때 이들은 이미 과거의 급진적인 성격을 벗어나, '세상'을(하나님의 co-agent로서) 교화시킨다는 최초의 입장을 수정하여 세상과 '협상(negotiation)'한다는 입장, 즉 유화적 입장으로 선회하였다. 이러한 입장 전환은 훗날 퀘이커리즘 내부에 진보주의와 복음주의가 성장하는 발판을 제공한 결과가 되었다. 이러한 전체 윤곽을 염두에 두고 이하에서 오늘날 퀘이커리즘의 간략한 현황들을 살펴보기로 하자.

2) 현황

　퀘이커리즘은 1647년부터 현재에 이르기까지 약 삼백칠십 년간 분화 발전해온 기독교 종파로서 2005년 현재 세계적으로 약 삼십육만칠천 명의 신도 수를 가진 유력한 종교집단이 되었다.

[표 - 14] 대륙별 퀘이커교인 수(2005)

구분	소속회원	비소속 회원	소계(%)	비고
Africa	157,153	0	157,153 (42.7)	1920년대 선교 시작 1980년대 이후 급증
Asia-West Pacific	2,466	12,200	14,666 (0.04)	1940년대 선교 이후 1960년대 후에 안정적 교인 수 유지
Europe& Middle East	18,362	0	18,362 (0.05)	주로 Unprogrammed 영국 교인 수로서 1660년대 말을 정점으로 점차 감소하다가 1880년대부터 안정적인 교인 수를 유지함
Americas	86,671	90,889	177,560 (48.3)	전체적으로 1660년대 이후 꾸준히 증가하지만 Unprogrammed 교인 수는 1840년대 정점으로 하여 점차 감소하고 있음
International Members	67	0	67	
소계	264,719	103,089		
총계	367,808(100)			

* 출처: Dandelion, Pink(2007), p.170, p.177에서 재작성. 원자료 출처는 FWCC(Friends World Committee for Consultation)임. 여기서 소속회원이라 함은 FWCC에 소속된 회원만을 의미함.

[표 - 14]의 비고에 의하면, 대서양을 사이에 두고 영국과 미대륙에서 활발하게 교세를 넓혀가던 이 종파는 1660년 말부터 영국 본토 교인 수는 점차 감소하여 1880년대부터 약 이만 명 내외의 수준을 유지하는 반면에, 미국과 캐나다를 중심으로 하는 미대륙 교인 수는 1660년대 후 꾸준히 성장하여 2005년 현재 십팔만 명 내외의 신자 수를 기록함으로써 전체의 48.3%를 차지하고 있다.

한편 미대륙 교인 수는 비소속 교인 수가 우위를 보이는 가운데 Unprogrammed 교인 수가 감소하고 Programmed 교인 수가 증가함으로써 복음파 교회(Evangelic church)와 가까운 진보적 퀘이커리즘이 득세하고 있음을 알 수 있다.

다음으로 많은 교인 수를 보이는 지역은 아프리카 대륙으로

2005년 현재 약 십오만칠천 명 정도의 교인을 가지고 있으며 이것
은 세계 전체 교인 수의 42.7%를 차지하고 있다. 이것은 미대륙의
아프리카 선교의 영향이 1980년대 이후 나타나고 있는 것으로 추
론된다. 이러한 퀘이커리즘의 현황을 다시 유형별로 나타내면 다
음 [표 - 15]와 같다.

[표 - 15] 유형별 퀘이커교인 수

구분	교인 수	비중(%)
Unaffiliated Evangelical	22,500	5.9
EFI	114,000	30
FUM	184,000	48
Conservative	1,600	0.4
FGC	34,000	8.9
Unaffiliated liberal	26,000	6.8
Total	382,000	100

* 출처: [표 - 14]와 동일. 숫자는 일정한 자릿수에서 반올림되었음. FUM과 FGC 숫자는 양자 모두 the five jointly affiliated yearly meeting 숫자인 15,000명을 포함했음. 따라서 [표 - 14]와의 차이는 15,000만큼 차이가 남. FGC—Friends General Conference. EFI-Evangelical Friends International. FUM-Friends United Meeting. FCER-Friends Church Eastern Region.

표에서 확인할 수 있듯이 주류를 이루는 세부 교단은 EFI와 FUM으
로 전체의 78%를 차지하고 있는 실정이며, 가장 보수적인 단체이
자 퀘이커리즘의 원형을 고수하는 Conservative의 비중은 0.4%에
불과하다. 이것은 그동안 퀘이커리즘의 성장 과정에 얼마나 많은
변천을 겪어 나왔는가를 보여주는 좋은 지표라고 보인다. 이하에
서 퀘이커리즘의 다양한 형태를 단계별 발전형태를 추적하여 살펴
보기로 하자.

3. 퀘이커리즘의 단계발전

일반적으로 하나의 종파가 탄생되는 것은 창시자의 영적 카리스마가 강력했을 뿐만 아니라 그의 추종자들이 외부 반대세력이나 도전 세력과 투쟁하여 단단한 종파적 토대를 구비했기 때문일 것이다. 퀘이커리즘의 경우도 마찬가지로 창시자의 영적 체험과 카리스마가 구심점이 되고 그의 추종자들이 이론적 토대를 만들어 영국 내 종교 개혁 운동의 한 축을 이루었으며 이 운동이 대서양을 건너 미대륙으로 전파되어 미국 건국 초기의 바탕을 제공하는 데 일조하기도 하였다. 그들은 또한 세계로 진출하여 선교 활동과 더불어 학교 건립과 병원 건립 등 많은 사회적 공헌을 이룩하였다. 이러한 퀘이커리즘을 보다 구체적으로 파악하기 위해서는 시기별로 나누어 특징을 구분해서 살펴보는 것이 유용하다. 이하에서 우리는 신도 수의 증가 추이를 고려하고, 아울러 교리 확립과정에서 발견되는 쟁점과 분화하는 형태를 기준으로 하여 편의상 다음과 같은 5단계, 즉 형성기(1647-1661), 성장기(1662-1688), 도약기(1689-1826), 분화 발전기(1827-1894), 안정기(1895-현재)로 나누어 각각 시기별 특징을 살펴보도록 하자.

1) 형성기(1647-1661)

퀘이커리즘이 하나의 종교 운동으로 탄생하기 전 영국에서는 이미 영국 내 종교개혁의 물결이 고조되는 시기가 있었다. 즉 영국의 헨리 8세는 이미 로마의 가톨릭과 결별한 상태였고(1534), 제임스 1세의 노력으로 1611년에는 최초의 영어 성경이 번역되어 영국 내 널리 배포되어 있었다. 또한, 1630년은 종교적 갈등을 피해, 최초로 일군의 청교도들이 식민지 미국 매사추세츠(Massachusetts)로 이주를 시작하기도 했었다. 따라서 퀘이커리즘이 탄생하기 전, 일

런의 유리한 환경이 이미 조성되고 있었던 것이다.

1647년은 퀘이커리즘이 출현한 최초의 시점이라고 할 수 있다. 성경을 가슴에 품고서 여행일지를 자세히 적어가며 영국 전역을 주유하던 Fox가 공인으로서 대중 앞에서 최초의 설교를 한 시점이기 때문이다. 그의 최초의 설교 내용은 "당신의 처지에 대해 말을 걸어줄 수 있는 이는 한 분, 즉 예수 그리스도이다(There is one, even Christ Jesus, that can speak to thy condition)."라는 유명한 연설을 한 것이다. 곧이어 1652년 그는 훗날 퀘이커리즘의 마음의 고향102)이라고 할 수 있는 Pendle Hill에서 생생한 비전을 보게 되었다고 전한다. 그가 작성한 일지에 의하면 흰옷을 입은 사람들이 언덕 위에 무리 지어 함께 모이고 있는 장면을 생생히 목격하면서 그는 이것이 하나님께로부터 나온 생생한 계시라고 확신하게 되었다고 한다. 이런 비전을 계기로 Fox는 리더십을 위한 카리스마를 얻은 것으로 보이며, 이것을 발휘하여 평소 신학적 동지로서 교류하고 있던 The Seekers들의 주도적 인물들을 자기편으로 포섭하는데 성공하였다고 한다103). 따라서, 1652년은 퀘이커교의 기반이 형

---

102) 퀘이커리즘의 특색 중 하나는 성지나 성자 같은 표현을 쓰지 않는다는 점이다. 따라서 퀘이커리즘에는 기적이나 성인 성지 순례 같은 단어들이 나오지 않는다.

103) 퀘이커리즘의 모태라고 할 수 있는 The Seekers는 예배의 형식에서 일체의 외적 형태를 회피하는 그룹으로 알려져 있다. 그들은 그들을 제외한 다른 종파들은 본래의 모습에서 벗어난 변절자들이며 외적 형식의 예배는 변절의 장식과 다름이 아니라고 확신했다고 한다. 그들은 외부적 요소를 없애고 예배를 최소화시키고, 침묵으로 집회했으며, 목회자는 성령으로 인도되었을 때만 설교를 했다고 한다. 따라서 그들은 정형화된 교리를 가지지도 않았다고 한다. 당시의 The Seekers 내부에는 두 가지 파벌이 존재했다고 하는데, 한쪽은 The Seekers가 초기기독교 정신으로 돌아가야 하며 그것을 달성할 수 있도록 예언자의 도움을 기다려야 한다는 입장이고, 다른 한쪽은 하나님은 인간성이 후진하는 것을 허락하지 않을 뿐만 아니라 분명하고 새로운 시대에 살고 있다고 믿으며, 특히 과거 타락해 왔던 믿음으로 되돌아가게 내버려두지 않는다고 보는 입장이었다고 한다. 런던지역 출신과 많은 여성 신도들, 특히 후에 퀘이커리즘에 큰 논란을 야기한 James Nayler는 후자의 입장을 고수하였다고 알려져 있다. Fox는 이런 논란들을 그의 탁월한 영적 수완으로 단 하나의 형태로 묶어 수습한 것이다. 실제로 초기 퀘이커리즘의 많은 회원들은

성된 해이며 특히 영국의 북부와 중부 지역에 뿌리를 내리게 되었다고 알려져 있다.

그 뒤 1654년경에 퀘이커교도는 영국 남부로 퍼져 나갔는데, 당시 대중들의 호응과 비호응은 거의 비슷한 정도로 다소 혼선이 있는 가운데, 기득권층의 탄압이 시작되었다고 한다. 많은 수의 신도들이 방랑생활을 한다는 이유로, 예배를 방해한다는 죄목으로, 혹은 십일조를 바치지 않는다는 이유를 들어 감옥에 수감되었다고 한다.

당시의 영국의 상황은 정치적으로 찰스 1세를 처형하고(1649), Oliver Cromwell과 퓨리턴들이 실질적으로 영국을 통치하는 혼란의 시기(1653-58)였는데, 퀘이커리즘은 이미 영국 내부 깊숙이 전파되어 나갔고, 1655년 이후 국제적으로 선교의 기치를 높여 나갔다. 1656년에는 최초의 퀘이커교도들이 미국에 도착한 후 교세를 넓혀가기 시작하는 시기이자 '용맹스런 육십인[104]' 선교단('Valiant Sixty' missionary work)이 결성된 후 바티칸의 교황과 콘스탄티노플의 술탄에게까지 선교를 감행하는 일도 있었다.

1660년경에 George Fox는 다섯 번이나 투옥되었고, 이 시기의 퀘이커교도들은 어떠한 탄압에도 결코 무기를 들고 항거하는 일은 하지 않는다는 것을 명확하게 선언하고 있었다. 이 과정 중에 영국과 식민지 미국, 양쪽에서의 탄압도 증가되었다. 영국에서는 브리스톨 지역으로 들어간 James Nayler가 의회에서 신성 모독죄로 재판을 받게 되고 미국의 보스턴에서 네 명의 퀘이커교도들이 교

The Seekers 출신이 많았다고 알려져 있다.

104) 1654년에 창설된 용맹스러운 육십 인은 실제로는 칠십 명에 육박했다고 한다. 그들의 두려움 없는 선교행위는 상응하는 반대파들의 반응으로 나타나 이단으로 때로는 말썽꾸러기들로 지목하여 갖은 박해를 받았다고 한다.

수형을 당하였으며, 미국 버지니아에서는 'Anti-퀘이커 law'가 시행되었다(1659-1661).

결론적으로 형성기의 중반부터 말기까지는 퀘이커리즘은 기층교단과 정치 세력으로부터 탄압이 증가되는 가운데 점차 종파로서 기반을 다져가는 기간이 된 것으로 볼 수 있다. 특히 이 시기의 마지막은 당시에 Fox와 쌍벽을 이룰 정도로 리더십을 가진 Nayler의 죽음이 리더십의 위기를 해소함으로써 그 기반이 보다 공고해졌다고 볼 수 있을 것이다. 즉, 당시는 아직 확고한 교리가 정해지지 않았던 퀘이커리즘은 리더들의 영향이 매우 높았다. 당시 Nayler는 많은 신도들 특히 여자 신도들의 추앙을 받아 한때는 Fox의 리더십을 능가할 정도가 되어 퀘이커리즘의 리더십이 위험에 빠지게 되었는데, Nayler가 재판 후 결국 사망함으로써 리더십의 분열이 해소되고 퀘이커리즘은 종파로서 기반을 다지게 된 것이라고 할 수 있다.

2) 성장기(1662-1688)

이 시기는 퀘이커리즘이 성장하여 미국에서 지역 총회와 연차회의를 개최할 정도가 되었고(1661), 1668년에는 영국에서는 런던 연차회의를 개최하고 최초의 퀘이커 학교를 설립하였다. 이 시기에 무엇보다 중요한 점은 영국에서 신학자인 Robert Barclay가 나와 퀘이커 교리 확립을 위한 노력을 했으며, 미국에서는 William Penn 같은 당시의 상류층이 신도가 되어 교세 확장에 큰 영향을 미쳤다는 점이다. 이로써 퀘이커리즘은 교리적 무장을 하고 기존 교단의 신학적 공격에 맞서는 한편, 식민지 미국에서는 본격적으로 교세를 넓혀 갈 수 있게 된 것이다.

그러나 그 과정은 결코 순탄치 않았으며, 대서양을 사이에 두고 양쪽에서 탄압이 가중되는 고통을 수반하고 있는 점도 큰 특징을 이루고 있다고 볼 수 있다. 1662년 영국에서는 '퀘이커 Act'를 시행하여 집회를 불허하였고, 1670년 'Second Conventicle Act'를 시행하여 최고조의 박해를 시행하였다. 한 자료에 의하면 1661-1662년 동안 약 사천이백 명의 신도가 투옥되었다고 밝히고 있다[105]. 이 시기에 Fox는 미국으로 건너가 삼 년 동안(1671-1673) 선교를 돕게 되었다. 한편 같은 해인 1670년 William Penn도 재판에 회부되었으나 재판과정에서 오히려 배심원 권리를 확립하는 판결을 얻는 성과를 얻기도 했었다. 이미 언급한 바와 같이 이 시기에 가장 빛나는 업적을 쌓은 인물은 Penn이다. 그는 자신의 특수 위치를 이용하여 양심의 자유와 예배의 자유를 허락하는 빛나는 업적인 Pennsylvania Charter를 마련하는 한편 이른바 'Holy Experiment'[106]를 개시하였고(1681-1682), 펜실베이니아에 최초의 퀘이커 학교를 설립하기도 하였다(1683).

결론적으로 이 시기의 특징은 외부로부터 가해지는 박해의 정도가 강화되는 것과 동시에 퀘이커리즘이 양적 성장을 이룩했다는 점이다. 즉 대서양을 사이에 두고 영국과 미대륙의 퀘이커교도는 이미 무시할 수 없는 사회 세력으로 성장하여 학교를 자체 역량으로 세울 만큼 사회적, 경제적 토대를 형성했으며, 미국의 경우 당시에 생산력의 기반을 이루던 노예제도에 대해 최초로 반대 입장을 천명했을 정도로 사회적 문제에 깊이 개입하고 있었다(1688).

---

105) 이러한 정부의 탄압에도 불구하고 영국 내의 신도는 계속 증가하여 1680년경에는 신자 수는 육만육천 명에 달하여 전체 인구에서 130명 중 1명이 퀘이커교도였다고 한다. -Geoffrey Durham(2010), p.15.

106) 다음 장에서 보다 자세히 검토하기로 한다.

3) 도약기(1689-1826)

이 시기는 영국에서 박해의 시기가 종료되어 이른바 관용법(The Tolerance Act)이 통과된 해(1689)부터 북미에서 퀘이커리즘이 중대한 분열이 이 일어나기 직전인, 1826년까지의 기간을 말한다. 이 시기에는 퀘이커리즘에 기초를 놓은 주요 인물들이 죽고, 다음 세대의 지도자들로 세대교체가 일어나는 시기이자, 미대륙에서 일련의 열띤 교리 논쟁이 있었고 마침내 큰 분열을 예고하는 시기이기도 하였다.

또한, 이 시기의 중요한 특징은 퀘이커리즘의 성장이 경제 분야와 사회 분야에서 큰 영향을 미치게 되었다는 점을 지적할 수 있겠다. 잘 알려져 있듯이 미대륙에는 1681년부터 개시된 William Penn(1644~1718)의 The Holy Experiment가 결실을 거두어 유토피아적 형태의 사회적 및 종교적 실험이 계속되었는데, 원주민과의 평화적 관계 유지는 물론 메노나이트와 아미쉬 등 각지의 종교 박해 희생자들을 위해 땅과 종교의 자유를 제공할 것을 약속하고 많은 이민자들을 받아들였다.

Penn은 퀘이커리즘의 신학적 타당성을 논증한 Robert Barclay 저작물을 단행본으로 출판하여 교인들을 위한 가정도서로 만들어 출판 사업을 진행하였으며, 더불어 퀘이커리즘의 신학적 토대를 강화하고자 노력하였다. 즉 그는 이 출판을 통하여 칼빈파가 주장한 예정설(Predestination)의 오류를 바로잡아 보편적 구원(Universal Salvation)을 주장하고자 하였으며, 성서적 권위보다는 예수의 직접계시 권능(the authority of direct revelation)을 옹호하고자 하였다. 적어도 1827년의 대분열이 있기 이전의 퀘이커리즘은 대서양을 두고 미대륙과 영국이 동일한 공동체로 남아 있었다. 한편 영국의 관용법 통과는 탄압의 완화를 의미하는 것으로 감옥에 갇힌 쿼이커교도를 풀어주기도 하고, 투옥도 훨씬 줄게 되는 등 외적으로 다소 유화적 분위기가 조성된 것을 말하는데, 그 배경에는 명예혁명(1688~89) 후 영국 대중 다수의 정치적 통합이 필요하였을 뿐만 아니라, 인권과 휴머니즘을 옹호했던 존 로크(John Locke) 등의 영향도 작용했다고 보인다.

그러나 관용법의 시행과 관련해, 보다 중요한 포인트는 이후에 초기 쿼이커리즘이 수정의 길로 접어들게 되었다는 점이다. Robert Barclay, George Fox, Margaret Fell 등 일련의 초기 지도자들이 죽자(각각 1689, 1691, 1702년) 세대교체가 일어나면서 새로운 지도층은 그간 누적되어왔던 반대세력들의 비판들에 대응할 수밖에 없었다. 당시 반대파들의 비판들에 대응하여 교리 측면에서 수정을 가한 점들은 대강 다음과 같다.[107] 첫째, 초기 쿼이커리즘은 내부로 향하는 영성(Inward Spirituality)만을 강조한 나머지 역사적 인물인 예수, 내지 예수의 인간성을 경시하거나 관심을 두지 않았다는 점을 수정하여 예수의 역사적 성격을 강조하기로 하였다. 둘째, 초기 쿼이커리즘은 하나님과의 동업자적 관계를 설정하여 쿼이커교도들의 완전 무결점주의를 고수하였으나, 이것을 수정하여 쿼이커교도들 간에 내부로 오는 빛(Inward Light)의 수준 차이를 인정하였다. 사실 당시 쿼이커교도들의 수가 급증하자 쿼이커교도들의 사회적 범죄도 많이 증가했기 때문에 이 조치는 불가피한 조치였다. 셋째, 개인적 계시보다 집단적 계시를 강조하였다. 초기 쿼이커리즘은 하나님의 의지는 사람마다 다르게 부여된다고 보고 개별적 계시를 우선시하는 교리였으나, 반대파들은 진리이신 하나님 말씀이 개별 수준에서 달리 나타난다는 요지는 극히 비성경적

---

107) Pink Dandelion(2007), pp.37-42.

이라는 비판을 가해 왔던 것이다. 넷째, 퀘이커리즘은 자신의 교리의 대외 발표와 출판을 감시할 위원회를 설치하기로 하였다. 마지막으로, 예수 재림과 종말론 강조 태도를 완화하였다.

퀘이커리즘의 수정과 관련된 1690년부터 1820년대를 특별히 경건주의(Quietism)이라고 부르고 있는데, 그 이유는 이 시기에 퀘이커리즘이 실천적 개혁을 이룩했기 때문이다. 경건주의 요체는 하나님에게로 나아가는 길은 세상과 자아로부터 벗어나는 것이기 때문에, 세속의 욕심은 물론, 영적 능력과 은총에 대한 갈망까지도 버리는 것이고, 초자연적인 소통능력이나, 죄로부터의 구원까지도 포기하는 것이다. 오직 남은 것인 성화된 상태(Sanctification), 즉, 분별이 없고, 완전한 무욕망 상태의 성스러운 상태를 유지하는 것이다. 이런 상태로 나아가는 핵심은 인간적 취향과 의지와 선호를 버리고 오직 내부로 오는 그리스도의 빛을 따르는 것이다. 일단 경건주의를 받아들이면 퀘이커교도의 위치가 종전의 위치인 모든 죄의 가능성에서 멀어진 하나님의 동업자가 아니라, 하나님과 죄의 온상인 세상을 두려워하는 대중 그룹으로 지위가 낮아지게 된다.

이러한 자신들의 위치에 대한 인식변화는 내부 빛으로 오시는 그리스도를 잘 영접하기 위해 성화 과정을 필요로 했다. 실제로 퀘이커교도는 자신들을 '그리스도에게로 정화된 특이한 사람들108)'로 지칭하고 있다고 한다. 물론 이러한 정화 노력은 곧 언제나 어디서나 퀘이커교도의 근면성을 강조하는 것으로 연결되고, 이러한 정화 노력과 근면성은 퀘이커교도를 대표하는 중요한 단어가 되었다. 정화 노력의 일환으로 그들은 교인끼리 결혼(Endogamy)을 하고, 감성을 유발시킬 수 있는 문학과 예술기피, 세상 조류와 구별

---

108) Pink Dandelion(2007), p.62.

되는 퀘이커식 기본교육실시, 묘비 거부와 전쟁거부, 그리고 서약 거부 등은 물론 선교를 위해 남녀동반 여행 금지를 실시하기도 하였다. 또한 그들은 공직을 추구하지도 않았으며, 탁월한 근면성을 통하여 각종 직종에서 많은 부를 축적[109]하였지만, 이것도 내적으로 오는 빛에 장애가 된다는 경각심을 버리지 않았다고 한다.

퀘이커교도를 나타내는 또 하나의 키워드는 단순 소박(Plain)성이라 할 수 있다. 그들은 소박한 언어와 소박한 의복과 복장을 강조하며, 세속성과 이기심을 멀리하였으며, 서약하는 행위, 전쟁, 도박, 십일조 납부 문제 등을 내부로부터 오는 빛의 그리스도와 배치되는 개념으로 받아들이는가 하면, 심지어 성경학습이나 주기도문을 자녀에게 가르치는 것까지도 외연적 학습이라고 거부하기도 하였다. 교인들의 정화 노력과는 반대로 성적 문란이나 타 종파와의 결혼 등의 규율을 어기는 교인은 의절(Disownment)[110]결의를 공고하여 교인 자격을 박탈함으로써 정화 노력을 천명하였다.

요약한다면 이 시기의 퀘이커리즘은 박해 국면을 벗어나 교인들의 수와 Meeting이 크게 증가하여 양적 성장을 이루었으며, 동시에 내부 개혁이 진행된 시기라고 볼 수 있다. 특히 미대륙에서 볼 수 있었듯이 교인들의 근면성은 괄목할 만한 부의 축적을 가능케

---

109) 미대륙 퀘이커교도들은 인디언과 초기 이주자들을 상대로 활발한 상업활동을 통해 실제로 많은 부를 축적하였다. 그들의 정직과 근면성 그리고 평화주의적 태도는 인디언을 비롯한 많은 사람들의 신뢰를 얻게 되었고, 거의 모든 거래의 기준이 될 정도였다고 기록하고 있다. 특히 인디언과의 관계는 특수해서 모피 거래, 위스키 거래 등에서 거의 독점적 지위에서 거래했다고 알려져 있다.
110) 퀘이커리즘의 '의절'은 반드시 최종적이지도 않고, 교회 참석을 거부하지도 않는다. 다만 종파 재산의 구상권을 행사할 수 없는 것으로 알려져 있다. 그러나 메노나이트나 아미쉬의 파문은 최종적이며 일단 회중에서 완전추방되는 것을 의미한다. 또한 파문 전의 성태를 유지하기 위해서는 굴욕에 가까운 단계를 밟아야 겨우 가능할 뿐이다. 메노나이트, 아미쉬, 후터파들은 일련의 과정을 거쳐 일단 파문이 결정되면 심지어 가족까지도 관계를 단절하는 것을 의미하기 때문에 매우 가혹한 결과가 된다. 아미쉬와 메노나이트의 결별도 이런 파문의 적용을 놓고 대립한 측면이 작용하기도 하였다고 알려져 있다.

했으며, 이것을 기초로 퀘이커리즘의 사회적 위치도 격상되어, 원주민과의 관계개선을 논의하고, 학교 건립을 주장하였으며, 노예제도에도 문제를 제기하는 등 사회적 이슈에도 관심을 표명하였다. 이 시기의 내부 개혁은 그리스도에게로 정화하는 데 목적을 두고 진행되었으며, 전쟁거부와 기성 교단에 존재하는 인습 거부 등을 포함하여 세상 조류에 편성하지 않도록 내부 규율 강화를 통한 정화 노력도 병행하였다. 이 시기는 내부의 빛으로 오는 주님의 인도를 체험한다는 퀘이커리즘의 초기 지향을 유지하면서 내부 개혁을 강화하는 시기였다.

4) 분화 발전기(1827-1894)

19세기 초 영국은 세계지배를 완성하였고 신생국인 미국은 공업지역인 북부와 농업 생산력이 중심이 된 남부와 갈등이 고조되고 있었다. 이 시기에 양국에서 퀘이커리즘은 분열과 이탈이 생겨났다. 분열과 이탈 현상은 미국에서 현저하였다고 할 수 있는데, 일찍이 미국은 독립전쟁 당시 전쟁 참여 문제를 놓고 다소의 논란이 있었으나, 영국과 미국 그 어느 쪽에도 도움을 주지 않는다고 결의함으로써 평화주의를 고수하는 그들의 전통을 지켜나갔다. 이 과정 중에 소수의 퀘이커교도가 참전은 양심의 자유를 따르는 것이 되어야 한다고 주장하였다가 자격박탈을 당하였다[그들은 자칭, 자유 퀘이커교도(the Free Quakers)라고 부르고 이탈되었었다]. 이 분열은 정치적 계기가 분열의 단초가 된 중요한 사건이지만 국면이 지나자 곧 해결되었다.

미국 내 퀘이커리즘의 분열에서 더욱 중요한 점은 다른 교파 특히 복음주의자들의 영향이 급증하여 마침내 퀘이커리즘의 정체성이 도전받게 되었다는 점이다. 앞서 언급한 바와 같이 퀘이커리즘은 개혁을 통하여 다른 교파의 신학적 시비를 해결하려 했었지만, 그것으로 충분히 신학적 문제가 해결된 것은 아니었고, 더구나 내부적으로 제기된 각종 이단적 경향[111]을 수습하기도 용이한 것은 아니었다.

이 과정에서 유명한 이론가인 Elias Hicks가 출현하여 대분열의 단초를 제공하였다고 알려져 있다. 그는 성서를 유일한 권위로 받아들이는 것을 거부하고 내부로 오는 그리스도의 빛을 받아들이는 것으로도 충분하다고 주장하였다. Hicks는 더 나아가 인간의 타락과 원죄가 그리스도의 보속으로 귀결되는 것을 거부하여 가장 극단적인 주장을 하기에 이르렀다. 이런 주장은 분명 성서의 권위를 저감시키는 결과를 초래하는 것임으로 많은 논란을 피할 수가 없었지만, 다른 한편으로는 퀘이커리즘이 복음주의로 이행하는 것을 막아낸 중요한 공적이 된 것으로 볼 수 있을 것이다.

---

111) 당시에 퀘이커리즘에 제기된 이단적 경향은 Deism과 Rationalism으로 알려져 있다. 전자는 하나님과 인간과의 관계에서 하나님은 창조 작업을 끝내고 피조물이 스스로 굴러가도록 디자인했기 때문에, 하나님을 대신해서 Humanity가 하나님처럼 행동할 책임이 있다는 것이다. 이 견해의 장점은 사랑의 하나님이 이 세상에서 어떻게 고통을 허락할 수 있었는가 하는 철학적 문제를 피해갈 수 있는 점이 있지만, 퀘이커리즘의 교리와는 배치되는 치명적인 약점을 갖고 있다. 즉 Humanity를 더 optimistic하게 보는 것이므로 받아들일 수 없는 것이고, 퀘이커리즘의 전통적 입장인 하나님을 두려워하는 태도를 이탈한 것이다. 후자는 신앙보다 이성을 우위에 두는 입장으로 성서의 권위보다는 이성을 우선시하는 입장이다. 이 견해의 논거 중 하나는 구약의 하나님이 신약의 하나님과 일치하지 않는다는 점이다. 이 두 가지 경향은 1806년 필라델피아와 볼티모어 연차회의에서 이단으로 결의되어 일단락되었으나 그것이 완전히 해결된 것은 아니었다. -Pink Dandelion(2007), pp.83-84.

결국, 1827년 필라델피아 연차회의에서 Hicks의 주장이 인정받지 못함으로써, 대분열이 발생하게 되었다. 이러한 분열의 배경에는 교도들의 사회경제적 위치가 요인이었다는 주장도 있다. 원로를 중심으로 한 Orthodox파는 도시에 거주하는 상류층으로 다른 교파에 동정적인 견해를 가지고 있었고, Hicks파는 농촌에 배경을 둔 가난한 계층이었다. 이러한 대분열이 일어난 후에도 퀘이커리즘은 분열이 계속되어 [그림 - 17]과 같이 매우 복잡한 양상으로 발전하였다.

[그림 - 17]에서 확인할 수 있듯이 1827년의 대분열 이후에도 분열은 계속 일어났지만, 소수에 그친 Hicks파의 분열과는 다르게 Orthodox파에서 다시 한 번 큰 분열이 발생하였다. 먼저 Hicks파를 살펴보면 리버럴파와 Modernist파로 분열되어 있지만[112], 서로 FGC(Friends General Conference)로 교통하고 있어 극명한 차이라기보다는 출신별 차이를 반영하는 경향이 있다고 한다.

---

112) Hicks 자신은 리버럴한 입장은 아니어서 성서는 오직 내부로 오는 그리스도의 빛의 도움을 받아 이해되어야 한다는 입장이었지만, 다른 사람들은 성경을 보다 합리적으로 이해하는 데 찬성하고 있어서 Hicks파 내부에 성경해석을 둘러싸고 분열이 있었다. 또한 Hicks파의 리버럴파들은 성서의 새로운 해석에 관용적인 태도를 취하여 교육, 정치 등 세속적인 것에 새로운 접근방식을 주장하였다. 한편 Hicks파의 Modernist들은 특히 여성문제(여성의 투표권 포함)와 노예문제에 가장 진보적인 입장을 표명하여 리버럴파들과 대립하고 있었다. -Dandelion,(2007), pp.124-127.

[그림 - 17] 퀘이커리즘의 분화

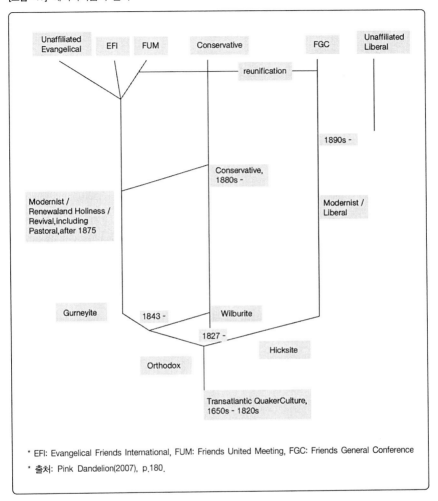

* EFI: Evangelical Friends International, FUM: Friends United Meeting, FGC: Friends General Conference
* 출처: Pink Dandelion(2007), p.180.

복잡한 분열상을 보여주는 것은 Orthodox파 쪽인데, 이른바 1843년의 Gurneyite와 Wilburite의 분리는 Orthodox 분열의 시초가 되었다고 할 수 있다. 재력가 출신이며 강력한 영향력을 가진 설교자이자 당대 엄청난 인기를 얻고 있었던 Joseph John Gurney

(1788-1847)는 검소하고 소박한 이미지의 퀘이커교도와는 차이가 있는 귀족학교인 옥스포드에서 수학하였으며, 1809년 가업인 회사를 인수했던 인물이었다. 그는 미대륙으로 건너가 3년간 미국 내 퀘이커리즘에 큰 영향을 미친 인물이 되었다. 많은 저술과 설교를 통한 그의 주장은 초기 퀘이커리즘이 첫 단추를 잘못 끼웠다는 주장을 하면서 내부로부터 오는 빛을 강조하기보다는 예수의 대속함(Atonement)을 인정하는 것이 먼저이며, 내부로부터 오는 빛은 성경을 잘 이해하기 위한 수단에 불과한 것이라는 입장을 폈다고 한다. 쉽게 표현한다면 그는 퀘이커리즘을 프로테스탄트적 복음주의의 언저리 신학으로 변모시키고자 노력했다고 평가된다. 이러한 Gurney의 주장은 John Wilbur(1774-1856)에 의해 반격을 당하게 되었다. Wilbur는 초기 퀘이커리즘은 오류가 없었으며 '내부로 오는 그리스도의 빛'은 자체적으로 충분할 뿐만 아니라 교리적 권위에서도 보다 우선적인 것이라고 주장하였다. 그는 나아가 성경의 권위 강조는 세속적 올가미이며 휴머니티를 원초적인 것에 머물게 만들 뿐이며, 초자연적 측면(supernatural plane)의 여지를 없애버리는 것이라고 반박한 것이다. 또한, 그는 인간적인 준비과정 및 학식 그리고 세속적인 것들이 내부로 오는 그리스도의 빛의 작용을 방해하는 것이라고 주장하였다. 그는 예수의 구속사업을 신봉하지만, 너무 외형의 것(outward)을 강조하는 것은 Hicks가 내면의 것(inward)을 너무 강조한 것만큼이나 큰 오류에 빠지는 것이라고 하였다. Wilbur는 더 나아가 Gurney는 세상적인 것에 몰두해 있으며, 내부적으로 자아를 버리고 그리스도에게 복종하는 기본적인 정신을 생략해버린 외부지향 물질 위주 신학이라고 매도하면서, 머리만 있고 가슴이 없는 신학이라고 비판하였다.

그러나 이러한 Wilbur의 맹공에도 불구하고 1843년 New England

연차총회의 결과는 Wilbur파의 패배로 끝나게 되고 Wilbur파는 독자의 길을 걷게 되었다.

곧이어 1860년대 말경 Orthodox파의 주류라고 할 수 있는 Gurneyite파에 또다시 균열이 생겨나기 시작하였다. 큰 줄거리는 쇄신파(Renewal Friends)와 복고파(Revival 퀘이커리즘)의 대립이었다. 쇄신파는 퀘이커리즘의 독자적인 특징은 유지하되 현대적으로 패션(fashion)화하기를 희망하였다. 예를 들면 시대에 뒤떨어진 검소한 복장착용을 폐지한다든지, 고립적인 종파적 태도를 버리고, 다른 기독교 종파들, 특히 복음주의자들과 연대할 것을 주문하였다. 특히 큰 이슈가 된 것은 노예제 폐지와 절제항목(Temperance)[113] 부문이었다고 알려져 있다. 한편 복고파의 입장은 이러한 쇄신파의 주장을 우려하면서 전통적인 퀘이커리즘, 즉 세상을 배척하는 입장을 고수하였다. 즉 사교장 출입금지, 극장 관람금지, 도박 금지 등을 주장하며 퀘이커리즘의 오염을 극히 경계하였다고 한다. 쇄신파는 Friends 내부의 개혁을 주장한 데 반하여 복고파는 Friends의 외부세계, 즉 세상적인 것을 배척하는 셈이 된 것인데, 특이한 점은 쇄신파를 포용하면서 복고파들이 원뿌리라고 할 수 있는 Gurneyite와도 구별되는 엄격한 입장을 취했다는 점이다. 예를 들어 Gurneyite는 '내부로 오는 그리스도의 빛'을 위해 침묵으로 대기하는 데 반하여 복고파들은 그것이 필요 없다는 것. 즉 항상 주님이 그들과 같이 하기 때문에 기다림이 불필요하다는 주장을 하고 나섰으며, 예수가 재림하여 세상을 다스린다고 하는 신성

---

113) 절제항목의 중심에는 음주 문제가 있었다. 18세기부터 19세기까지 퀘이커교도들은 과도한 음주를 금하고 심지어 가정에 술을 아예 없애는 운동을 전개하고 미국 금주법의 주창자들 중의 하나가 되었다. 쇄신파는 엄격한 절제항목 적용의 완화를 주장하여 복고파와 대립하였다. 한편 영국에서는 음주뿐만 아니라, 다른 약물(마약류) 사용도 금지하는 운동으로 확대되었다. 이들 운동은 단순한 반대가 아니라 사회교육까지 연결되는 구체적 실천운동이었다.

한 천 년인 Millennium을 거부하고 하루 속히 타락된 세상을 심판하기 위해 Millennium 전에 재림되어야 한다고 보았다. 또한, 쇄신이니 개혁이니 하는 이슈는 시간 낭비이며, 초점은 정화(sanctification)가 아니라 전향(conversion)이 되어야 한다는 주장이었다.[114] 이런 복고파의 세력은 1870년대까지 전체 Gurneyite파의 70%를 이루는 정도가 되었다고 한다. 또한 복고파들은 쇄신파의 의견을 받아들여 교도끼리 결혼하는 기존제도를 완화하여 신도들에게 선택권을 주었고 Friends의 쇄신을 위해 목회자제도 도입도 검토하게 되었고 한다.

그러나 목회자제도(The pastoral system)는 마침내 큰 내부 마찰을 가져왔으며, 마침내 1875년 분열의 길을 걷게 되었다. 당시 목회자 도입의 필요성이 제기된 배경에는 예배의 효율성은 물론, 신입교도의 영입과 관련하여 봉급을 받는 전문 목회자가 필요한 조치라고 보았던 것이다. 사실 당시 퀘이커리즘에서는 신입 교인이 정식 교도가 되기 위해 긴 시간 침묵 기간을 가져야 하고, 그의 영적 훈련은 교육과 훈련을 받은 특별한 사람이 아니라 모든 신도들의 책임으로 되어있었지만 그를 위한 체계적인 교육과 인도가 이루어지지 않았던 결점이 있었던 것이다. 그러나 이러한 목회자제도 도입은 예배의 프로그램화를 채택하는 것이 되고, 원래 un-programmed worship을 지향하던 전통을 포기하는 것이며, 성령에 대한 퀘이커 신도의 영적 친밀감을 저감시키는 중대한 결함을 안고 있었다. 더구나 기존 교단에는 목회자를 양성하는 제도도 없

---

114) 복고파 신학의 요지는 대강 다음과 같이 요약된다. 예배는 소규모로 진행하고, 즉각적인 영적 체험, 즉 전향(Conversion)체험이 되어야 하며, 예배 시 새로운 제도인 Alter call과 mourner's bench를 도입했다. 또한 찬송가와 신도들의 찬양을 도입했으며, 성령으로 자신의 삶을 감싸기 위해 극도의 주정주의(emotionalism-주지주의의 반대 개념으로 이성이나 의지보다는 감정과 정서를 중시)를 장려했다고 알려져 있다. -전게서, p.106.

었고, 목회자의 의무와 목회자 대우, 위치에 대한 규정도 없었기 때문에 혼란이 가중되었다.

사실 쇄신파의 문제 제기 이전에도 Gurneyite 내부에서 꾸준히 소규모 개혁 논쟁이 진행되어 나왔다. 1832년부터 퀘이커교도의 정치 참여가 용인되었고, 1820년대부터 1870년대에 이르기까지 음악에 대한 퀘이커교도들의 태도도 개방적인 분위기로 전환되기도 했었다. 또한, 그동안 기피했던 묘지의 표석도 허락되고, 1861년에는 Plain dress와 Plain speech도 폐지되었다. 그러나 1875년의 목회자제도 도입을 둘러싼 문제는 쉽게 해결될 성질이 아니었다. 이미 언급했듯이 목회자제도 도입을 반대하는 보수파 입장에서는 복고파의 움직임 자체가 퀘이커리즘의 본질을 벗어나는 것으로 규정하고 Gurneyite파를 떠나 Wilburite로 합류하는 결과를 초래한 것이다.

이상과 같이 1820년부터 1890년 사이에는 미국 내 퀘이커교도들 사이에 많은 이슈들이 제기되어 분화 발전을 경험하는 시기였으며 그 결과 오늘날 미국의 퀘이커리즘이 Programmed, evangelical, conservative 혹은 unprogrammed tradition 중에 어느 하나가 되는 모습을 보여주게 되었다고 할 수 있다.

한편 영국 퀘이커리즘도 진보적 내지 현대적 퀘이커리즘으로 변화하는 모습을 보이기도 하였다. 대표적 인물인 David Duncan 같은 인물은 사상의 자유를 주창하고, 성서의 무오류성을 배척하는가 하면, 당시에는 통념으로 인식되던 예수의 구속사업을 달리 해석하기도 하였다.

그러나 미국이나 영국이나 혹은 각 분파들이 다수의 입장차이가 있다고 하더라도 그들이 공통적으로 지향하는 퀘이커리즘의 기본 핵심은 변화하지 않았다. 즉 외부적 영적 체험보다는 내부적 영적 체험이 우선한다는 점, 침묵 기도의 중요성, 진리의 친구(Friends of Truth)에 대한 인식, 소박함과 검소함, 양심의 자유와 비폭력 평화지향 등은 모든 공유하고 있었다.

5) 안정기(1895-현재)

앞에서 언급했듯이 분화 발전기는 제1차(1827)와 제2차(1843), 그리고 제3차(1875)를 지나 점차 안정기로 접어들었다. 즉 정부 권력과의 허니문기간이자 일명 퀘이커 Renaissance 기간이라고 부르는 1895년부터 1910년의 약 80년간은 큰 분쟁 없이 퀘이커리즘의 황금기를 누리는 기간이었다. 1875년의 목회자제도를 둘러싼 이슈도 미국의 중서부지역을 포함해서 일부 집회에서 목회자제도를 도입한 정도로 정리되었고, 애초부터 보수적 입장에 있었던 영국의 퀘이커 집회에서는 이런 문제조차 거론되지 않았다. 각 분파의 결성도 1990년 EFI의 결성을 끝으로 완결되어 큰 그림으로 6개의 퀘이커 분파로 확정되어 안정화의 길로 접어든 것이다([그림 - 17] 참조).

특히 주목할 수 있는 점은 1950년 중반 그간 독립해서 연차회의를 개최했던 분파들이 다시 연합하여 분열을 통합으로 이끄는 시도를 하고 있다는 점이다. 미 동부인 뉴욕과 필라델피아 지역과 캐나다를 통합하려는 시도는 그 자체가 퀘이커리즘의 안정화를 향하는 중요한 걸음이라고 보인다. 그러나 분화 발전기 후 안정화의 기조는 확인되었다 하더라도 퀘이커리즘의 분열적 요소가 완전히 없어진 것은 아니었다. 특히 1916년 징집법의 실시로 퀘이커리즘은 또 한 번 내홍을 겪지 않으면 안 되었지만, 다행히 그것으로 인한 분열은 일어나지 않았다.

이제 우리는 여러 갈래로 분화 발전된 퀘이커리즘을 종류별로 정리할 시점에 와있는 것 같다. 먼저 살펴볼 수 있는 큰 줄기는 목회자

제도 도입 이후 생긴 Programmed tradition이냐 아니면 Unprogrammed tradition으로 양분할 수 있겠는데, 전자는 거의 모든 예배가 사전에 미리 계획된다는 의미에서 기존의 복음주의 교파와 유사한 구조를 갖는 것을 의미하는 것이고, 후자는 주로 진보적 전통과 보수적 전통으로 침묵예배의 시작과 예배 끝에 악수하는 의식만이 정해지고 나머지 예배의 전체가 미리 정해지지 않는 전통을 의미한다.

또 하나의 분류 기준은 집회가 갖는 전체적인 경향을 두고 분류하는 경우로서 진보적, 보수적, 혹은 복음주의적으로 세 가지 형태로 분류하기도 한다. 그러나 Dandelion의 설명에 의하면, 비록 완전 구분이 곤란하다고 하더라도 연차회의 개최 시 공유되는 성명서의 내용을 참고하고 연대하는 합동조직을 감안하면 대강 앞서 살펴본 6개의 그룹으로 분류할 수 있다고 한다.

거칠게나마 그가 주장하는 여섯 그룹의 특징을 정리하면 다음과 같다.[115]

- Unaffiliated Evangelical: Indiana, Volivia에 있음. 다른 퀘이커 조직과 교류 없고 서로 교류도 없는 연차회의 모임.
- EFI(Evangelical Friends Internatuional): 1989년 설립. FUM과 사이가 좋지 않음. FWCC(Friends of the World Council of Church)의 부분이 아님. 미국의 연차회의는 FCER(Friends Church Eastern Region)같이 지역별로 배정되어 운영됨. 과테말라, 타이완, 르완다, 브룬디, 콩고 인도네시아, 필리핀, 페루에 있음. Gurneyite 내의 복고파에 속하지만, fundamentalism에 영향을 받고 있음.
- FUM(Friends United Meeting): 1963년 조직된 가장 큰 group임. 1902년 FYM(Five Years Meeting)으로 시작된 조직으로 Gurneyite 신학이론을 신봉. FWCC의 부분으로 위치함. 일부는 FGC(Friends General Conference)에 소속되어 있기도 함. 동성애 이슈와 성경 무오류 문제로 가장 큰 긴장이 조성

---

115) 전게서, p.180.

되기도 했음.

- FGC(Friends General Conference): 미국 내 존재하는 나머지 연차회의 모임 으로 전부 Unprogrammed tradition을 견지함. FGC는 FUM과 다르게 운영 됨. 주요 차이는 FGC는 소속 조직에게 리더십을 제공하기보다는 서비스를 제공하고 있음. 특히 서적 출판과 배포, 연차회의 개최 시 서비스를 제공함. 1940년대와 1950년대 재결합을 통하여 다수의 연차총회들이 FGC와 FUM 모두에 소속되었음(단 캐나다는 예외). New England와 New York은 Programmed와 Unprogrammed의 양쪽 Meeting에 참여하기도 했음.

- Conservative Friends: 기본적으로 주로 미국에 있음. 세계적으로 고립되어 있음. 많은 수가 연차총회에 참석하는 보수파임. 영국, 그리스, 사스캐츠완 (캐나다)에도 있으며, 초기 전통을 고수하는 Unprogrammed Quietist들임. 비록 소수이지만 초기 전통인 경건주의와 성서의 현대적 해석을 종합하는 성향도 있고, 복음주의적 성향과 초기 전통을 융합하는 시도를 하고 있지만, 전체적으로는 18세기와 19세기 퀘이커리즘의 지침서인 Traditional books of discipline을 조직 운영의 기본으로 삼고 있음.

- Unaffiliated Liberal: 태평양지역, 북 태평양지역, Rocky Mountain 연차총회 를 말함. 2차 세계대전 후 결성. 소속되지 않은 조직으로 Unprogrammed tradition 고수. 영국, 독일, 아일랜드, 네덜란드, 벨기에, 룩셈부르크, 프랑스, 덴마크, 스웨덴, 핀란드, 노르웨이, 우크라이나(Ukraine), 라트비아, 리투아니 아, 모스크바 등에 소수 그룹이 있고, 오스트레일리아, 뉴질랜드, 중앙아프리 카와 남아프리카에 큰 그룹이 있음.

4. 퀘이커리즘의 주요 특성

먼저 모든 종교에서 제일로 삼는 믿음과 교리에 관련된 논의부 터 시작해 보기로 하자. 대개 종교에서는 영적 카리스마를 가진 걸출한 인물이 최초로 대중을 상대로 자신의 신을 소개하는 큰 그 림을 제시하면 후대의 제자들이 그의 가르침을 기술하여 경전이나 성경을 만들고 그것을 구체화시켜 일정한 교리체계를 장치하는 것 이 일반적이다. 즉 거의 모든 기층 종교 교단은 견고한 교리를 갖 고 있다고 말할 수 있으며, 교리가 없는 종교는 있을 수 없다고 할 수 있겠다.

그러나 이러한 논리는 퀘이커리즘에 와서 설득력을 잃게 되었다. 퀘이커리즘 시작은 명확한 교리를 갖고 출발하지도 않았으며, 성경에 대한 최종 권위를 인정하지도 않는다. 따라서 퀘이커리즘은 기독교단에서 보기 드문 종파라는 점에서 우리의 특별한 관심을 끌고 있다. 만약 퀘이커교도에게 사후 세계가 어떤 것이며, 예수가 진정 하나님인가 등의 진지한 질문을 던진다면 아마도 질문자는 명확한 대답을 듣지 못할 것 같다. 왜냐하면, 퀘이커교도는 그들이 마땅히 지켜야 할 믿음체계를 가지고 있지 않기 때문이다. 그들은 신앙의 길이 단 하나의 길이라고 믿지도 않으며, 신앙이란 개인적 체험이라고 굳게 믿고 있기 때문이다. 따라서 그들에게는 믿음의 기조를 이루는 신조나 (사도)신경 같은 규범이 없다. 믿음을 일반화시키는 것에 반대하고 개인은 새로운 체험을 위해 항상 열린 마음을 가져야 하고, 마음을 고쳐먹도록 항상 준비되어 있어야 한다. 만약 공세적인 타 교파의 사람들이 퀘이커교도에게 당신들은 하나님을 믿느냐고 묻는다면 아마도 그들은 우물쭈물 대답을 회피할지도 모르겠다. 왜냐하면, 그들은 하나님을 믿느냐 아니냐 하는 질문은 자신들과는 아무 상관도 없는 허깨비 같은 질문이기 때문이다. 그들은 하나님을 믿느냐 아니냐 하는 문제가 아니라 하나님을 어떻게 만나느냐 하는 것이 그들의 핵심이기 때문이다. 퀘이커리즘의 핵심은 하나님에 대해 우리가 무엇을 말할 것인가 하는 것이 아니라, 우리 스스로 이끌림을 받는 그 무엇을 발견하는 것, 즉 하나님을 만나는 것, 그것이다.

하나님을 만난다? 이것이 말처럼 쉬운 일일까? 바로 이 부분이 필자를 비롯해 많은 독자들이 매우 궁금해지는 대목이다. 가령 어떤 특정한 사람을 두고 이런저런 이야기를 간접적으로 듣기보다는 그 사람을 직접 만나 이야기해 보는 편이 훨씬 나은 것처럼, 만약 그럴 수만 있다면 하나님과 만남을 직접 체험하여 결판을 내는 편이 정말 좋겠다는 것은 비단 필자의 소망만이 아닐 것이다. 그렇지만 아직까지 우리는 성서의 몇 사람을 제외하고는 하나님을 만났다든지 예수를 직접 만난 사람을 알지 못하거니와 타 교파의 신심이 굳은 사람이라면 성경에 나오는 갖가지 예들을 들어 이러한 시도는 무모하고 무례한 그래서 비성경적 태도라고 냉소하며 일소에 부칠 수도 있을 것으로 보인다.

그러면 퀘이커교도들이 '내부로 오는 그리스도의 빛'을 어떻게 만나는 것일까? 우리는 이것을 알기 위해 그들의 예배 형식을 엿봄으로써 그들이 말하는 '내부의 빛'을 추론할 수 있을 것으로 보인다. 퀘이커교도들이 예배를 위해 만나는 장소는 퀘이커 회관(Meeting House)이라고 부르고, 정기적으로 그곳에 참석하는 사람들 자체를 집합적으로 미팅(Meeting)이라고 부르며, 그들의 집단적 예배 행위도 "미팅"이라고 부른다고 한다. 이것이 국외자들에게 매우 혼란스럽지만, 엄연히 역사적으로 이상하게 붙여진 변종(anomalie)들 중에 하나라고 한다[116]. 그래서 해당 지역 이름을 앞에 붙여서 Hampstead Meeting 혹은 Skipton Meeting으로 존재하며 정기적으로 모여 예배와 토론, 그리고 사교 시간을 갖는다. 이런 지역 모임(Local Meeting)은 참석인원 제한이 없으며, 규모가 크든 작든 각자의 사정과 형편을 잘 아는 사이다. 보다 큰 지역 단위로는 필라델피아 연례 모임(Philadelphia Yearly Meeting)이나 뉴욕 연례 모임(New York Yearly Meeting)같이 연차로 진행되는 미팅이 설립되기도 하지만 일상의 경우 대개 지역 단위의 미팅이 예배와 기타 활동의 중심이 된다고 한다. 모든 퀘이커 미팅에는

---

116) Durham, Geoffrey(2010), p.4.

깊고 오랜 기간의 울림 있는 우정을 축하하는 기회가 된다. 아무도 책임 있는 지위를 갖지도 않으며, 신자들 간에 위계질서가 생겨나지 않도록 부단한 노력을 아끼지 않는다. 이것이 퀘이커교도를 'Friends[117]'라고 부르는 이유라고 할 수 있다.

퀘이커교도의 우정과 우의는 교인들 간의 평등을 의미하는 것으로 이들이 이것을 고수하려는 노력은 오랜 역사적 과정을 겪어 나왔다. 미팅 안의 모든 소임은 중요한 일이든 하찮은 일이든 모두 삼 년 동안 수행하고 다른 이에게 물려준다. 중요한 점은 신도들이 미팅에서의 자기 소임을 계속 유지하려고 하지 않는다는 점이다. 즉 소수의 장로(Elders) 소임을 맡은 사람은 삼 년 동안 미팅의 신앙적 욕구를 보살피는 소임이 주어지고, Overseers라고 불리는 사람들은 그룹 안에서 사목일(Pastoral care)을 맡기도 한다. 또 다른 사람들은 각각 건물을 보살피고, 도서실을 운영하고, 재무를 담당하고, 뉴스레터를 편집하고, 사교 행사를 조직하고, 아이들을 보살피고, 커피를 만들고 등 여러 직무를 담당하지만 모두 단 하나의 중심 활동 즉 예배를 위한 활동으로 통일되어있다고 한다. 매주 반복되는 이러한 활동은 교인들에게 일정한 의미와 목적을 제공하는 것이며 모두를 하나로 묶는 매개적 기능을 가진 공유된 관습이다. 이것이 바로 소위 예배를 위한 미팅이다.

퀘이커교도는 예배라는 용어를 자기 나름대로 해석하는 경향을 가지고 있으며, 미팅에서 예배드리는 것이 무엇인지를 정확히 설명하는 것을 매우 어렵게 생각한다. 초기 퀘이커리즘은 '내부로부

---

117) 퀘이커라는 용어는 외부로부터 이름 붙여진 다소 경멸적인 용어라고 할 수 있지만, Friends는 그들 스스로 붙인 이름이다. 그들은 서로를 '빛의 자녀(Children of light)', '진리의 공표자(Publishers of Truth)', '진리의 친구(Friends of Truth)' 등으로 부르다가 공식적으로는 'The Religious Society of Friends'으로 표현하고 있다. 그러나 일반적으로 퀘이커들과 Friends는 다 같이 통용되는 용어이다.

터 오는 빛 속에 서 있는 것(standing in the Light)'이었지만 시대에 따라 또한 관점에 따라 변모해 왔다고 알려져 있다. 모든 회관은 정규 모임을 위해 일정한 지역에 있지만 성화된 장소로 인정하는 것은 아니다. 그 어떤 곳에서도 미팅을 개최할 수 있다. 다만 모든 사람이 전부 앉을 수 있도록 공간이 있어야 하고, 원형이거나 사각 모형을 이루거나 모두가 서로를 볼 수 있게 되어있어야 한다고 한다.

즉 퀘이커 예배는 공동체 활동이 되어야 한다고 한다. 중앙에는 성경과 가끔 작은 책들118)과 꽃이 있는 탁자가 있는데, 이것은 실용적 목적으로 둔 것이지, 제단이 아니다. 그들의 모토는 잘 알려져 있듯이 침묵 중에 가만히 하나님을 모시는 것이다. 예배가 어떻게 시작되는지를 살펴보자. 한 무리의 예배자들이 침묵 중에 앉아 있다. 참석한 모든 이가 침묵공동체 일체감이 교묘하게 시작된다. 고요가 꽉 찬다. 어떤 교도가 이런 상황이 어떤 이슈를 제기할 만큼 충분한가를 스스로 점검해본다. 예기치 않았던 그림이 자기에게 펼쳐지도록 명상이 계속된다. 그 그림의 존재에 대한 진정한 사실에 집중한다. 예컨대 그는 이전에 생기지 않았던 목적을 느낀다든지,

118) 그 어떤 규범서(Rule book)를 가지고 있지 않은 퀘이커리즘은 입교자를 대상으로 간단한 시험과 서명 같은 일체의 절차를 갖지도 않으며, 신앙생활을 통해 보다 나은 삶을 갖는다는 것을 말하지도 않는다. 다만 그들은 입교자에게 영적 발견의 여행을 제의하는 수준이다. 퀘이커리즘에서 개인 체험을 모아 발간한 책 중에서 기본서가 있다면 그것은 모든 세대를 위해 갱신되는 『퀘이커 Faith & Practice』라는 책과 『Advice & Queries』라는 작은 책자이다. 후자는 항상 중앙 탁자에 놓이며 모든 신자들이 애용하는 책이다.

공동체 의식의 쇄신을 느낀다든지, 또는 잠시 영원(the eternal)을 목격한다든지 할 수 있다. 가끔 많은 신도들은 그들의 내부 깊숙한 곳, 전혀 모르는 곳으로부터 발언할 기분을 느끼게 될 수도 있다. 이럴 경우 일어서서 말할 수 있는 것을 말한다. 이 경우 전혀 사전 준비가 있어서는 안 되고, 의미나 목적의식 같은 것을 가져서는 안 된다. 퀘이커교도들은 이것을 사목(Ministry)이라고 하는데, 흔하게 일어나는 것이 아니라 매우 드물게 발생하는 경우이다. 이런 사목은 집단적 고요에 공헌하는 동시에 사고를 자극하고 상상을 고취하는 데 도움을 준다.

거의 모든 퀘이커교도들은 그들이 받아들이고 있는 메시지가 자기만을 위한 메시지인가 미팅을 위한 메시지인가를 마음속으로 점검할 의무를 느낀다. 가끔은 선택할 수도 없이 예배자가 일어서서 자기 마음속에 있는 것을 발표할 기분을 느끼게 될 때도 있다. 이렇게 개인별 발표는 조각조각 모여져 전체 그림을 맞추게 되어 미팅의 공동체 그림으로 완성될 수 있는데, 이것이 항상 성공하는 것은 아니다. 그렇다고 해도 그 미팅이 하찮은 것이라든지 나쁜 것은 아니다. 많은 미팅이 전혀 발언 없이 침묵사목이 될 수도 있는데, 그것은 그 모임의 특징이 될 뿐이다. 따라서 자연스럽게 모든 미팅이 하나님의 임재로 제각기 다른 모습이 된다. 예배를 위한 미팅은 이렇게 퀘이커 믿음과 퀘이커 관습의 토대가 되었다.

예배를 위한 미팅이 먼저이지 퀘이커리즘에 대한 책이 신학과 함께 먼저 오는 것이 아니다. 퀘이커교도들이 세상에서 하는 일이나 구조들도 마찬가지다. 퀘이커리즘의 근본 동기, 대의(the cause), 이유 등은 침묵예배를 공동체적으로 체험하는 데 있는 것이다. 이런 체험에 입각한 신앙은 17세기 중엽 영국의 내전 이후 생겨난 The Seeker파의 종파 흐름이었는데, 퀘이커리즘이 그것을 흡수 통합한 것이다. 신도들은 침묵예배를 통하여 자신들이 누구인지 어떤 사람이 될 수 있는지를 살펴볼 수 있었다고 할 수 있다. 모든 생명이 성스럽다는 명시적 퀘이커 믿음 뒤에는 이런 의미와 목적의 융합이 있다.

퀘이커교도들에게는 성(the sacred)과 속(the secular)의 구별이 없다고 한다. 성스럽게 산다는 것은 모든 생명이 성스럽다는 것을 믿는다는 것이다. 이것은 곧, '우리는 모두 매개적 도움 없이 하나님과 직접적인 관계를 맺을 수 있고, 우리는 모두 다 사제들이다'라는 확신과 불가분의 관계에 있다고 한다. 신도들(Friends)은 하나님에 대해 여러 가지 어휘를 사용하는데, 어떤 (특정) 형태의 하나님 관념에 대해 그 어떤 의미부여도 없다는 것이다.

다만 불가피한 사실은 다음과 같은 점들이다. 첫째, 퀘이커들은 자신들이 그들을 둘러싸고 있는 외부적인 것에 의해 끊임없이 이끌림을 받는다는 사실을 인정한다. 둘째, 그 외부적인 것을 명확히 정의해 내기가 거의 불가능할 정도로 어렵다는 것을 인정할 밖에 없다는 것이다. 퀘이커교도에게 매일 매일은 성스럽다. 그래서 그 어떤 날도 다른 날보다 더 특별하거나 중요하다고 보지 않는다. 따라서 그들은 특별한 날을 축하할 일도 없다. 지금은 사라졌지만, 초기 퀘이커교도들은 로마의 유제인 Sunday, Monday 같은 주일명을 사용하지도 않았고, January, February 같은 월명도 거부하고 모두 서수적으로 표현하기도 하였다. 영명 축일이 담겨있는 교회 달력이니 종교 축제 같은 것을 거부하였다.

같은 맥락으로 퀘이커교도들은 일상의 모든 장소에서 성스러운(Sacrosanct) 그 어떤 것을 발견할 수가 있다고 믿는다. 모든 흙덩이들, 풀 잎사귀, 바쁜 거리 등 모두가 성스러운 존재들이다. 또한, 퀘이커교도들은 모든 식사행위도 모두 영적인 의미가 있다고 믿고 있다. 그들은 종교적 방식으로 음료를 축성할 필요를 느끼지 않는다. 왜냐하면, 그것들이 이미 신의 은총을 입은 것으로 보기 때문이다. 같은 맥락으로 그들은 새로 태어난 아이들에게 세례를 베풀지도 않고 아무 의식 없이 공동체 일원으로 환영한다고 한다. 그들이 이해하는 성스러운 삶에서 가장 중요한 것은 말보다는 행위를 통해 영적 확신을 표현한다는 점이다. 이것이 의미와 목적이 하나가 되는 것을 나타내는 셈이다.

많은 퀘이커교도들은 통상의 대의명분, 즉 형법상의 정의, 감옥제도 개선, 평화 구축, 갈등 해법 등에 공통적으로 열의를 갖고 있다. 그들이 예배를 위한 미팅 중에 명상 속에서 발견하는 것은 그들이 지금까지 유지해 왔던 관점이 변화하는 것을 느끼게 되고, 전에는 결코 생각지도 않았던 새로운 방식의 실천을 발견하기도 한다. 이런 것이 최초의 노예제 반대와 감옥제도 개선에 대한 그들의 선구적이고 기념비적인 공헌을 가져왔던 것이다. 퀘이커교도들에게 강요는 없으며, 그들이 그렇게 행동하는 것은 그들 스스로 그렇게 해야 한다고 느끼기 때문이다. 이것이 많은 퀘이커교도들의 증언들[119]에 의해 확인되고 있다.

Geoffrey Durham에 의하면, 21세기 들어 퀘이커리즘의 근간을 이루는 4대 요소는 평등, 평화, 소박, 진실이라고 하면서 4대 요소 중에도 평등이 다른 세 가지 요소의 기본이 된다[120]고 주장하고 있다. 퀘이커리즘이 평등을 존중하는 태도를 견지하는 것은 그들

---

119) Durham, Geoffrey(2010).

120) Durham의 견해를 쉽게 풀이한다면, 평등 없이는 평화가 이루어지지 않는 것이고, 소박한 삶은 자원을 절약하고, 그 절약은 다른 이들에게 돌아갈 평등한 몫의 기초가 되며, 진실에 기초한 삶은 다른 이들을 존중한다는 의미이며 이것이 결국 신비롭게 보상으로 되돌아온다는 의미에서 평등에 기여하는 것이다. -Durham, Geoffrey(2010), p.10.

의 침묵예배 속에 자연스레 도출된 귀결이라고 생각된다. 모든 인간은 하나님과의 직접 대화가 가능한 귀중한 존재이며 그 어떤 중간 매개물이 없이 내부로 임재하는 빛, 즉 내부로부터 나오는 성스러운 목소리를 받을 수 있는 존재라고 보는 것이다[121]. 모든 사람이 하나님과 교통할 수 있는 완전성을 내부적으로 갖추고 있다고 보는 것은 그야말로 원죄의식의 족쇄를 혁파하는, 흡사 우리나라 천도교의 인내천(人乃天)사상을 연상케 하는 완전한 인간해방 정신을 보여주는 쾌거라고 아니 할 수 없겠다. 즉 묵상을 통한 하나님과의 교통을 교인들이 다 함께 공유하는 방향으로 진행하는 가운데 자연스럽게 하나님의 진리를 개인과 공동체의 일체감을 다져가는 것이다. 바로 이점이 다른 종파에서는 볼 수 없는 퀘이커리즘의 큰 특징이 되었다고 볼 수 있다.

출발점으로 본다면 명상을 통해 깨달음으로 나아간다는 의미에서 불교의 선(禪)과 같은 것으로 볼 수도 있겠지만, 불교의 접근과 다른 점은 퀘이커리즘이 이데올로기가 아닌 체험에 바탕을 둔 매우 실용적인 종교라는 점이다. 따라서 Friends들은 침묵예배를 통하여 하나님과 진리를 체험하고 그것을 공동체적으로 공유하여 곧바로 행동으로 연결하는 활동가들이 된다. 은둔적이라 할 수 있는 동양의 선과는 구별되며, 이러한 활동가적 성격은 Friends의 삶에 그대로 녹아 있다고 보인다. 예를 들면 식사 전이나, 개인 사업 혹은 세속 모임의 시작과 끝에도 침묵으로 빠져들어 간다고 한다. 예배를 위한 미팅에서 침묵이 기초가 되었듯이 퀘이커의 일 처리 방식에도 이것이 기초가 되며, 이것 때문에 다수결 투표에 의한 결

---

121) 퀘이커리즘의 침묵 기도의 유효함은 George Fox의 개인 체험과 초기 퀘이커들의 각종 증언에서 확고하게 되었지만, 시편 46편 등 성경의 곳곳에서 하나님의 임재와 침묵을 강조하는 구절이 많다.

정이 아니라, 영적 분별력에 의해 의사결정이 이루어지며, 이런 형태는 결코 개인적 차원에서는 이루어질 수 없는 영적 분별력이라고 할 수 있다. 미팅의 사무적인 일에 결정적인 역할을 담당하는 사람은 서기(the Clerk)인데, 그는 관리자이자, 의장(administrator and chair)의 직분을 갖는 것이며, 그의 위치는 결의를 통해 사람들을 추동하는 데 있는 것이 아니라 하나의 효율적인 통로(Channel)로서 역할을 담당하여 미팅의 관심사와 고려 사항들이 잘 통과되도록 주선한다고 한다. 임기는 3년이며 연임하지 않는다. 분명 서기는 통상적 의미의 지도자적인 위치에 있지 않다. 그의 소임에는 어떤 이기심과 권력이 개입되지 않도록 되어있다고 한다.

이렇게 퀘이커들은 지도자 없이 수 세기 동안 발전해 왔다고 알려져 있다. 다만 초기 단계인 1652년부터 1691년까지 기간에 약간의 지도적 위치에 있었던 인물들, 예컨대 George Fox, James Nayler, William Penn, Edward Burrough, Isaac Pennington 등이 출판과 설교 등을 통해 퀘이커리즘 정착에 영향을 주었을 뿐이다. 그들은 사제들과 교회 그리고 전통적인 교역자 생활을 철폐하고 하나님과의 직접적인 관계를 강조하여 오늘날 퀘이커리즘을 완성한 사람들이라고 할 수 있다. 그들은 자칭 "진리의 친구"(Friends of Truth의 약칭으로 Friends)라고 부르며 도발적으로 거리에서 교회당에서 사람들과 공개적으로 논란을 일으켰다. 그들은 성경 말씀대로 "예." 할 것은 "예." 하고 "아니오." 할 것은 "아니오." 한다는 입장을 명확히 하고, "아니오." 할 목록에, 선서 거부, 전쟁거부, 십일조 거부 등 당시 기득권층에서 도저히 받아들일 수 없는 주장을 했기 때문에 투옥과 교수형 등 상응하는 박해를 받게 되었다.

5. 퀘이커리즘의 사회적 영향

* William Penn의 원주민과의 평화협정체결 장면

— ● William Penn과 Holy Experiment

　영국 내 퀘이커리즘이 성장하는 시기에 가장 특기할 점은 식민지 미국에서 특별한 퀘이커리즘의 실험이 있었다는 점이다. 이른바 '성스러운 실험(the Holy Experiment)'이라 불리는 이 실험은 1681년, William Penn(1644—1718)에 의해 시작되었다고 알려져 있다. 그는 영국 왕실과의 절친한 관계를 이용하여 Rhode Island 와 오늘날 Pennsylvania의 양 지역에서 실질적인 통치자의 위치에 있었다고 한다. 그는 퀘이커교도였던 어머니의 영향을 받아 그들에게 우호적 입장을 보이다가 입교하여 마침내 핵심 지도자가 되어 중요한 사회적 실험을 하게 되었다.

　Penn은 아버지와 영국 국왕 찰스 2세와의 금전적 거래 관계를 청산하는 차원으로 원래 Sylvania라는 지역의 식민지 경영권을 청원하였고, 이에 영국 국왕은 Penn의 이름을 붙여 Pennsylvania라는 새로운 이름을 부여하고 약 45,000스퀘어 마일에 해당하는 토지에 대한 그의 권리를 허락하였다고 전한다. 국왕으로서는 빚을 청산하는 것이고 Penn의 입장에서는 퀘이커교도로서 새로운 땅에 새로운 종교의 터전을 만드는 좋은 기회를 얻은 것이다. 그는 영국에 있는 자기 소유의 많은 재산을 팔아 새로운 도시인 Philadelphia, 즉 '형제애의 도시(City of Brotherly Love)'를 만드는 일에 투입하였다. 그는 많은 이주자들에게 땅을 제공하기로 약속하였으며, 양심의 자유 및 종교적 자유를 허락하였다. 동시에 퀘이커리즘에 입각하여, 음주와 도박, Lottery와 닭싸움, 결투 등을 금지하고 퀘이커리즘에 입각한 사회 기강을 확립하고자 노력하였다. 또한 그는 다른 식민지와는 다르게 원주민에게 매우 우호적인 태도를 견지하여 평화스러운 관계를 유지였으며, 유럽에서 박해받고 있었던 많은 메노나이트와 아미쉬들을 초청하기도 하였다. 따라서 오늘날 미국과 캐나다의 메노나이트들과 아미쉬들의 성장 배경에는 이러한 Penn의 노력이 중대한 모멘텀이 된 것이라고 할 수 있다.

Penn의 이러한 노력은 의회의 결의에 의해 추진되었는데, 당시에 의회를 구성하던 주된 세력은 퀘이커교도들이 아니라 장로교와 독일계 경건주의자(German Pietist) 출신이 대부분이어서 시작은

• William Penn (1644–1718)

어려움이 없지 않았다. 하지만, 점차 퀘이커교도들의 증가와 더불어, 퀘이커교도들의 경제적 위치가 상승됨과 동시에 원주민과의 관계 등이 고려되어 그동안 기피하던 퀘이커교도들의 의회 진출이 점차 늘어나게 된 것도 Penn에게는 큰 행운이었다. Penn의 웅대한 실험은 영국과 미국을 잇는 범대서양 종교집단을 안착시키는 시도인 동시에 앞으로 다가올 새로운 나라인 미합중국 건립의 기초를 이루는 중요한 계기를 만들게 된 것이다.

실제로 필라델피아에서 작성된 미국 독립 선언문이나, 각종 법률적 기초는 이미 Penn이 기초한 많은 입법 정신에 기초한 것이고 미국 최초의 근대 도서관 건립 등 Penn의 후계자들이 추진한 각종 문화 학술활동은 건국 초기 미국의 정신적 주춧돌이 되었으며, 추후 노예해방을 추진한 배경에도 Pennsylvania의 퀘이커들의 강력한 노력이 있었다는 사실은 역사에 널리 알려진 사실이다.

결론적으로 말한다면 Penn의 웅대한 실험은 성스러운 종교적 실험이었을 뿐만 아니라 유토피아적 사회, 경제적 실험을 위한 과감한 시도였으며, 오늘의 미 합중국의 건국 정신의 기초를 이루는 위대한 실험이었다고 평가된다.

한편 Penn의 성스러운 실험 이후 퀘이커리즘은 사회 참여는 미국뿐 아니라 세계적으로 확대되어 종교사에 보기 드문 유익한 성과를 가져왔다. 이하에서 우리는 퀘이커리즘이 국내외적 일로 각종 사회 문제와 어떤 관련을 가지고 대처해 왔는가를 간단히 살펴보기로 하자.

아래 [표 - 16]에 잘 나타나 있듯이 퀘이커리즘이 사회 문제와 관련을 맺기 시작한 것은 1688년 Pennsylvania 월례모임(Germantown Meeting으로 알려진 모임)에서 최초로 노예제 반대를 결의하여 1758년 Philadelphia 퀘이커들은 스스로 노예소유를 금하는 결의를 한 이후로 퀘이커리즘은 각종 전쟁구호활동과 인권 운동, 환경 운동, 성 소수자 운동, 빈민 교육활동 등 수 많은 사회봉사 활동을 국내외적으로 전개하였다. 그 결과 종교 단체로서 최초로 노벨 평화상을 수상하는가 하면 UN 산하 자문기관으로 UN에 상주 사무실을 둔 채 적극적으로 국제 구호와 평화운동, 인권 운동 등에 참여하여 오늘에 이르고 있다.

[표 - 16] 퀘이커리즘의 주요활동 연표: 1688년 이후

연도	주요활동	비고
1688	Pennsylvania 월레모임(Germantown Meeting으로 알려진 모임)에서 노예제 반대 결의	사회 문제에 개입 시작
1758	Philadelphia 퀘이커 Member들의 노예소유 금지 결의	
1796	영국에서 최초의 근대적 정신병원(York Retreat) 설립	정신병을 질병으로 인식하고 사회적 주의를 환기시킴
1817	미국에서 최초의 근대적 정신병원(Friends Asylum) 설립	
1821	Benjamin Lundy가 노예제 반대 정기잡지(The Genius of Universal Emancipation)를 간행	
1808, 1833	미국에서는 1808년 노예무역이 금지됨. 1833년 영국 식민지 내 노예해방	
1846 -1863	1846년, Levi Coffin이 오하이오 주 신시내티에 정착하여 소위 The underground Railroad의 President가 됨 (1840-60년이 "Undeground Railroad가 최고조에 달함. 그리고 마침내 1863년 노예해방이 선언됨)	
1846 -1847	Quaker famine relief in Ireland	1846년 Ireland의 감자 기근 발생. 해외 구호 활동 개시
1848	Lucretia Mott가 the first women's right convention을 조직함(Seneca Falls, New York이 중심이 됨)	여성 지위향상을 위한 사회적 관심을 높임
1862	미국 퀘이커들이 해방된 노예를 위한 구제 사업과 교육 사업 개시	미국의 흑인 노예 출신을 위한 사회활동 개시
1813 -1845	Elizabeth Fry(1780-1845)는 1813년부터 죽는 날까지 Newgate Gaol 지역과 기타지역의 죄수들과 그 가족을 돌봄. 죄수에게 옷을 만들어 입히는가 하면, 죄수의 어린아이들을 맡아 교육하는 동시에 극형에 대한 반대 운동을 전개하고, 출감 후 보호 제도를 주장하기도 하였음	미국 내 구치소와 감옥 생활 개선에 관한 여론 환기. 사형 제도 반대 표명. 범죄에 대한 사회적 책임을 환기함
1869	1869년, 미국 퀘이커들은 Native American agencies를 감독하는 책임을 맡음. Nebraska, Kansas, and Indian territories에서 Palestine 선교 및 그곳의 Ramallah 지역에 여자학교 설립을 도움	미국 내 원주민 돕기 시작
1870 -1871	the Franco-Prussian War 시기에 구제 사업(Relief work) 착수	최초의 해외 전쟁 구호사업
1914	영국 퀘이커 'War Victims Relief Committee' 설립. 세계 제1차 대전에서 부상 당한 민간인과 군인을 치료에 도움을 주기 위해 Friends Ambulance Unit 설립	

연도	주요활동	비고
1919 -1924	퀘이커교도인 Herbert Hoover(대통령)의 요청에 의해 독일 어린이를 위한 급식프로그램을 맡음. 후에 Poland, Russia, 다른 유럽 국가로 확대됨	
1937 -1946	퀘이커 war relief in Europe and Asia	
1937 -1939	FWCC(Pennsylvania Friends World Committee for Consultation)창립(1937) 스페인 내전에서 Non-partisan Quaker relief work	
1942 -현재	대규모로 세계 자선 기관 설립에 참여함	Oxfam, Amnesty International, Green Peace.
1947	1947년 영국과 미국의 Friends에게 공동 노벨 평화상 수여. 전쟁 피해자들을 구제한 공로	퀘이커리즘의 국제 평화운동의 결실
1947 -현재	QPSW: Quaker Peace and Social Witness와 AFSC: American Friends Service Committee의 활동, 평화교육, 갈등 전환과 조정, 지역과 전 지구적 정의 회복. 관심 분야, 주택, 감옥, 교육, 환경. UK와 Ireland, Israel과 Palestine에서 더불어 살아가기 운동을 초 교파적으로 펼침	QPSW는 Friends Service Council의 개칭
1948	FWCC: Friends World Committee for Consultation 이 UN 경제사회 이사회(UN Economic and Social Council)의 자문기관이 됨. UN 내 사무실 운영(New York과 Geneva)하여 인권, 평화 및 군축, 난민, 세계 경제 이슈 등을 위해 일함	최초로 UN 자문기관이 되어 UN 행정에 참여
1963	영국 퀘이커 소그룹이 『Towards a Quaker View of Sex』 출판, Sex에 대한 편견에 반대하는 견해를 표명	최초로 성 소수자들에 대한 사회적 관심 표명

* 출처: Dandelion, Pink(2007), pp.250-255에서 작성.

표에서 보듯이 이들이 참여한 분야는 지역적으로 국내는 물론 전 지구적 문제까지 걸쳐있다. 즉 노예제 폐지, 원주민 돕기뿐만 아니라, 평화와 군축, 환경 해외전쟁구호 활동 난민 문제 등 국제 구호활동, 초 교파적 국제자선운동 등 마치 UN 기구의 활동 범위와 같은 수준으로 광범위하게 미치고 있다. 분야별로도 보다 구체적인 프로그램이 작동하고 있는데, 정신병을 심각한 사회 문제로 인식하여 최초의 근대적 정신병원을 설립했다든지, 최초로 성 소수자 문제의 개선을 위한 노력을 기울였다는 점, 여성지위향상과 사형제 폐지와 감옥제도 개선을 위한 집요한 노력을 기울였다는 점은 높게 평가할 만하다. 표에서 누락되었지만 이들이 세운 도서관과 유수의 대학교 설립은 미국 교육분야에도 획기적인 공헌을 하였으며, 그들이 수행한 비즈니스 모델은 자본주의 경쟁사회의 한계를 개선시키는 중요한 계기가 되기도 하였다. 우리는 이점들은 이어지는 별도의 지면에서 보다 자세히 살펴보기로 하자.

6. 퀘이커리즘의 비즈니스 모델과 학교교육

1) 비즈니스 모델

초창기 퀘이커교도들의 생업은 주로 상업으로부터 출발했다고 알려져 있다. 그들이 상업을 택한 이유는 메노나이트 부류의 경우와는 달리 George Fox 등 많은 초창기 지도자들이 여행 사목(Traveling Ministry)을 정착시켜 지역 간 정보 파악에 유리했을 뿐만 아니라, 종교 탄압의 결과 그들이 전문직이나 고등교육에 접근성이 차단되어 있었기 때문이었다.

그들의 사업은 거의 모두 성공적이었는데, 그 성공의 배경에는 대중들이 그들의 철저한 정직성과 근면성을 높이 평가하여 큰 호감으로 반응했던 것이다. 예를 들면 식민지 시절 미국의 Pennsylvania에서의 상품의 가격은 퀘이커교도들이 정한 고정가격이 표준가격이 되었는가 하면 원주민과의 교역에서 퀘이커교도의 입회가 필수 요건으로 되는 때가 있을 정도였다. 그들의 비즈니스 성공에 대한 수 많은 예가 세상에 널리 알려져 있다. 금융 분야에 영국의 두 거대 은행인 Barclays와 Lloyds(현재 HSBC의 전신)가 그들이 세운 은행들이었으며, Huntley and Palmer, Reckitt and Cleman, Macy's, Strawbridge and Clothier, Clarks Shoes 등 많은 식품회사와 의류회사들이 퀘이커리즘의 뿌리와 배경을 갖고 있다. 영국의 유명한 초콜릿 회사들인 Cadburys, Frys, Rowntrees도 퀘이커리즘의 비즈니스를 상징적으로 표현하는 대표적 기업으로 알려져 있기도 하다. 또한, 제조업 분야에도 한때 영국 산업의 필수 부분이었던 철강산업의 선두주자였던 Darby가의 Coalbrookdale(The Darby family of Coalbrookdale)도 산업 분야의 퀘이커교도의 비중을 보여주는 좋은 사례가 될 수 있다. 특히 이 회사는 3세대에 걸쳐서 이룩한 괄목할 만한 혁신과 영국에서 처음으로 노동과정에 교대작업방식(Shift system)을 도입한 부분은 경제 경영학 분야의 획기적인 사건으로 알려져 있기도 하다. 또한, 퀘이커교도는 영국 철도시스템 개발에도 공헌하였으며, Pease가문(The family of Pease)은 비즈니스의 거물로서 지역 미식축구클럽(Darlington Football club)을 창단하고 지금도 'The Quakers'라는 로고를 사용하고 있다.

그러나 20세기에 들어와 퀘이커교도들이 운영하는 많은 비즈니스 수는 급격히 감소하고 말았다. 산업자본가로서 퀘이커교도들의 쇠퇴 원인에 관한 연구는 별도의 검토가 필요하겠지만, 주요 원인 중 하나는 퀘이커교도들이 공장 수준에서 이른바 '공국(Commonwealth)' 시스템을 도입한 것이 될 수 있다는 주장이 있다.[122] 이 시스템은 모든 작업운영이 의사결정과정은 물론 경영의 결과 생기는 이윤을 모두 나누는 방식인데, 이것은 기업윤리와 아이디어 측면에서 높이 평가되는 긍정적인 측면이 없는 것은 아니지만, 경영과정과 실천과정에서의 비효율을 각오해야 하는 단점이 있는 시스템이다. 윤리성과 공정성보다는 생산성과 효율성을 절대화하는 다른 산업자본가들과 경쟁하는 데는 불리한 측면이 많은 시스템이라고 할 수 있다.

---

122) Dandeloin, Pink(2007), p.79.

쾌이커 비즈니스 모델은 한마디로 표현한다면 협동을 추구하는 경영방식이다. 노동조합과 고객을 성가신 존재들로 보는 것이 아니라 소중한 파트너로 인식하는 경영방식이다. 노동조합은 경영자가 책임지고 협업해야 하는 동지적 관계이고, 고객은 섬기고 봉사해야 할 대상이 된다고 보는 것이다. 지금도 활동하고 있는 The Philadephia Quartz Company라는 쾌이커교도 회사는 1833년 설립 후부터 회사 내 위계 구조를 없애고 평등구조를 확보하기 위해 고위 경영진부터 하급 고용인에 이르기까지 모두 이름 대신 이니셜로 부르고 있는가 하면, 지위에 상관없이 모두 같은 상여금을 지급한다고 한다. 또한, 퇴직 후를 대비해 정부 연금제도와는 별도의 회사 내 연금제도를 운영한다고 알려져 있다. 그렇다고 기업혁신을 등한시하는 것이 아니라 끊임없이 보다 더 효율적인 경영방식을 모색한다고 알려져 있는데, 이것은 쾌이커교도들이 인간성의 완전성에 대한 낙관적 태도를 견지하기 때문이다.

이론적으로 볼 때, 이러한 쾌이커 비즈니스 모델은 모순이 없어 보인다. 종업원을 공정하게 대우하면 충성도를 높이고, 고객에게 고품질과 양질의 서비스를 제공한다면 더 많은 고객을 확보하고 그만큼 이윤의 양과 증가 속도는 높아질 것이기 때문이다. 그러나 현실의 경영경제 상황은 가끔 이런 이론을 배반하고 많은 선량한 기업들이 항상 성공하지는 않는다. 이것은 경기적 요인이거나 산업의 사이클, 소비자들의 기호 변화, 기업 간 치열한 경쟁과 획기적 기술 혁신 등이 계속 기업의 성장에 큰 애로가 될 수 있기 때문이다.

또한 현대인들의 소비 행태는 과거와는 달리 전자 상거래와 우편판매 등에 점점 의존하면서, 판매자와 소비자 간의 인적 교류가 과거와 같지 않기 때문에 고객의 입장에서는 기업윤리를 앞세우는

착한 기업의 제품에 대한 선호도가 점차 희미해지고, 기업으로서는 섬길 대상으로서의 고객층은 점차 엷어져 간다고 볼 수 있다.

그러나 아무리 외부적 환경이 급변한다 하더라도 고객과 종업원을 위하는 그래서 결국 공동체에 봉사하는 기업경영의 요체는 변화하는 것이 아니기 때문에 퀘이커교도들이 경영하는 기업에 대한 종업원 및 고객들의 충성도는 매우 높고 불변이고 그만큼 안정성이 유지되고 있다.

2) 학교 교육

교육은 개인과 사회의 장래를 결정짓는 과정이자 기회이기 때문에 좋은 학교와 좋은 교육은 개인과 사회의 재생산에 가장 중요한 요소 중 하나일 것이다. 모든 퀘이커학교에서는 한 주에 한 번씩 의무적으로 퀘이커 Meeting을 갖도록 되어있다. 교수(교사)와 학생들이 모두 모여 약 40분간 침묵예배를 보는 동안 각자는 깊고 고요한 내부의 목소리를 듣게 된다고 한다. 이 예배시간은 모든 배움의 시작으로 간주하며, 학생을 위한 위로와 힘의 원천이 되도록 유도한다고 한다. 물론 이런 예배 형식은 다른 일반 퀘이커 meeting과 별 차이가 없지만, 학교라는 울타리 안에 일어나는 학구적, 사회적 이슈가 표현될 수 있다는 점만 다를 뿐이다.

두 번째 특징은 모든 학년에 걸쳐서 학생들은 공동체 봉사에 참여하고 있다는 점이다. 현재는 북미의 모든 학교에서 거의 일반적으로 실시하는 제도가 되었지만, 사회봉사는 퀘이커 학교의 도덕교육의 주춧돌이 되어있다. 타인을 돕는다는 것, 자기와 다른 삶과 환경으로부터 배우는 것은 경험 교육을 강조하는 퀘이커리즘에서 결코 소홀히 다룰 수 없는 그야말로 주춧돌 역할을 담당하고 있는 것이다.

세 번째로 퀘이커 학교는 사립이기 때문에 공교육의 관료주의와 획일성에서 벗어나, 보다 자유롭고 유연성 있는 교육을 실천하고 있다고 한다. 퀘이커 교육의 목표가 더 나은 인간교육이므로, 개인별 확신을 기초로 하여 생각을 명료하게 하고, 단호하게 행동하도록 완전한 역량을 키우도록 유도한다고 한다. 따라서 교실 안에서 다양한 아이디어가 활발히 개진될 수 있도록 유능한 교사를 초빙한다고 알려져 있다. 많은 공립학교의 교사들은 엄격한 교과운영 속에 독립성이 확보되지 않지만, 퀘이커 학교의 교사들은 개인별 열정을 표현할 수 있도록 자율권을 주고 있다고 한다. 즉 교사들은 코스 주제 안에서 자율적으로 무엇을 가르칠지, 어떤 접근법을 택할지, 가장 최선의 방법으로 어떻게 창의적인 에너지를 사용할지를 결정한다고 한다.

마지막으로 퀘이커리즘에서 강조하는 것은 가정교육이다. 퀘이커 학교 교육은 단지 배움의 시작일 뿐이며 그들은 가정의 식탁에서 아버지와 어머니와의 일상의 대화에서도 교육이 시행되어야 한다고 보고 있다. 왜냐하면, 가정은 또 다른 학교이며, 아버지와 어머니 그리고 가족 구성원은 아이들이 만나는 첫 번째 선생님들이기 때문이다.

7. 과제와 전망

이상에서 우리가 살펴본 퀘이커리즘은 종교사적으로 문화 인류사적으로 괄목할 만한 업적을 성취한 유력한 기독교 종파로서 시대적 소명을 다 하면서, 특정 시대와 함께 사회적 진화를 이룩했다는 점을 강조했었다. 이제 우리는 여러 가지 측면의 퀘이커리즘을 일정한 범주로 종합하여 평가하고, 이 종파가 가진 한계와 함께 향후 전망을 살펴보는 순서가 남은 것 같다. 여러 범주 중에 가장 필자의 관심을 끄는 분야는 하나의 혁신 사상으로서 퀘이커리즘을 어떻게 위치시켜보느냐 하는 문제이다. 필자가 정리하고자 하는 사상체계로서 퀘이커리즘은 다음과 같은 중요한 특징을 실현해 낸 기독 종파로 파악하고 싶다.

- 첫째, 퀘이커리즘은 경험주의나 체험 위주의 신앙체계를 확립하였다.
- 둘째, 기층 교단에서 절대시하는 교리를 갖지 않고, 교인들의 상대적 자율적 교리를 인정한 최초의 종파라고 보인다.
- 셋째, 일상화된 종교의식과 인습을 혁파한 유력한 종파이다.
- 넷째는 세속적인 것과 성스러움을 융합시킨 공적이 있다.
- 다섯째, 동양의 선 사상과 기독교를 융합시킨 최초의 시도였다.
- 여섯째, 자본주의 정신에 혁신을 가져다주는 데 일조하였다.
- 마지막으로 기독종교의 민주화와 평등화를 이룩하였다.

유의할 점은 상기 열거한 항목들은 각기 독립적으로 존재하는 것이 아니라, 서로 병렬적으로 유기체적 연관을 맺고 있기 때문에 항목별로 따로 떼어 설명하기보다는 하나의 조합으로 설명하는 것이 보다 합당할 것으로 보인다.

전술한 바와 같이 퀘이커리즘은 미국 사회건설에 막대한 영향을 미쳤다. 일찍이 노예제도를 반대하고, 종교적 박해를 받고 있었던 메노나이트와 아미쉬를 환영하였으며, 원주민과도 평화스러운 관계를 유지하였다. Richard Nixon(비록 오명으로 미팅에 참석하지는 않았다고 하지만)과 Herbert Hoover 대통령을 배출했으며, Haverford, Earlham, Swarthmore 등과 같은 유명 퀘이커 대학들을 세웠고, Cornell, Johns Hopkins, BrynMawr 같은 명문 대학교들도 개인 차원의 퀘이커들 힘으로 설립되었다. 이것은 사업에 종사하는 퀘이커들이 퀘이커리즘의 소박성을 그대로 실천하려는 의지의 표현으로 나타난 것이다. 그들은 필요 이상의 이익을 추구하기보다는 학교나 병원 등에 기부하는 한편 종업원들의 복지와 후생에 특별한 관심을 표현한다고 알려져 있다. 이것은 그들의 소박성과 함께, 인간의 완전성을 믿는 퀘이커리즘의 정신과 관련이 있다고 보인다.

퀘이커교도가 운영하는 회사에는 노사 갈등이 거의 없으며, 장기간 휴가제도로도 유명하다고 한다. 인간의 평등성을 가장 기본 원칙으로 하는 퀘이커리즘에 당연한 조치라는 것이다. 퀘이커 경영자들은 회사 경영에 노조 결성을 필수로 여기며, 노조와의 관계를 그들의 미팅 진행에서 확인되는 합의 방식을 그대로 적용하고자 한다고 알려져 있다.

그들은 영국에서 최초로 정신병원을 설립하여 주술치료 수준이 보편화 되어 있던 당시의 영국사회에 정신질환을 개인 문제가 아닌 중요한 사회로 접근했으며, 최근 2009년에는 영국 Friends가 선구적으로 인권적 차원에서 동성혼에 찬성하기도 하였다. 동시에 그들은 현재 제네바와 뉴욕에 있는 UN에 영구 사무소를 가지고 있으면서, 평화운동, 무기거래반대, 기후 변화 문제에 지속적인 관심을 쏟고 있다. 또한, 그들은 국제 연대로 통한 국제구호활동과 교육활동은 물론 국지적 사회문제나 갈등에 관여하여 그 해결과 개선에 노력하고 있다. 비록 현대에 와서 초기 퀘이커리즘은 내부 분화를 겪으면서 많은 변화를 경험하였지만, 퀘이커리즘의 기본 정신은 그대로 남아 있다.

이상과 같이 긍정적으로 퀘이커리즘을 정리한다 하더라도 향후 퀘이커리즘 앞에는 다음과 같은 다수의 난제들이 남아 있다. 첫째, 퀘이커리즘의 핵심 내지 특성이 대내적 및 대외적 요인들로 위협받고 있다. 특히 다른 기독교 종파 특히 복음주의파들과의 관련성이 깊어지면서 내부적으로 타협점이 점점 멀어져 이들 간의 입장 차이 조정이 관건이 되고 있는 것이다. 이러한 내부 분열은 긴 역사를 가지고 진행되었으며 주로 사회경제적 요인인 외부 요인과 퀘이커리즘의 핵심을 둘러싼 내부 논쟁에서 비롯되었다. 본문에서 살펴본 대로 일찍이 18세기 등장한 새로운 퀘이커 신학, 즉 경건주의의 등장으로 초기 퀘이커리즘은 심각한 내부 조정을 불가피하게 하였다. 즉 이들의 최초의 입장이었던 하나님과 동업자 관계가 내부적 한계로 무너지자 동업자가 아닌 죄인으로 하나님을 두려워해야 하는 존재로 규정되었고 죄의 온상인 세상과 구별된 삶(자신의 내면과 외부 삶이 모두 세상과 구별되어야 함)이 강조되었다. 이들의 믿음체계는 과거처럼 하나님을 직접 모시고 사는 하나님과 일치를 이루는 관계가 아니라 완전한 하나님과 이기적 자아(인간적 감정과 동기에 사로잡혀 죄를 범하기 쉬운 존재) 사이를 고민해야 하는 이원론적 믿음체계로 전환되었다. 이 단계의 퀘이커리즘은 자신마저도 신뢰할 수 없기 때문에 겸손과 근면하게 온 마음을 다하여, 내부로 오는 그리스도의 빛을 기다리는 존재가 되었다. 요컨대 퀘이커리즘은 경건주의 영향을 받아 하나님에 이르는 새로운 경로, 즉 세상을 멀리하고 이기심을 버리는 과정이 강조된 것이다. 이런 맥락으로 볼 때 이들은 내부로 오는 그리스도의 빛을 모시는 일 이외에는 재세례운동의 전통을 이은 메노나이트와 그 친척들과 같은 맥락에 서 있게 된 것이다.

두 번째 이슈는 리더십이 취약한 퀘이커리즘이 어떻게 내부적으로 제기된 문제들을 해결하느냐 하는 점이다. 다른 종파와 같이 주교(Bishop)제도와 제직자들 간에 위계질서가 없는 퀘이커리즘은 대외 환경과 여건의 변화에 따른 예배 관습과 관행의 변화 요구를 어떻게 수용하느냐 하는 문제는 큰 난관이 될 수 있다. 예를 들어 유급 목사제도를 도입할 것인가? 성경에 규정되어 있는 여성의 역할을 어떻게 (재)해석하여 적용할 것인가? 퀘이커리즘의 핵심인 묵상예배에서 빛으로 오시는 예수의 현현을 어떻게 감지하며 느낄 것인가? 등에서 학식 있는 신도와 그렇지 못한 신도들 간에 생기는 필연적인 불평등한 인식 차이를 어떻게 평등하게 나눌 수 있을 것인가 하는 문제는 쉽게 해결할 성질은 아니다.

셋째로, 성경해석의 통일성 확보도 퀘이커리즘의 핵심 이슈가 될 수 있다. George Fox나 Margaret Fell 등의 초기 설립자들은 모든 교회생활에 여성을 차별 없이 참여시키는 것으로 되었지만, 일부의 신학자들은 성서 구절을 이용하여 여성의 사목 참여를 제한해야 한다고 주장한다. 심지어 원죄설을 인정하지 않으며, 예수의 죽음을 해석하는 경우에도 일부 분파는 인간의 죄를 대신한 구속사업이라고 보지 않고 위대한 순교자의 형태로 해석하는 등 기독교의 주류적 입장과 큰 차이를 보인다.

마지막으로 성경의 지위와 권위에 대한 교단 차원의 합의를 어떻게 이끌어내느냐가 큰 이슈가 될 수 있다. 성경 지위에 대한 Orthodox의 견해는 최종 권위로서 존재하지만, 진보주자들의 견해는 이와 다르게 묵상예배 중에 오시는 빛의 예수를 개인적으로 체험하여 알게 되는 것이 최종적으로 도덕적 권위를 지니게 된다. 전자가 소명 받은 목회자가 이끄는 교회 중시 사목을 지향하는 것이라면 후자는 전문 목회자가 아닌 전 교인들이 사목 사업에 참여하는 (빛으로 오는) 예수 중심 사목 지향 경향이라고 볼 수 있을 것이다. 퀘이커의 오랜 전통은 물론 후자를 중시하고 있다. 묵상 중에 내부로 오는 그리스도의 빛을 받아들이는 의식은 형식상 불교의 참선 방편과 궤를 같이하는 것으로 타자를 통한 예수의 영접이 아니라 자아 성찰을 통한 예수 영접이라는 측면에서 보다 직접적이고, 주체적이고, 직접 성령과 교통하는 훌륭한 방편임에는 틀림없다. 하지만, 개인 체험이 성경의 내용과 달라지거나 해석상 어려움이 존재할 때 어느 것을 우선시하느냐 하는 어려움은 쉽게 해소될 성질이 아니다. 향후의 퀘이커리즘은 이러한 중요한 이슈들을 어떻게 극복해 나가느냐에 따라 그 구체적 모습을 드러낼 것이다.

제4부

북미 비주류
기독교 공동체 사회 운동의 귀결

이념적 측면

　지금까지 우리는 메노나이트, 아미쉬, 후터파, 퀘이커들에 대한 여러 현황과 그들의 믿음, 그리고 신념의 체계를 기독교역사 맥락에서 간단한 추이를 살펴보았다. 본문에서 살펴본 대로 메노나이트와 아미쉬, 그리고 후터파는 사실 모두 성격이 다르고, 발전형태도 차이가 나지만 그들은 모두 재세례운동의 정신을 기본으로 하고 있기 때문에 친척관계라고 볼 수 있으며, 출발을 약간 달리하는 퀘이커들도 메노나이트와 아미쉬, 그리고 후터파들과 정신적 뿌리를 같이하는 이웃사촌으로 간주할 수 있다. 퀘이커교도들은 메노나이트와 그 친척들을 북미로 초대한 일등 공신이고, 국가와의 관계를 경원시한다는 공통점, 전문 목회자를 두지 않는다는 점, 인습적 위계를 거부한다는 점, 무엇보다 무저항 평화를 지향하는 종교개혁집단이라는 점에서 많은 공통점을 가지고 있기 때문이다. 또한, 이들은 모두 기성 교단인 신교와 구교의 무자비한 박해를 받아온 공통점이 있다. 주류 기성 교단들이 이들을 탄압했던 이유는 형식적으로는 그들의 믿음이 이단적이라는 것인데, 내용으로 들어가면 성경의 가르침에 따른 어쩔 수 없는 방책이라기보다는 오히려 세속적인 동기에서 출발했다는 점을 부인하기 어렵다. 예컨대, 교리 해석을 독점하려는 특권의식, 교단의 기득권 유지 차원이 그것이다.

우선 교리적 차원에서 그들은 다른 주류 기독교 종파들과 크게 다르지 않고, 동일한 성경을 사용하며, 찬송가도 많은 부분 공유하고 있다. 그러나 성경을 해석하는 부분과 그것을 실천하는 방식은 다른 기성 기독교 종파들과는 분명한 차이가 있고 이것은 곧 이들의 공통적인 특색이 되었다. 큰 줄기로 이들이 공유하고 있는 사상적 특징 내지, 이념적 공통점은 다음과 같이 정리할 수 있다.

첫째, 평화주의 사상이다. 이들은 정부와 교회(교단)의 폭력, 온갖 사회적 폭력을 반대하며, 전쟁과 폭력을 제도적으로 해결하려는 법정 다툼을 거부한다. 혹 있을지도 모르는 폭력적 사건을 예방하는 차원에서 어떤 맹세나 선서도 거부한다. 폭력에 저항하기 위해 무기를 가지는 것도 거부하며, 정부의 권위를 받아들이기는 하지만 소극적이고 선별적으로 정부와 협력한다. 그룹마다 차이가 있지만, 정부 관리가 되거나, 정부의 사회보장제도에 대한 참가도 거부하거나 선별적이다. 또한, 이들의 평화주의는 물신 사상의 거부로 확산되어 나왔다. 비록 퀘이커의 경우는 다르지만, 기타 집단들은 모두 기계 사용 및 물질문명의 사용은 선별적으로 받아들이되, 반드시 공동체의 이익에 부합하도록 하고 물질문명이 인간성을 지배하는 것이 아니라 인간성이 물질문명을 통제하는 길을 선택하고 있다. 그들은 물질문명 중심사회는 공동체에 파괴적 요인이자, 개인에게는 무차별하고 잔혹한 경쟁을 만들어 내는 폭력성을 가지고 있다고 믿기 때문이다.

둘째, Plain 사상 내지 평민 사상이다. 그들은 전문가의 교리 해석을 믿지 않는다. 왜냐하면, 전문가의 권위가 오용되어 공동체 내부에 신분상 위계를 만들 수 있고 마땅히 가져야 할 형제 자매애를 저해할 수 있기 때문이다. 따라서 교회(혹은 집회)의 지도자는 있지만, 보수를 지급하는 교직자층이 없으며 설교자도 투표나 제비뽑기를 통하거나 혹은 퀘이커교도들에게 볼 수 있듯이 누구나 설교자가 될 수 있다. Plain 사상 내지 평민 사상은 그들의 교육체제에도 내재하고 있다. 퀘이커교도가 약간의 예외적이지만 이들을 제외한 모든 집단에서 학교 교육은 8학년 혹은 12학년으로 끝이 난다. 교육이 고등화할수록 교만이 싹트고, 학식의 높낮음이 권력으로 연결되는 기제를 차단하고 있다. 이것이 비록 반지성주의가 되는 한이 있더라도, 공동체 구성원에게 더 필요한 것은 학식보다는 겸손과 자기 포기(Gelassenheit)가 핵심이 된 Plain 사상이다.

셋째, 평등주의이다. 세상의 인습과 제도는 인간을 결코 평등하게 대하지 않는다, 그러나 그들의 신념체계는 하나님 앞에서 누구나 죄인으로 평등하며, 하나님의 자녀로 평등하다는 정신이 일관되게 관철되고 있다. 위계와 경쟁으로 무장된 세상은 인간을 불평등하게 몰아가기 때문에 개인주의를 배격하고 공동체 내의 구성원은 신앙적으로 그리고 사회경제적으로 모두 평등해야 한다. 우리는 이것을 후터파 공동체 검토에서 자세히 검토하였다. 후터파 믿음에 의할 때 사유재산 제도는 죄의 온상이며, 하나님 나라의 본질에서 멀어진 제도임을 살펴보았다. 또한, 퀘이커교에서도 그들이 성 소수자나 여성에 대한 차별 금지, 전쟁 혹은 분쟁지역에서 피해자들과 소외집단을 돕는 것을 의무화했던 것을 살펴보았다. 또한, 이러한 정신은 평등한 인간 사회를 만들고자 하는 그들의 노력이었지만, 결과적으로 구성원의 참여의욕을 높이고 자발적 협동심을 고취시키는 효과를 가져오기도 한다.

마지막으로 이들은 분권형 공동체 문화 주의와 나눔 정신을 채택하고 있다. 이들은 모두 그들에게 규율을 강제하는 중앙조직이 아예 없다. 그렇다고 그들이 공동체 조직이 방만하게 운영되거나 개인들이 개인주의를 추구하지도 않는다. 교회 구성원들은 모두 서로를 잘 알고 있으며 서로 공동체 문화를 나누고 살아간다. 이들의 나눔 정신은 공동체 내부 멤버에게만 아니라 외부인들과의 관계에서도 조건 없이 실시되고 있다. 메노나이트, 아미쉬들의 Barn Raising, 퀘이커들의 수많은 외부 자선, 구호, 교육 활동 등이 대표적인 사례로 볼 수 있겠다. 만약 구성원들 중에 공동체 규약을 어길 경우, 파문, 의절, 대면기피을 단행하여 공동체를 보호하고 있다.

이상과 같은 점들을 종합하면 북미의 기독교 공동체 집단들과 그 이웃 친지들은 모두 재세례파와 초기기독교 정신인 공동체 정신을 기반으로 하고 있다는 점을 확인할 수 있다. 잘 알려져 있듯 이 초기 기독교 공동체의 지향은 곧 현실 사회를 부정하고 예수가 천명했던 하나님 나라 즉 유토피아로 들어가는 것이다. 즉 본문에서 검토한 북미 기독교 공동체들이 인식한 예수의 메시지는 인간 사회의 문제들을 인간의 구체적 행위, 즉 하나님 사랑과 이웃 사랑을 통하여 해결하도록 명령했다고 믿는 것이다. 이런 맥락에서 북미 기독교 공동체는 유토피안 사상과 이념을 실천하고 있는 공동생활체인 것이다.

II 주요 한계들과 외부세계에 미친 영향

재세례파들과 그 후예들은 태생적으로 기층 교단과 지배계층이 세워 놓은 인습과 전통에 회의를 품고 더 나은 사회 모습을 모색하고자 출발하였지만, 대중들의 무관심과 기득권층으로부터 가해진 혹독한 박해와 핍박에서 모진 고생을 감내해야 했다. 즉, 기성 교단의 유아세례 관행을 거부하는 것으로 출발한 개혁 운동이 무저항 평화운동으로, 정부와 종교의 분리 운동으로, 소수민족 공동체 문화 운동으로, 크리스천 공산주의(Christian communalism)로, 현대 물질문명을 기피하고 소박한 삶을 실천하는 운동으로, 평신도 사제직 운동 등으로 자신들의 정체성을 확립해 나갔다. 그들은 교회를 성직자의 영적 리더십에 맡긴다든지, 정치와 결탁한 외형적 교회 성장을 추구한다든지, 십일조를 내고, 유아세례를 통해 교세를 재생산하는 것에 반대하며, 공관 복음서를 근간으로 한 성서주의 믿음과 실천을 강조하여 그리스도교의 개혁과 혁신운동을 전개하였다.

그러나 이들이 이룩한 종교 개혁 운동의 여정은 혹독한 박해 과정 속에서 수많은 종파 분열로 연결되었다. 같은 뿌리에서 나온 재세례파들도 탄압국면이 완화되자 사소한 차이로 분열되어, 서로 소원한 사이가 되었고, 공통점보다는 차별성으로 그들 간의 소통은 소멸되었다. 대표적인 경우로서 메노나이트들에서 아미쉬가 분열된 것이라든지 후터파 그룹에서 Schmiedeleute 간의 분열 모습은 세속 집단에서 흔히 일어나는 세력다툼과 별로 차이가 나지 않는다. 또한, 퀘이커교도 간의 분열도 교세가 확장되고 신도 수가 증가하면서 생기는 리더십의 분열이 더 큰 원인이 되었다. 이들의 분파 분열의 모습은 다른 기독교 집단의 수많은 분열과 크게 다르지 않고 출신 배경의 차이, 문화적 배경 차이 등이 동인이 된 세속적 권력투쟁의 모습을 보여주고 있다. 일단 분열된 각 집단이 다시 통합의 길을 모색하는 경우는 거의 보이지 않기 때문에 이들은 분산된 형태로 그러나 많은 부분 공유된 가치를 추구하는 독특한 기독교 공동체 문화로 존속해 나갈 것으로 전망된다.

한편 이들의 믿음은 결과적으로 낡은 교회주의와 인습에 젖은 기성 교단을 공격하는 것이었으며, 기성 교단은 이들과의 대결국면에서 일정한 영향을 받지 않을 수 없었다. 실제로 가톨릭의 반종교개혁운동이 치열하게 진행된 배경에는 재세례파들의 공세에 적극적으로 대응할 필요가 있었기 때문이었다. 말하자면 이들의 믿음은 의도와는 다르게 주류 기독교 집단의 개혁에 일정한 공헌을 한 셈이다.

이들은 모두 지독한 탄압국면에서 박해자들과 무력 대결을 회피하고 각국을 떠돌아다니며 소극적이나마 예수의 가르침을 전파하였고, 동시에 박해를 피해 정착했던 유럽 여러 지역에 그들의 뛰어난 장인 솜씨를 전수하는 한편, 러시안 메노나이트의 경우에서 볼 수 있듯이 국제 지역 개발에도 참여하였다. 또한, 아미쉬 사회와 미국지역 사회의 관계에서 드러났듯이 이들의 공동체 생활이 미디어 혹은 관광 산업화되어 지역사회 경제 발전에 큰 도움을 주기도 하였다. 또한, 그들의 전쟁 반대와 평화주의 노선은 전쟁의 광기를 누그러뜨리는 기능도 담당하였다. 이런 영향들은 수동적이거나 소극적 영향이라고 볼 수 있는데, 이것은 메노나이트와 아미시, 그리고 후터파들이 은둔 공동체 성격을 가지고 있었기 때문이었다.

그러나 퀘이커교도들의 경우 참여형이나 봉사 공동체 성격이 매우 강하여 해당 지역사회는 물론 국제적인 영향을 미처 왔음을 확인할 수 있었다. 특히 국제평화운동, 환경운동에 적극적으로 참여했을 뿐만 아니라, 기업경영의 혁신에도 큰 업적을 남겼다. 소위 협동을 추구하는 경영방식인 퀘이커 비즈니스 모델은 기업경영모델로서 가장 진보적인 형태로서 학계와 산업계에 큰 영향을 주었다. 즉, 이 모델은 노동조합과 고객을 성가신 존재들로 보는 것이 아니라 소중한 파트너로 인식하는 경영방식이며, 노동조합은 경영자가 책임지고 협업해야 하는 동지적 관계이고, 고객은 섬기고 봉사해야 할 대상이 된다고 보는 것 등은 시대를 넘어 현재에도 기업경영의 귀감이 될 만한 훌륭한 모델이다.

분야별로 본 교파 간 특징

  앞에서 살펴본 논점들은 모두 재세례파 후손들과 그 이웃사촌들이 공유하는 이념은 무엇이었으며, 그 실천과정에서 공통적으로 직면했던 현실적 한계들은 어떤 것인지 그리고, 이들이 주류 사회와 교단에 어떤 영향을 주었는지를 간단히 살펴보았다. 큰 시각으로 보면 이들은 모두 재세례파들의 전통과 그들의 신념을 공유하는 집단이며 형식교리보다는 실천성 내지 실용성을 중시하고, 기독교의 원류를 찾아 초기 기독교 정신으로 돌아가자는 공통적 지향점을 확인할 수 있었다. 그러나 좀 더 자세히 들어가면 두 부류 간에는 최종 지향점에서 중요한 차별성을 확인할 수 있다.

  본문에서 살펴본 전자(메노나이트나 아미쉬, 혹은 후터파들)의 지향은 비록 정도의 차이는 있지만, 강력한 크리스천 공동체로 뭉쳐서 심판의 날이 오기까지 세상과 떨어져 그리고 세상의 물질문명과 적당한 거리를 두고 이 세상을 살아가자는 것이고, 후자인 Friends 경우는 비록 느슨한 형태의 공동체로 살아가지만, 이 세상과 더불어 하나님과의 직접적인 관계를 가져서 이 세상을 개선하며 더불어 살아가자는 것이다.

  또한, 필자의 생각으로는 전자 그룹은 기성 주류 기독교층에서 가해진 핍박 속에 소극적 대응 내지 국외이주 형태로 적응하고 진화한 그룹이라면, 후자인 Friends 그룹은 주류 세력의 갖은 박해와 고난 속에서도 능동적으로 대응하고 정주 형태로 활발한 대사회관계를 형성해온 그룹으로 보인다. 그 결과 전자는 마치 유랑민같이 세계 여러 곳을 떠돌다가 북미에 정착했지만, 그들의 일부는 다시 북미에서 멕시코로 멕시코에서 파라과이로 이어지는 유랑형(Normad형) 성질은 현재에도 계속되고 있다. 물론 이들은 집단 거류지로 이주해 갔기 때문에 문화적으로 그리고 인종적으로 돈독한 결속력이 공동체의 안정성을 가져 왔다. 이에 반하여, 후자는 국제 이주가 아닌 정주 형태에서 분야별로 주류 사회와 타협을 모색하면서 자신의 정체성을 유지하려고 하였다. 그 결과 이들은 전자에 비해 주류 사회의 영향을 더 받게 되었고, 많은 부분 복음파 기성 교단에로 흡수 발전하는 모습을 보이고 있다.

하지만 그렇다고 그들 모두가 초기 기독교 정신으로만 머무는 것으로 보는 것은 사실과 다르다. 즉 그들은 곧 닥쳐올 예수의 재림을 기다리며 현세를 정리해 가며 사는 것이 아니라, 전자는 현세를 중간단계의 말세로 인식하여 현재의 공동체 생활을 견고히 하는 토대 위에 대사회운동(구제운동)에 참여하고 있지만, 후자는 아예 심판이니 말세 개념이 없는 실용성 위주의 신앙체계, 인간성의 존귀성을 강조하는 새로운 신앙체계를 확립함으로써 초기 기독교 정신보다 사회 참여 지향성이 더 높다.

즉 퀘이커리즘의 사회 참여는 강력하면서 효과적으로 작용하여 인류사의 큰 진보를 이루어서 국가 단위에서나 국제 사회 발전에 큰 공헌을 한 점은 높게 평가할 수 있는 점이다. 환언하면 퀘이커 교도들이 보는 세상관은 매우 실용적이고 현실적이다. 그들에게 크리스천의 사회봉사는 선택 사항이 아니고 의무 사항이라는 것이다. 이것은 마치 우리가 남의 것을 사용할 때 반드시 사용료를 지급해야 하는 당연한 의무가 있는 것처럼, 현세에 우리가 누리는 물질문명, 그것을 이루려고 헌신한 각 구성원들에게 의무적으로 봉사라는 대가를 지급해야 한다는 신념이다. 초기 퀘이커 정신은 현재 많이 수정되었지만, 애초부터 평신도의 사제직 역할이 강조되었고, 그들의 사회봉사는 지도자가 주선하는 헌금 위주의 사회봉사가 아니라, 교인들의 헌신 위주였다. 물질 봉사를 봉사로 인식하는 현금의 한국 교계와는 애초부터 차이가 있었다.

공동체 생활의 철저함과 치밀함을 말할 때 후터파들의 공동체 생활을 빼놓을 수 없을 것이다. 그들은 현존하는 신정모델의 대표적인 경우로서 종교가 공동체 생활의 거의 모든 것을 통제하는 구조로 되어있다. Colony 안의 정치와 경제가 집단 구성원 전체의 종교적 규범으로 엄격하게 작동하고 문화와 교육이 공동체의 재생산을 위해 잘 정비되어있다. Old Order Mennonite 그룹이 다른 복음주의 개신교 측의 영향을 받거나 현대 자본주의 시장 경제체제나 개인주의 중심의 세속 교회화로 변모하여 다양한 발전과 진화를 모색하는 것에 비해 후터파 공동체는 지리적으로 고립된 위치에서 모든 생산 수단과 생산과정이 공동체 소유와 통제로 되어 있기 때문에 외부 환경적 영향을 덜 받게 되어있고, 공동체를 떠나서는 개인적 경제생활이 원천적으로 봉쇄된 구조이므로 앞으로도 후터파 공동체의 성격을 당분간 유지될 것으로 보인다. 공동체의 내부 결속력으로 볼 때, 후터파가 가장 강하며, 퀘이커교도가 가장 유연하며 그 중간에 Old Order Amish, Old Order Mennonite 순으로 파악할 수 있을 것이다.

같은 맥락으로 초기교회 정신과 기독교의 순수성 유지를 기준으로 본다면 가장 급진적 그룹은 후터파들이고, 그 다음이 Old Order Amish, Old Order Mennonite 그리고 퀘이커 순으로 정리할 수 있을 것이고, 기독교의 사회적 실천으로 볼 때는 역의 순서로 이해할 수 있지 않을까 생각해본다.

문명의 이기들을 사용하는 정도에 따라 구분한다면 기술과 문명의 이기를 가장 기피하는 첫째 그룹은 Old Order Amish, Old Order Mennonite이며, 기타 아미쉬 그룹과 기타 메노나이트 그룹이 중간그룹, 후터파와 퀘이커교도들은 기술사용에 큰 거부감을 느끼지 않고 있다. 이미 살펴본 대로 기술사용에 가장 민감하게 대하는 그룹은 Old Order Amish인데, 그들은 그 흔한 집 전화와 휴대전화를 사용하지 않으며 전화로 생기는 편리함보다는 전화통화로 야기되는 부작용과 불편함을 고려하고 있는 듯하다. 필자가 아는 아미쉬는 표정도 읽을 수 없는 전화통화는 부정확할 뿐 아니라, 비용도 많이 들고, 특히 부녀들 간에 만들어질지도 모르는 뒷공론을 아예 없앨 수 있으니 좋지 않으냐고 싱긋 웃는다. 그들은 심지어 현대 문명을 성능을 일부러 저하시켜 현대 문명을 선별적으로 수용하고 있다. 그 흔한 자동차를 왜 갖지 않는가 하는 질문에도 비슷한 대답이 나오는데, 비싼 자동차를 사면, 구매 즉시 헐값이 되고 유지비도 만만치 않은 데 반하여 말을 사서 몰고 다니면, 연료비 걱정도 없고, 새끼까지 얻어 돈을 벌 수도 있으니 왜 자동차를 갖고 고생하느냐 하는 식이다. 내 이웃의 Old Order Mennonite은 집에 TV set은 물론 인터넷, 심지어 라디오조차도 없고, 자동차가 없으니 운전면허증도 없다. 유선전화는 있지만, 휴대전화는 갖지 않고, 그러나 농사에 필요한 트랙터와 부속 장착물, 로터틸러(Rototiller-땅을 잘게 갈아엎고 부드럽게 만드는 작은 기계), 그리고 체인톱, 스노우 블로우 등 농사에 필요한 기계와 기구는 잘 갖추고 있다. 그들의 창고에 가보면 마치 무슨 작은 공장에 온 것 같은 착각이 들 정도로 각종 부분품과 부속품과 도구들로 가득 차 있어 웬만한 고장은 직접 손보고 있다. 대중매체의 선전성과 컴퓨터와 휴대전화 등 각종 전자기기가 쏟아내는 엄청난 소음 공해와 폭력성에 무방비로 노출된 한국의 기독교 가정과는 별개의 세상이다.

아미쉬나 메노나이트 들의 독특한 가정교육은 엄격하다. 자녀들은 부모를 도와 집안일을 도맡아 하는가 하면, 세 살배기 어린 여자아이가 갓 태어난 어린 동생을 돌보는 것을 당연하게 여기는 것을 필자는 목격하였다. 또한, 필자에게 뚜렷한 인상을 남기고 있는 것은 동절기를 제외하고는 어린아이들이 맨발로 온 집안과 들판을 뛰어다니며 놀이 및 일을 하는 점이다. 엄마가 손수 지어 만든 옷을 입고 자기들만의 독특한 수제모자를 쓴 남자아이는 누가 시킨 것도 아닌데, 거의 온종일 열심히 일하는 아버지를 따라 다니며, 은연중에 학습하고 있다. 비록 미성년이지만 그들의 자녀들은 집안일을 거들고, 배우며 때로는 직접 용돈을 벌기 위해 인근 노동현장에 투입되기도 한다. 한국의 기독교계 가정교육과 학교 교육제도와는 극명하게 대비되는 점이다.

정부와의 관련성에 대하여, 극히 보수적인 집단은 정부의 의료보험제도에 참여하지도 않고, 연금보험 수령도 거부하므로 자연히 그들이 납부하는 세금은 재산세와 약간의 조정된 소득세만을 내고 있을 뿐이다. 만약 그들이 사고로 입원하거나 혹은 통원 치료를 받을 경우 교회 모금을 통해 자금을 조달하고 부족한 부분은 가족과 친지의 도움을 받는다고 하는데, 이 부분은 점차 완화되어 연금제도는 거부하지만, 의료보험제도는 수용하는 입장으로 선회하고 있다.

부모 부양관계도 한국과 차이가 있다. 한국의 경우 전통적으로 장자 상속권을 인정한 적이 있고 풍속적으로 연로한 부모를 돌보는 일이 장자의 역할이 된 적이 있었지만, 부모 부양에 대한 그들의 전통은 한국의 경우와 반대방향이다. 이들은 장자를 가장 먼저 분가해 보내고, 노후에 노동력을 상실하고 부양대상이 되면 전통적으로 막내아들에게 집과 농장을 물려주고 자신은 아내와 함께, Doddy House라는 별채(Addition)를 만들어 붙이고 살림을 차려나간다. 더 많은 수발이 필요한 경우 자녀들이 번갈아 보살펴 주는데, 주로 마지막으로 농장을 물려받은 막내아들 내외가 주선하는 경우가 보편적이다.

그들에게 일요일은 그 어느 날보다도 중요한 날이라고 할 수 있다. 일요일은 그들에게 안식일이자, 가정의 날 혹은 공동체 구성원들의 사교를 도모하는 날이기 때문이다. 그러나 그들 간에도 일요일을 보내는 방식에는 약간의 차별성이 있다. 먼저 후터파들은 필요한 경우 공동체의 유익을 위해 구성원이 동의하는 경우 일요일 노동도 가능하지만, 아미쉬, 메노나이트 그룹에서는 금기시된다. 그들은 철저히 주일을 지켜, 예배를 보며, 교우와 또는 가족 간 친목을 도모하는 일로 하루를 보낸다. 또한, 격주로 이웃 교회를 방문하여 같이 예배를 보고 난 후 친한 사람들끼리 맛있는 저녁을 같이하고 환담하고 사교와 정보 교류의 시간을 갖는다. 이런 회합은 교회 간 교통을 빈번하게 하여 일체감과 연대감을 만들어 내고, 보다 즐거운 사교 모임을 만들기도 하는데, 이때, 주로 남자들과 여자들은 다른 주제로 달리 모임을 가지며, 남자들은 주로 농사 이야기, 세상 이야기 등을 하는데, 술도 가락도 악기도 없고 보니 외부인이 보기엔 따분한 모임일 수 있겠다. 부인들의 경우 옷 재단과 새로운 옷감에 관한 이야기, 가축과 아이들 이야기 등이 있고, 젊은이들은 배구, 동절기엔 하키 경기, 이따금 반주 없이 부르는 찬송제창이 큰 재미를 준다고 한다. 여름철 일요일엔 가끔 가족과 친지들이 농장에 모여 바비큐 파티도 심심찮게 하고 있다. 요컨대 일요일엔 일체 생업과 관련된 노동을 하지 않고 예배와 가족 시간과 이웃과 친교 시간으로 보내는 것이다.

어려운 이웃을 서로 돕는 일은 그들의 의무이다. 후터파들의 후생제도는 전적으로 공동체 책임이고, 퀘이커교도의 경우 대부분 국가의 후생제도에 의존하거나 개인 차원으로 되어있지만 아미쉬와 메노나이트들은 교우들 간의 협조로 이루어진다. 예를 들면 중병이 걸려 치료에 많은 돈이 필요한 경우 교회에서 염출하고 모자란 돈은 가족과 개인이 감당하여 공동체와 가족이 공동 부담하는 체제이고, 산후 조리를 위해 이웃 소녀들이 House maid로 가사 실습 기간을 갖는다(친지든 아니든 추후 약간의 보수를 지급한다).

그들의 협업상태는 그들이 종사하는 생업의 형태와 관련이 있지만 대개 농업이 주종인 후터파들의 협업 형태가 가장 강력하고 가장 느슨한 협업 형태는 퀘이커들이다. 그 중간에 Old Order Amish, Old Order Mennonite 순으로 협업 강도가 나타나고 있다. 아미쉬와 메노나이트들이 농사일을 할 때 농기구를 개별적으로 빌려 쓰기도 하지만, 추수 때와 같이 많은 일손이 필요한 경우 집단적으로 협동하기도 한다. 기계 사용과 노임 정산은 추수가 끝나고 농사철이 다 끝난 뒤에 한꺼번에 처리한다.

마지막으로 현재 메노나이트들과 그 친척과 이웃들이 직면한 가장 포괄적인 이슈라고 할 수 있는 공동체주의와 개인주의와의 관계에 대해 살펴볼 필요가 있다. 이들이 모두 경험한 박해 기간에는 그들의 공동체주의는 견고하게 유지되었으나, 외부로부터 오는 긴장 국면이 사라지고 또한 외부 산업사회 발전의 영향이 심화되면서 각 그룹 내부에 심각한 내부 분열이 일어났고, 동시에 공동체 구원신앙이 아닌 개인주의적 복음주의가 상당한 세력을 얻어 내부의 분열 및 새로운 분파의 탄생으로 발전되었다. 이런 경향은 퀘이커교도의 경우 가장 두드러지게 나타났으며, 개인주의를 견제하고 공동체주의를 지켜낸 순서는 후터파와 Older Order Amish, Old Order Mennonite 정도이고, 나머지 분파들은 정도에 따라 개인주의적 경향을 받아들이면서 분화 발전을 이룩하였다.

이런 분화 발전은 산업사회의 진전으로 공동체주의가 외부세계와 관련을 맺어감에 따라 자연스럽게 형성된 추이라고 할 수 있다. 문제는 이 부분이 메노나이트와 그 친척들의 정체성을 심각하게 위협하는 요소가 될 수 있다는 점이다. 개인주의는 자본주의 핵심으로 계급에 따라 이해관계를 달리하는 이데올로기이므로 구성원의 평등을 강조하는 공동체주의와 조응하기 힘든 개념이다. 따라서 오늘날 개인주의를 받아들인 각 분파들은 그 정도에 따라 복음주의 교회로 발전할 가능성이 그만큼 높다고 볼 수 있으며 보수적인 메노나이트와 그 친척과의 관계도 더 멀어질 것이다.

　한국의 기독교 공동체는 아직 확실한 기반을 갖지 못하고 있다. 남원의 동광원을 비롯해 전국에 소수의 기독교 공동체가 있기는 하지만 아직은 초기 단계의 은둔 공동체 성격에서 벗어나지 못하여 사회조직으로서의 영향력은 극히 미미하다.

　메노나이트들과 그 친척과 이웃들의 삶이 한국 기독교 일반에게 주는 첫 번째 시사점은 그들이 평등한 공동체를 운영한다는 점이다. 그들은 교회의 관료화를 배격하고 교회 지도자를 신학교 출신이 아닌 평범하고 소박한 교육을 받은 평신도 중에서 선출하여 평등한 종교공동체를 지향하고 있다. 하나님 앞에 모든 인간은 모두 (죄인의 신분으로) 평등하며 영성적 깨달음에 시차가 있을 뿐 학식이나 교단의 권위로 신도의 위계적 위치를 설정할 수 없다고 보는 것이다. 이것을 필자는 평민 사상으로 부르고 싶다. 즉 메노나이트, 아미쉬에게도 Bishop, Minister, Deacan 같은 지도자조직은 있지만, 그들은 정기 급여를 받는 위치는 아니고 각자 생업과 직업에 종사하면서 공동체 교회 일을 돕는 그야말로 회중 리더의 위치에 있을 뿐이다. 또한 후터파 공동체의 Minister는 목회자이자 사업장 감독자이지만 평생 판공비나 보수를 받는 경우는 없다. 초기 퀘이커리즘도 원래부터 각 개인이 하나님과 직접 교류하는 것을 모토로 하기 때문에 목회자의 역할이 매우 제한적이거나 아예 없다. 이런 점들은 목회자 중심으로 운영되는 한국 주류 기독교단의 운영체제와 극명한 차이를 나타내는 포인트이다. 유교의 전통을 간직한 채 관료화와 엘리트 중심의 교회 운영으로 굳어가는 한국 기독교 교단은 이들의 평민 사상을 참고할 필요가 있다.

둘째, 그들은 지속적인 외부의 박해에도 불구하고 무폭력 평화주의 원칙을 고수하고 있다는 점이다. 그들은 메노나이트와 그 친척들처럼 전쟁과 폭력을 반대하여 징집거부는 물론 조직에 맹서하는 일을 거부하여 군인, 경찰, 그리고 공무원의 길을 터부시하고 있다. 메노나이트와 아미쉬, 후터파 사회에서 드러나듯이, 그들은 공동체 문제를 외부세상의 법원으로 끌고 가는 것은 극히 보기 드문 일이다. 그들은 자신들의 공동체에 관한 일을 세상의 인습과 제도에 맡기는 것을 터부시하고 있는 것이다. 각종 비리와 분쟁들의 해결을 거의 모두 세속법에 의존하는 현재 한국 기성 기독교 교단의 형태와는 차이가 있다.

셋째, 그들은 소박과 검소를 생활화하고 있는 사람들이다. 학교 교육을 통한 경력 혹은 신분 상승에 흥미를 두지 않기에 대부분 보통교육으로 혹은 자신들이 세운 학교 교육으로 교육 과정을 마치고 생업 현장으로 돌아간다고 한다. 그들은 자신들과 같은 종족적 뿌리와 문화를 공유하는 측으로부터 모진 박해를 당하였고, 당시로는 최고의 학식과 덕성을 갖춘 성직자나 관리로부터(소위 배운 사람들로부터) 재판장에 세워져 갖은 처벌을 감당해야 했다. 따라서 그들이 보는 공권력이나 고등교육은 다른 사람을 해칠 수 있는 잠재적 위험을 장착하고 있다고 보는 것이다. 오늘날 자본주의 현대 고등교육은 온갖 세속적 욕구를 충족시키기 위한 수단이며 분화된 직종들에 최적화된 인간의 유형을 만들어 계층과 계급으로 안착시키는 기능을 한다고 그들은 보고 있는 것이다. 즉 그들이 암묵적으로 보는 세속의 교육제도는 소위 하나님 나라의 실현에 방해물이라고 보는 것이다. 한국교육은 '대기만성'이라는 속담에도 있듯이 욕심을 담는 그릇을 더 크게 그리고 견고히 만드는 제도로 굳어져 왔다. 그릇과 그릇이 좁은 공간에서 함께 부딪치고 있으니 어찌 소리가 나지 않을 것이며 더러는 깨어지고 기능과 존재마저 없어져 버리는 결과를 피할 수 있을 것인가? 한국의 종교계가 만든 학교들마저도 그들 본연의 가치 지향을 잃어버린 교육을 고집하고 있으니, 실로 안타까운 일이라 아니할 수 없겠다.

마지막으로 그들의 믿음 생활과 구체적 생활 특히 경제활동 간의 관계도 성서의 공관 복음들을 중심으로 확대 해석 없이 문자 그대로 성경 말씀을 따라 생활하려고 노력해 왔다. 비록 각 분파에 따라 경제활동의 참여 범위에 차이가 있지만, 공동체와 크리스천 형제애를 실천하기 위해서 자신의 노동력을 무료로 제공하기도 하고 이웃을 위해 꾸준히 헌금하는 데는 모두의 공통점이 있다. 세상이 교회를 걱정하는 현금의 한국 기독교 교단의 현주소와는 큰 차이를 보이는 점이다.

결론적으로 필자는 지금까지 메노나이트들과 그들의 이웃 사촌 격인 퀘이커들의 여정과 현주소를 살펴보면서 그들이 추구하는 것은 유토피아적 크리스천 공동체 평화주의 운동이라는 큰 그림으로 이해하게 되었다. 즉, 각 그룹은 크리스천 초기 교회가 지향했던 정신을 이어받고 예수가 선포했던 하나님 나라를 구현하는 방향으로 평화주의 신앙운동을 실천해온 것으로 볼 수 있다. 이런 필자의 이해가 가능한 이유는 그들이 내세운 신조들이 거의 말세 구원 신앙이라고 할 수 있는 초기 크리스천 정신에 기초한 공동체를 이루어 출발하였고 현재에는 자본주의 물질문명, 과도한 물신주의와 개인주의의 폭력성과 대결하는 가운데 인류애와 평화 구현을 위한 지속적인 노력을 하고 있다고 평가할 수 있기 때문이다.

오늘날 세계는 사회주의가 거의 사라지고 오직 폭력적인 자본주의 유일 체제하에 살고 있는데, 주지하다시피 이러한 현대 자본주의 체제의 폭력적 성격을 용인하고 그 체제 속에 적응력을 키워온 것이 주류 크리스천 이데올로기라고 볼 수 있을 것이다. 즉 오늘날 대부분의 주류 크리스천의 이데올로기는 자본주의 기득권층의 이해를 반영하는 형태로 굳어져 초기 기독교 정신과는 다른 형태와 인습으로 굳어져 버렸다. 거칠게 말한다면 종교적 믿음체계가 자본주의 사회구성을 제어하는 것이라기보다는 자본주의 체제가 크리스천 믿음의 인습을 공고히 하는 측면이 강하게 나타났다고 할 수 있다.

따라서 주류 교회와 교단은 자본주의 체제의 승자들과 그 지도자들이 규정하는 인습으로 운영되며 그들이 세운 신학교 출신의 목회자들이 교회 지도자들과 함께 일정한 위계를 세워 견고한 관료주의를 구축해 왔다고 볼 수 있다. 대개의 주류 교단에 존재하는 관료주의는 신앙인으로서의 원칙과 교리에 대한 철저한 성찰에 몰두하기보다는 교단의 규정과 규율에 충성하는 태도를 취하는 것으로서, 그것에 매몰되어 있는 지도자들에게 중요한 것은 오직 교단의 규율과 규칙에 복종하는 일에 관심을 가지는 경향이 있다. 오랜 역사를 가진 가톨릭이나 거대 집단인 개신교 교단의 경우 많은 지도자들이 은연중에 자신들의 체제를 신봉하고 있으며, 그들에게 교단은 그들의 생활공간이며, 교단의 규칙은 합리적이기 때문에 신성하다고 믿고 있다. 극단적인 경우 그들에게 양심이란 그들의 임무를 완수하는 것이며, 인간의 구원이나 극단적인 감정이입과 연민의 대상으로서의 인간은 존재하지 않는다. 그 결과 교단은 국가와 협조적 관계에 있게 되며, 성직은 자본주의 체제에 속한 하나의 직업으로 기능하고, 신도는 헌금으로 신의 축복과 마음의 안정을 구매하는 합리적 거래 형태로 발전해 온 측면이 강하다.

그러나 본문에서 살펴본 대로 메노나이트들과 그 친척들 그리고 이웃들은 자신들을 탄압하는 세력에 타협하지도 않았고, 그렇다고 저항하지도 않으면서, 내부 사회구성의 관료주의적 요소를 차단하여 평신도 사도직으로 중심으로 소규모 분산적 공동체 운영을 하고 있으며, 상업이윤을 추구하지 않으며, 자본주의적 물질문명과 기술이 가진 폭력성과 거리를 두고 이들을 자신의 통제하에 두고자 노력함으로써 크리스천 평화운동을 실천해 왔다고 보아도 좋을 것이다.

한편, 그들의 이러한 노력은 한계에 직면하여 내부적으로 엄청난 분열과 분화를 거쳐 왔으며, 외부적으로 대중들의 따돌림을 당하게 되었다. 비록 미국의 일부 지역에서 대중들의 관심과 흥미가 고조되었지만, 그것은 그들의 믿음과 신조에 매료되는 것이 아니라, 개척 당시의 향수와 대중들의 단순한 호기심이 동기가 된 관광상품일 뿐이다. 내부적 문제로서 아미쉬 젊은이들이 난폭하게 청소년기를 겪어 사회 문제로 비화되는 Rumspringa를 비롯해서, 공동체를 이탈한 사람들이 쏟아내는 에피소드들을 엮어 공동체의 여러 이슈들을 사회문제화하고 있다. 예를 들면, 여성차별, 미성년노동, 가정과 공동체에 존재하는 가부장적 구조 등, 많은 문제들이 수많은 소설로 발표되거나 언론매체를 통해 고발되고 있기도 하다.

현실적으로 메노나이트와 그 친척들과 이웃들은 국가 이데올로기를 받아들일 수밖에 없는 국민으로 존재할 수밖에 없고 일단 세상 법으로 최소한의 의무를 할 수밖에 없기 때문에 과거 징집문제가 대두 되었을 때 대부분 공동체들은 대체 복무의 형태로 적응하였고, 사회 보장제도의 수혜를 거부하면서도 일부 집단에서는 의료 보험제도를 수용하기도 하고, 후터파의 경우 자체학교 교육체계도 12학년까지 연장하여 현대 지식 정보사회에 적응하려는 모습을 갖추기도 하였다. 또한, Old Order Amish인 경우 공동체 외부세계와의 관계나 기술 이용에 있어서도 타협된 관계로 적응해 왔다.

본문에서 검토한 여러 크리스천 공동체들은 모두 북미대륙의 신생국가들에서 사회 종교 문화 창달에 큰 영향을 주고받으며 성장한 공통점이 있으며, 그 이외에도 전쟁거부와 선서 거부 등 평화지향성, 평등을 강조하여 관료주의와 권위주의를 배격하는 점, (유아) 세례, 십일조 같은 주류 교단의 인습을 거부하는 점 등 여러 측면에서 모두 유사한 가치를 공유하고 있지만, 퀘이커들과 메노나이트 그룹 간에는 몇 가지 차이가 있었다. 전자가 도시형 공동체이자 현실 참여형 종교공동체라고 한다면, 후자는 농촌형, 은둔식 종교공동체로서 유토피아적 색채가 강하게 작용하고 있기 때문이다. 하지만 하나님을 직접 체험하려는 퀘이커리즘의 신심이나, 굳건한 문화, 언어 공동체 신앙을 추구하는 메노나이트들의 지향은 예수가 선포했던 '하나님 나라'를 구현하는 정신으로 모두 같은 궤도에 있다고 볼 수 있다.

현존하는 여러 문제들과 한계점들에도 불구하고 메노나이트들과 그 친척들의 크리스천 공동체평화 운동은 당분간 유지될 것이다. 비주류 크리스천운동으로서, 그들은 모두 현존하는 주류 교단에 공격적 성격이 없으며, 세상적인 것에도 적대적인 태도를 취한다고 볼 수 없기 때문에 대외적으로 잠재적인 위험이 있다고 볼 수는 없고, 내부적으로 일단의 사회진화 과정을 통과해서 안정적인 모습을 취하고 있기 때문이다. 향후 잠재적인 변동성은 군사전쟁과 종교전쟁 같은 인류사적 해악에 대하여 공동체 내부적으로 대처하는 소극적 평화주의가 한계를 가지고 있다는 점, 메노나이트들의 상호부조식 공동체 경제체제와 후터파 공동체의 공유경제체제에 대하여 구성원들의 충성도를 유지하는 문제, 상대적으로 열악한 여성과 어린이 지위에 관한 문제, 그들의 내부에 존재하는 공동체 권위주의의 허용 범위 문제, 그들이 선택적으로 취하는 현대기술과 문명의 이기들과 관련된 문제 등을 어떻게 자체적 역량으로 최적화해 나갈 것인가 하는 점이다.

비록 이들의 추구하는 운동들이 크리스천 공동체운동의 완전한 모델이라고 내세울 수는 없겠지만, 적어도 부분적으로 해답을 주고 있다는 점은 확실하다. 에리히 프롬의 말처럼 이들 공동체가 인간의 존엄성을 재천명할 건전성에 이르는 길 가운데 하나[123]일 뿐 아니라, 가톨릭 등 주류 크리스천 교단에 관료주의와 인습을 따르기보다는 복음서의 정신으로 전향해야 한다는 점, 현대 물질문명이라는 새로운 바벨탑을 혁파해야만 하는 대상이라는 것, 고립된 인간 사회의 소외에 대안을 제시하여 선택권을 보여준다는 점, 지방분권적 지역사회 발전의 모델을 보여준다는 점 등에 가능성과 대안을 이끌어내는 데 도움을 주고 있는 것이다. 메노나이트들과 그 친척들이 추구해 온 공동체 발전형태는 그것이 아직 건재하다

---

123) Erich Fromm, The Sane Society(New York, 1955), p.320.

는 것 자체로 인간 능력과 잠재력에 대한 낭만적이고, 낙관적인 비전을 훌륭히 반영하고 있다. 즉 인간은 물질과 이권 추구형 존재일 뿐 아니라, 기꺼이 희생하고, 함께 나누고, 서로의 차이를 극복하고자 노력하고, 전쟁 없이 평화와 사랑 안에서 더불어 살아갈 수 있는 사회적 꿈을 실현해 가는 존재라는 것이다.

부록

Utopianism과 19세기 미국의 유토피아 공동체운동

I Utopianism

Utopia라는 용어를 최초로 만든 사람은 Thomas More(1478-1535)라고 알려져 있다. 그는 1516년 'Utopia'라는 라틴어로 된 소책자를 발표하여 유럽에서 주목을 받았으나, 정작 모국인 영국에서는 소개도 안 될 정도로 관심 밖에 있었다고 한다. 그 뒤 그의 저서는 1551년 More의 사위가 영문으로 번역한 것이 세계 여러 나라로 퍼져 나갔는데, 번역과정에서

• Thomas More(1478-1535)

여러 해석이 보태져서 내용이 복잡하게 되었다고 한다. 그의 절친인 Erasmus(1466/69-1536)의 저작과 마찬가지로 '유토피아'는 전체적으로 연극적인 요소와 풍자적인 요소를 섞어 만든 것으로 당시 가톨릭과 영국 상황(헨리 8세 성공회 출범)에 비판적이고 일종의 도전적인 성격을 내포하고 있었다. 즉 안락사를 옹호하여 가톨릭 가르침과 반대입장을 개진하였고, 유토피아 사회는 헨리 8세 치하의 영국 신민들에게 허용된 것보다 훨씬 나은 삶을 누린다고 묘사

함으로써 일종의 정치적 표현을 한 것으로 볼 수 있다.

Sargent에 의하면(Lyman Tower Sargent, 2010), 16세기 가장 학식 높은 사람들 중에 한 사람인 More가 표현한 유토피아는 세상 어디에도 없는, 존재하지도 않는(그리스어로 ou-topos), 좋은 혹은 행복한 곳(섬, eu-topos)이며, 재산은 공유하고, 황금은 변기제조에 쓰이거나 노예를 묶는 사슬로 쓰일 뿐 모든 것이 무상으로 제공되어 돈이 전혀 필요 없는 사회이다. 그곳에는, 모든 사람은 같은 옷을 입고 같이 식사를 하고, 하나의 언어를 가지고 교통하며, 지식인과 예술인들은 노동에서 자유로운 시간에만 작품 활동을 할 수 있다. 간통죄는 극형에 처하며 이혼은 허용된다. 종교의 자유는 인정하되 무신론자는 멸시를 당한다. 그리고 그곳의 주민들은 10년에 한 번씩 도시를 바꾸어 살게 되는데 일종의 유랑민(Nomad) 요소를 가미하고 있다. 그곳에는 광범위한 평등을 누리는 사회가 존재하는데, 현명한 노인이 조정하는 가부장적이고, 위계화되어 있는 사회구조를 가지고 있다고 되어있다.

사람들은 정치, 경제체제 내의 모든 일, 즉 결혼, 가족, 교육, 식사, 일 등 모든 일상생활에서 어떤 좋은 것, 어떤 좋은 곳에 관해 이야기하고, 마치 그것이 사실인 것처럼 표현하곤 하는데, 이러한 경향은 일상의 변형(transformation)을 꿈꾸는 것이라고 할 수 있다. More는 바로 이러한 변형된 일상사를 보여주는 것 자체가 유토피아의 특징을 보여주는 것이라고 표현하고 있다. 즉 Utopianism은 일상의 변형에 관한 것이다. 그런데, 이러한 변형을 추구하는 이면에는 현실에 대한 불만이 그 출발점이고, 보다 오래가고 더 나은 생활 형태 그리고 사후에도 보다 개량되고 더 나은 삶을 계속하려는 욕구가 있는 가운데(이 경우 사후의 삶이 현세의 삶보다 더 나빠질 가능성에도 괴로워하기도 하면서), 보다 더 나은 그 어떤 상태를 갈구하는 비전을 갖게 된다는 것이다. 여기서 유추할 수 있는 유토피아의 핵심은 현세의 삶에 무엇이 잘못되어 있는가에 대한 인식, 그리고 그것을 개선하기 위해 무엇이 필요한가에 대한 의문, 마지막으로 좋은 그 어떤 곳이 결국 나쁜 그 어떤 것(Dystopia)이 될 수 있다는 의구심으로 둘러싸인 복합체라는 것이다.

이러한 복잡성은 인간이 고도의 인지 능력을 발휘하여 현실의 문제점을 파악해 내고 희망을 걸어 현세보다 더 나은 사회로 나아가고자 할 때 필연적으로 감내해야 할 것들이다. 그러나 정작 중요한 점은 이러한 문제 해결 과정이 또 다른 문제를 발생시키는 딜레마에 빠질 수 있다는 점이다. 이러한 딜레마는 문제를 더욱 복잡하게 만들고 있다. 즉, 유토피아를 꿈꾸고 그것의 건설을 위해 반 유토피아적인 요소를 불가피하게 선택해야 한다면 과연 그러한 Utopianism이 성립될 수 있을 것인가 하는 근본적 물음에 봉착하게 될 것이다. 즉 자유를 제한하여 자유를 성취한다든지, 불평등을 통해 평등을 이룩한다는 모순 관계를 어떻게 극복하느냐 하는 근본적 문제에 봉착하게 되는 것이다.

현대적 시각에서 보면 More가 '유토피아'에서 묘사한 사회는 그리 매력적인 사회는 아니다. 비록 그가 묘사한 사회는 가난한 사람도 없고 부자도 없을 뿐만 아니라(수요억제를 통해 가능한 것으로 보았음), 소박한 삶과 모두가 평등을 누리는 사회(모두가 노동에 참여하는 사회로 설정하였음)이어서 16세기 사람들에는 그의 유토피아가 낙원처럼 보였을지는 모르겠지만, 강력한 권위주의, 위계질서, 가부장적인 구조, 노예제 찬성(16세기 사회규범으로는 경범죄도 사형으로 다스릴 수 있기 때문에 'Utopian'에서 경범죄로 인한 노예제 시행은 보다 인간적인 처벌이라고 함)은 현세의 유토피아 개념과 상반되기 때문이다.

그렇다고 하더라도 당시 유럽의 전제 군주의 압제 치하에서 허용된 대중들의 삶보다는 유토피아에서 묘사된 삶이 훨씬 상위인 것은 분명하다. 비록 엄격한 법이 있어 그 처벌이 가혹하다 하더라도 사회제도가 모두의 평등을 지향하는 제도라는 측면에서 당시의 유럽 대중들에게 매우 인상적인 비전을 제시했다고 볼 수 있을 것이다. 동시에 그가 의도했든 아니든 그의 '유토피아'에는 앞서 언급한 내부 딜레마를 표현하고 있는 점을 유의할 만하다.

사실 '유토피아'라는 용어는 More보다 훨씬 이전에 이미 신화적 형태로 존재해 왔었다. 동양에서는 도원경(Peach Blossom Spring)이나 '생그릴라(Shangrila)', 한국의 '청학동'이 있는가 하면 서양에서는 'Eden', 'Island of the Blest' 등 수많은 유토피아가 존재하였다. 이들은 주로 신화와 설화 속에 나타나고 있는데, 어떤 것들은 유토피아를 긍정형으로 표현하는 가운데, 그곳에서는 인간과 신들과의 관계가 친밀하며 땅에서는 자동적으로 풍부한 먹거리와 생필품들이 넘치며 풍족하다고 묘사하는 반면, 많은 다른 신화와 설화는 유토피아를 부정형으로 표현하여, 현재의 (인간) 문제들을 해결하는 것으로 되어있다. 즉, 야생 동물에 대한 공포가 없고, 인간 갈등이 없으며, 노동할 필요도 없고, 상업도 정부도 필요 없고, 여자들은 출산의 고통이 없고, 출산도 없고 죽음도 없다. 이러한 유토피아의 이중적 성격은 일종의 문학적 장르로 나타나 전자는 판타지로 발전되고 후자는 현실적 문제로 추구되어 유토피아는 인간이 자신의 지성으로 완성해 나가는 것으로 나타나게 되었다.

이러한 고전적 형태의 유토피아 성격은 오늘날에도 그 성격이 변화되지 않고 있다고 볼 수 있다. 기본적으로 유토피아를 둘러싼 서구의 공식적 접근은 그리스 로마 문화 속에 잘 나타나 있는데, 로마 저명한 문필가인 Virgil(70-19 B.C.)이 묘사한 이상향, Arcadia 에서부터, 그리스 문필가 Plutarck(46-120 A.D.)가 스파르타 건국 자인 Lycurgus를 묘사하면서 그가 품었던 이상 사회(노예가 있고 여성은 시민이 아니었지만, 시민이 모두 평등한 사회로서 강력한 군사체제 사회), Plato(428/27-348/47 B.C.)의 이상 국가, The Republic 에 이르기까지 유토피아를 둘러싼 주류적 태도는 전자보다는 후자 쪽으로 많이 치우치게 되었다. 즉 유토피아는 신의 선물로 혹은 자연적 산물로 주어지는 것이 아니라 인간이 창조하는 사회형태로 인식되기 시작한 것이다. More의 'Utopia'도 이러한 유토피아 전통 을 이어받아 사람들에게 희망을 불어넣고, 인간 문제를 인간 스스 로 해결한다는 데 초점을 두고 있다고 평가받고 있다.

그러나 우리가 모두 동의할 수 있듯이 인간이 만든 그 어떤 사 회도 단지 이상적인 것을 추구하는 것일 뿐, 완전하지도 않고, 결 코 이상적인 것이 될 수 없는 다만 근사치에 접근하거나 오히려 그 반대의 결과인 Dystopia를 초래할 수도 있는 것이다. 이러한 인식을 기초로 최초의 Anti-utopian으로 나타난 사람은 그리스 희 극작가, Aristophanes(448-380 B.C.)였다. 그의 논조가 그의 대표 작이라고 할 수 있는 Ecclesiazusea 혹은 Women in Parliament에 잘 나타나 있다고 알려져 있는데, 주요 내용은 한무리의 여성들이 의회 장악에 성공하여 일종의 communism을 실시하는데, 결국 실 패하고 만다는 내용이다. 실패의 원인은 사회형태와 구성이 아니 라 인간 자체가 필요한 만큼의 이타주의(Altruism)를 시현할 능력이 없다는 것이었다. 그에 의하면 인간은 유토피아를 건설할 능력이 부족한 것이다.

비슷한 논리로 Aristotle(384-322 B.C.)도 Plato의 유토피아를 반대하였다. Aristotle이 생각한 최선의 국가는 시민들이 서로를 알고 있고, 마음을 같이 나누는 사회, 작은 인구와 제한된 지역에서 명상하는 사회, 위축되고 고립된 생활이 아닌 사회, 지성적 교류가 있는 사회로 요약할 수 있다(물론 시민들의 완전한 삶을 누리기 위해 비 시민이 천한 일을 해주어야 한다는 전제를 달고 있다). 이러한 유토피아 사상은 과거 19세기 식민지 정책에도 유토피아 사상이 이용되었고, 오늘날 난민과 이민(Immigration), 미국의 The Eco-village Movement, 덴마크의 The Co-housing Movement 등에도 광범위하게 적용되기도 하였지만, 20세기 독일 나치 사회의 실패, 소련의 붕괴, 중국의 체제 변화, 최근 아프가니스탄 탈레반의 활동, 이라크와 시리아 등지에서 자행하는 IS의 테러 행위 등을 통해 그 부정적인 이미지가 더욱 드러나게 되었다.

Utopianism의 전문가들 중 한 사람인 Sargent에 의하면, Utopianism은 세 가지 모습으로 우리에게 나타났는데, 문학적 유토피아(가상적 일상전환이 핵심), 유토피아 실습(Utopian Practice, 사실상의 일상전환임. 나은 사회와 개인 일상전환을 위한 사회적 및 정치적 활동이 핵심), 그리고 유토피아 사회이론(Utopian social theory, Utopianism을 social change를 설명하기 위한 방편으로 사용하는 것이 핵심)이 그것이다.

이들 중 우리의 관심을 끄는 부분은 유토피아 실험실습이라고 할 수 있는 Utopian Practice와 사회분석 이론으로서의 유토피안 사상을 표현하는 유토피아 사회이론이다. 전자의 부류에 드는 형태는 의도적으로 설립한 공동체(intentional communities)로서, Communes, Utopian communities, Utopian experiments, Practical utopian 등으로 나타나고, 후자는 구체적 형태로 Utopia와 Ideology 와의 관계에 주목하는 분석 방식으로 나타났다.

먼저 후자의 경우를 살펴보면 유토피아를 이데올로기와 맞서는 개념으로 출발하고 있다. 즉, 권력자들의 신념과 믿음체계가 ideology라고 한다면 그 체제를 전복하기를 희망하는 사람들의 믿음체계를 유토피아로 규정하는 것이다(Karl Mannheim; new edn. London, Routledge, 1991) 이 개념을 최초로 착안한 Mannheim에 의하면, 이데올로기나 유토피아의 양자의 경우, 이들은 모두 자신의 믿음들이 현실적인 자신들의 입장을 가리고 숨겨 놓고 말았다는 것이다. 즉 이데올로기는 권력자들이 자신들의 입장을 파악하지 못하도록 만들고 있고, 유토피아는 권력 밖에 있는 사람들로 하여금, 체제 변경의 어려움을 인식하지 못하게 만들었으며 양자의 성격으로 인해 신봉자들이 서로 상대방의 장점을 보지 못한다고 주장하였다. 이러한 이데올로기와 유토피아의 상관관계는 Mannheim 이후 개별적으로 분리되어 인식되다가 20세기 들어와 이른바 이데올로기 시대(The age of ideology)에 들어오면서 유토피아는 이데올로기와 대조적 개념으로 혹은 역설적으로 이데올로기와 상호 호환적으로 사용되기도 하였다. 일례로 20세기 가장 중요한 이데올로기 중 하나인 공산주의가 붕괴했을 때 많은 사람들이 그것을 유토피아의 종언으로 표현했던 것이 대표적인 경우라고 할 수 있다.

그러나 유토피아와 이데올로기를 보다 정치한 형태로 분석한 사람은 프랑스 철학자 Paul Ricoeur(1913-2005)였다. 그의 주장에 의하면, 이데올로기와 유토피아는 긍정적인 측면과 부정적인 측면을 모두 가지고 있는데, 이데올로기의 부정적인 측면은 왜곡(distortion)이며, 유토피아의 부정적 측면은 환상(fantasy)이다. 그리고 이데올로기의 두 가지 긍정적 측면은 합법화(legitimation)와 통합화(integration) 혹은 정체성(identity)이며, 유토피아의 긍정적 측면은 권력의 다른 형태 (an alternate form of power) 그리고 가능성 탐색이라고 보았다(Paul Ricoeur, 1986).

Mannheim과 마찬가지로 Ricoeur에게 중요한 점은 이데올로기가 어떻게 퍼져 나가는가, 그리고 그것이 어떻게 내부적으로 승인을 받게 되는가 하는 점이다. 두 사람의 차이는 Manheim은 유토피아가 이데올로기를 교정할 수 있다고 본 반면에 Ricoeur는 유토피아의 기능은 이데올로기를 점차 무너뜨리게 된다고 보고 있다. 오늘날 대부분의 연구자들이 동의하는 것은 유토피아와 이데올로기는 상호 밀접히 연관되어 있으며, 유토피아가 이데올로기가 되는 것도 가능하다고 보고 있다. 다만 이 경우 유토피아가 충분할 정도로 매력적이며 강력한 힘으로 작용할 경우에 한하여 단순한 희망을 신념과 행동으로 변화시켜 마침내 정치 사회 운동으로 변할 수 있게 되는 것이다. 요컨대 유토피아는 이데올로기들이 도전을 받게 되는 경로 내지 방식으로 자리매김할 수 있을 것이다.

이제 마지막으로 남겨 놓은 전자, 곧 의도적으로 설립한 공동체 형태는 인류 조건의 개선을 위한 지상 유토피아의 실험장으로 유토피아 사상의 핵심을 잘 보여주는 조직형태이다. 즉, 유토피아 사상은 그것이 오용되면 위험스러운 사회가 될 가능성이 있고 유토피아 사상을 반대하게 되면 그것은 그 자체로 오류이자 또한 위험한 것이 될 수 있다. 왜냐하면, 유토피아 사상은 인류 조건의 개선을 위해 반드시 필요한 필수 불가결한 요소이기 때문이다. 우리는 이 부분을 후술하는 19세기 미국의 유토피안 공동체에서 좀 더 자세히 검토하기로 하고, 우선 검토의 편의를 위해 여기서는 기본적으로 크리스천 전통 속에서 유토피아 사상이 어떻게 발전되어 나왔는가부터 간략히 살펴보기로 한다.

크리스천 전통에 나타난 유토피아 사상

이 세상 거의 모든 다른 종교와 마찬가지로 기독교에 있어서 유토피아 사상은 중요한 개념이며, 기독교 유토피아 사상은 서구 유토피아 사상의 중심에 서 있다고 할 수 있겠다.

성경은 서구 유토피아 사상의 핵심을 보여주는 것으로 과거의 유토피아인 Eden은 이제는 다시 돌아갈 수 없는 유물이고, 미래의 유토피아는 천국과 지옥으로 나누어져 긍정적 이미지와 부정적 이미지로 양분되어 있거나, 예수 재림이나 천 년 왕국의 도래로 문제 투성이 유토피아로 그려져 있다. 먼저 구약에 묘사되어 있는 Eden은 하나님과 인간의 일치성을 보여주는 유토피아로 그려져 있다. 그곳에는 죽음이 없고, 죄(하나님의 질서 이탈)가 없으며, 야수들에 대한 공포도 없고, 극한의 기후도 없고, 노동의 고통도 없는 오직 풍요와 평화가 가득한 곳으로 설명되고 있다. 그러나 잘 알려져 있듯이 그러한 지상 낙원은 인간의 타락으로 말미암아 더 이상 접근할 수 없는 과거의 것이 되고 말아 우리 인간 세상의 모든 수고와 고통이 따르게 되었다고 구약은 말하고 있다.

즉 인간의 운명은 인간의 불순종으로 인해 하나님과 불일치를 자초하여 원초적으로 죄를 가지게 되었고, 평생 죄의식으로 살아가게 되며, 온갖 수고와 고통을 감내하는 비유토피아적 삶을 살지 않으면 안 되게 되었다고 보고 있다. 따라서 구약의 유토피아 사상은 원죄의 극복 내지, Eden으로의 재회귀로 인식하거나, 혹은 죄를 없애고 새로운 유토피아를 건설하는 것으로 귀결된 것이다. 즉 구약의 유토피아 묘사에는 여러 예언자들이 죄에 빠진 대중들을 질책하거나 보다 나은 것에 대한 희망을 제시하는 과정에서 많이 나타나는데, 대표적으로 인간과 동물 간의 적대감의 소멸(이사야 11:6-8), 보다 나은 삶의 건설을 위한 사원건립과 의식절차묘사 과정과 땅의 분배 등을 언급하거나(Ezekiel 40-48), 7년마다 희년을 제도화하여 노예와 가난한 이들 돕고 공정히 대해 줄 것을 규정하기도 하였다(Leviticus 25, Nehemiah 10:31, Exodus 3:10-12, Deuteronomy 15:1-18).

실제로 이런 고전적인 유토피아의 개념을 구체화한 역사적 사례도 더러 있었는데, 그중에는 St. Brendan's Island(800년경에 쓰여진 'voyage of St. Brendan'에 나타난 섬으로 Brendan과 동료 승려들이 약속된 Saint의 나라인 파라다이스를 찾아 나서는 이야기), The land of Prester John(중세의 신화로서 John Mandeville이 방문한 것으로 기록한 책-The Travels of Sir John Mandeville, 1499-에 있는 내용. Holy Christian ruler인 Prester John이 다스리는 유토피아는 천년 왕국 같은 완전한 유토피아는 아니지만, 그것과 거의 비슷한 유토피아로 묘사됨). 이들은 모두 인간의 타락과 하나님의 저주에 중세의 대응 방식의 일환이라고 볼 수 있다.

또한, 중세에는 가공된 이야기를 좇아 실제 탐험을 통해 지상의 낙원을 확인하려는 사례도 있었다. 18세기 당시에는 Tigris와 Euphrates가 발원하는 Armenia에 지상의 Eden이 존재한다고 믿었는데, 그것에는 크리스천 군주가 다스리는 잊혀진 종족이 사는 평화스러운 나라로 묘사되어 있었다. 실제로 Christpher Columbus (1451-1506) 와 Amerigo Vespucci(1454-1512) 두 사람은 신세계에서 이런 지상 낙원을 발견할 수 있을 것으로 믿었다고 전한다. 또한, 최근에는 구약의 희년 정신을 계승하여 이른바 The Jubilee 2000 Movement 을 실천하여 제3세계의 채무를 탕감하는 운동을 전개하기도 하였다. 요컨대 구약에서 선지자들이 설명하는 유토피아는 하나님이 원하는 삶을 살도록 격려하며 하나님의 법을 준수하는 것, 즉 법이 근간이 된 유토피아이며, 법을 따르지 않으면 피할 수 없는 처벌을 강조하는 것으로 되어있다.

그러나 신약성서에는 구약의 경우와는 다르게, 하나님의 처벌보다는 하나님의 사랑을 강조하는 가운데, 유토피아를 설명하는 점이 특색이 있다. 예수가 직접 선포한 산상복음에는 "아버지께서 완전하신 것과 같이 너희도 완전히 되어라."(마태복음 5:3-11, 5:48) 라고 말한 부분이 있는데, 그것은 이웃과 낯선 이들에게 평등과 용서 그리고 사랑을 실천할 것을 말하며 이것이 곧 그가 선포한 '하나님 나라'의 핵심 주제임을 밝히고 있다. 예수의 하나님 나라는 여러 곳에서 비유적으로 표현되어 있어서 그 실제 모습의 파악이 매우 어려워 여기서 우리는 우선 그의 주제를 파악하는 정도에 그치겠지만, 신약의 요한계시록에는 종말에 관한 내용과 함께 새로운 우주의 창조(요한계시록 21:1-4), 귀금속과 보석으로 만들어진 The New Jerusalem의 묘사(요한계시록 21:18), 구원받은 이들이 재림 예수께 나아간다는 내용(데살로니카전서) 등이 있는데, 이 부분은 구약의 내용을 계승하는 측면이 있다고 한다. 즉 인간은 실제로 Eden에는 돌아갈 수 없다고 해도 대안적 Eden에 갈 수 있다고(만들 수 있다고) 믿었다고 한다(에녹서).

실제 이런 부분들이 17-8세기 유럽의 정치 운동과 영미의 퓨리턴들 그리고 미국 혁명에까지 다양한 형태로 영향을 미쳐 오늘에 이르렀다고 볼 수 있다. 문제는 지상의 파라다이스 개념이 명확하지 않은 것처럼 미래의 유토피아인 천국과 지옥의 형태도 분명치 않은 측면이 있다. 천국은 지상 낙원의 전형적 모습(No need of food, shelter, sex, or work, finally unity of God) 정도이고 성경을 토대로 그린 지옥의 모습은 단테의 신곡에서 묘사된 정도(죄인이 여러 가지 고문, 유황불에 고통받는 것 등)이다. 이 땅에 미래의 유토피아가 시작될 예수 재림의 시기와 구체적 방법도 미지의 세계에 있다.

상기와 같은 성경 속에 나타난 유토피아가 간단하지 않듯이, 오늘날 유토피아 사상에 대한 신학자들의 입장도 통일되지 못하고 유토피아가 이단적이라고 반대하는 입장과 옹호하는 입장이 맞서고 있다. 즉 기독교와 유토피아 개념을 둘러싸고 반대하는 입장은 인간 행위를 통해 하나님의 처벌을 극복하려는 것은 이단적이라는 주장 -Molnar, Thomas(1967). Niebuhr, Reinhold(1996) -이 있고, 예수의 가르침과 사목은 인간 문제를 인간의 행동으로 해결할 수 있을 보여주는 것으로 그만큼 유토피아적이라고 보는 견해 -Tillich, Paul.(1971). -가 서로 상반된 입장을 보이고 있다.

Tillich에 의하면, 우리가 인간이기에 우리는 모두 유토피안이다. 즉 유토피아는 인간 존재에 부정적인 것을 거부하고 인간의 유한성을 극복하는 장치이며 인간의 본질적 요소, 존재에 대한 내부적 목적을 표현한다는 점에서 진리에 나아가는 것이라고 보고 있다. 동시에 그는 아이러니하게도 유토피아가 인간의 유한성과 소외를 망각하며, 또한 유한한 인간이 존재와 비존재를 통합한다는 사실을 망각한다는 사실, 그리고 인간은 여러 존재 조건하에서 자신의 진정한 존재와 항상 동떨어져 있다는 중요한 사실을 망각한다는 측면에서 비진리로 나아가는 것이라는 모순적이고 이중적인 입장을 피력하고 있다.

더 나아가 그는 유토피아 개념은 그것이 인간성에 새로운 가능성을 개진한다는 측면도 있고, 동시에 결과적으로 불가능한 것을 가능한 것으로 제시한다는 측면에서 유익할 수도 있고 무익할 수도 있지만 어쨌든 주어진 것을 변환시킬 수 있다는 측면에서 강력한 힘을 가진다고 보았다. 어쨌든 그의 유토피아에 관한 결론은 유토피아는 항상 존재해 왔지만, 필연적으로 가능성과 불가능성 사이에서 머뭇거리게 되어있다는 것이다.

III 19세기 미국의 유토피아 공동체운동

앞에서 살펴본 유토피아 사회는 공동체의 형태로 구체화되는데, 일반적으로 공동체 사회란 개별인간 중심의 이기심과 탐욕이 없는 사회를 칭하는 용어로 대개 산업사회 이전의 자연채취경제체제 아래 계급 없던 원시 공동체 사회를 그 근원으로 하고 있지만, 경제체제와 역사의 발전 과정에서 공동체 모습은 다르게 발전해 왔다. 즉, 고대 노예제에서는 도시 내 노예소유자들 간에 공동체도 있었고 중세 봉건제 시대에는 여러 형태의 상인, 수공업자들 간의 공동체(길드조직)가 존재했었다. 원시 공동체 사회와 고대와 중세 시대의 공동체 형태의 기본적 차이는 전자가 혈연관계 속에서 계급 없는 집단소유와 평등 분배 형태를 보이는 데 비하여 후자의 경우, 고대 노예제에서는 혈연관계가 아닌 도시 기준으로 노예소유자들의 공동체로 나타났으며, 중세에는 토지를 기반으로 한 농노제 및 봉건적 신분제 아래서 상인과 수공업자들의 공동체가 생기게 된 것이다. 즉 후자의 경우 형식적 평등구조와 집단적 공동규제 같은 요소가 있지만, 기본적으로 사적 점유 원리가 작동되는 공동체라는 점에서 과거 공동체와 큰 차이가 있다. 그 후 산업사회에 들어와 19세기 공동체는 산업사회가 가져온 불안전한 사회구조, 계급 갈등, 권위주의적 체제 아래 경쟁과 착취 등으로 대표되는 자본주의 지배적 문화를 대체하고 새로운 대안적 삶, 그리고 인간의 행동, 동기 및 인간관계에 대한 새로운 사회조직을 갈망하는 운동으로 부각되었다. 적어도 19세기 공동체가 유토피아적 공동체와 동일시되는 이유가 여기에 있다.

우리는 앞서 재세례운동의 전통을 이은 메노나이트와 그 친척이 엄청난 박해와 고난 중에 유토피아를 꿈꾸며 공동체를 유지해온 발자취를 살펴보았으며 특히 퀘이커리즘이 신생국 미국에 유토피아 건설을 위한 일종의 성스러운 실험을 했다는 점을 설명하였다. 그러나 19세기 신생국 미국의 종교 문화에 영향을 준 것은 비단 메노나이트들과 그 친척들뿐만 아니라 동시에 수많은 다른 유토피아 공동체운동이 혼재하고 있었다는 점을 유의할 필요가 있다. 잘 알려져 있듯이 미국은 자유주의 사상과 삼권분립의 기초 아래 지구상에서 최초의 대통령제를 실시한 민주주의 정치선발국이기도 하지만 유럽에서 인정되지 않았던 사상과 종교의 자유를 헌법으로 보장한 최초의 국가이기도 하였다. 즉 19세기 초반의 미국이란 나라는 종교의 자유와 이상적인 사회 즉 유토피아 공동체의 염원이 뿌리내릴 수 있는 비옥한 토양을 마련해 주었다고 할 수 있다. 미국 건설의 정신적 기반이라고 알려져 있는 청교도조차도 매사추세츠만의 거주지(Massachusett Bay Colony)에서 일종의 유토피아 공동체를 운영하였으며, 미국 독립전쟁과 남북전쟁이 발발한 시기(약 1780년에서 1860년까지) 거의 100개 이상의 공동체들이 창설되었다고 한다. 이들은 주로 1840년대와 1860년 사이에 급성장되었는데, 이들 중에는 사회적 경제적 불공평과 모순을 치유하기 위하여 새로운 사회조직을 실험하려는 시도를 하는가 하면 기성

주류 기독교 교단의 관료주의적 폐해를 극복하는 유토피아 기독공
동체를 설립하기도 했지만 거의 단기간에 소멸되고 말았다.[124]

그러나 [표 - 17]에서 볼 수 있듯이 일부 단체들은 상대적으로 성
공을 거두어 적게는 수십 년에서 백 년 이상 존속한 공동체도 있
었다.

[표 - 17] 과거 미국 내 성공한 공동체들

공동체 이름	설립자	존속기간	Member (전승기)	비고
The Shakers	Ann Lee & Joseph Meachem	1787- 2017	6,000 (1830-40)	미국 북동부, 가장 장수 그룹 약 230년.
The Harmony	George Rapp	1804- 1904:100	800 (1811)	독일계. 약 100년 지속. 펜실베니아.
Amana	Society of True Inspiration	1843- 1933	1,800 (1880)	독일계, 약 90년간 지속, 뉴욕주
Zoar	Joseph Bimeler	1817- 1898	500 (1853)	독일계, 81년간 지속. 오하이오주
Snowhill	The Seventh Baptist Church	1800-		침례교파,

---

124) 전자의 예로서는 예컨대, Frances Wright는 해방된 노예들을 위해 'Nashoba'(1825-1828)를 창
설하였으며, 경제적 사회적 불평등구조를 치유하기 위한 공동체인 'New Harmony'(1825-1827:
Robert Owen의 사상에 근거), 'Brook Farm'(1841-1847: 푸리에 사상에 근거), 그리고
'Utopia'(1847-1851:Josiah Warren 사상에 근거하여 노동점수제를 토대로 새로운 통화체계를
시도) 등 수많은 사회주의적 혹은 지성주의적 공동체가 있었지만 몇 년 못 가고 와해되고 말았다.
후자의 예로서는 'Hopedale'(1841-1856: Adin Ballou가 설립한 무저항 기독교 공동체),
'Oberlin'(1833-1841: John Shiphard가 리더였던 기독교 공동체. Oberlin대학교도 설립했음),
'Mormon Order of Enoch'(1831-1834: 몰몬교 집단공동체) 등 많은 종교공동체 조직이 세워져
단기간 운영되다 와해되고 말았다.

		1870		70년간 지속. 펜실베니아
Saint Nazianz	Father Ambrose Ochswald	1854-1896	450 (1866)	가톨릭계, 독일계, 42년간 지속. 위스콘신
Bethel & Aurora	William Keil	1844-1880		36년간 지속. 미주리주
Oneida	John Humphrey Noyes	1848-1881	288 (1880)	33년간 지속. 뉴욕주
Jerusalem	Jemimah Wilkinson	1788-1821	250 (1800)	33년간 지속. 뉴욕주

* 출처: Kanter, Rosabeth Moss(1972), pp.246-247에서 작성

이러한 미국의 공동체 역사는 대강 세 가지 큰 흐름인 (1) 종교·영성적 가치 지향 공동체(1780년대-1845년), (2) 경제·정치적 가치 지향 공동체(1820-1840), (3) 심리적·사회적 가치 지향 공동체(1945-1960)로 정리되고 있다. 첫째 흐름은 종교·영성적 가치 지향 공동체들은 유럽에서 주류 교파들의 박해를 피해 신대륙에서 자신들의 신앙의 자유를 실현하기 위한 공동체로서 세속생활과 구별된 삶과 경건주의추구를 모토로 삼은 단체들을 말한다. 그들은 초기 기독교 교회의 공산주의를 모델로 삼아 집단 내 위계질서를 배격하고 악과 비도덕적 해오로 가득 찬 세상과 거리를 두고 성서 위주의 근본주의적 경건한 생활태도를 주장하였다. 지금은 사라진 Bethel과 Aurora 공동체, Zoar 공동체, Shaker 공동체, Harmony Society, Amana 공동체, Oneida 공동체, Brook Farm 등이 있으며, Hutterian Brethern, Bruderhof도 이 부류에 든다고 볼 수 있다.

두 번째 흐름은 정치 경제적 성격을 가진 공동체로서 소규모 사회주의 유토피아를 지향하는 공동체들이다. 앞의 종교적 유토피아

공동체가 카리스마적 지도자의 존재가 결정적인 역할을 하는 데 비하여 정치 경제적 가치 지향 공동체는 이념과 사상에 의해 창립 된 점이 크게 다른 점이다. 즉, 생산수단을 공동체가 소유하고 정 치적 지배를 공동체가 담당하여 인간을 강제하고 노예화하는 제도 를 대체하는 형태의 공동체들이다. 이 형태를 실험한 공동체로서 는 Robert Owen의 협동조합주의가 기초가 된 New Harmony와 Charles Fourier의 조합주의가 기초가 된 North American Phalanx (1843-1856), Wisconsin Phalanx(1844-1850) 등이 대표적이라고 할 수 있다.

마지막으로 심리적 · 사회적 가치 지향 공동체라 함은 현대 사회 가 만들어 낸 소외와 고독, 고립과 자기 분열적 요소를 극복하여 기본적으로 자기실현 혹은 인격성장을 도모하는 것을 중점 문제로 삼은 공동체를 말한다. 이 공동체 이론적 배경을 제고한 학자들은 Timothy Leary, Abraham Maslow, B.F. Skinner 등이며 이들의 이 론에 힘입어 세운 단체는 Hippie 공동체, Walden Two, Synanon 등이 있다.

이러한 세 가지 큰 흐름에는 기성 질서와 현실 세상을 규정하는 부분에서 모두 공통점이 발견된다. 즉 그들은 현실의 기성 질서와 세상은 죄 많고 정의롭지 못하며 불건전한 사회로 규정하고 거부 하며, 사회제도의 개편을 통한 완전 가능성을 추구하고자 하는 것 이다. 인간과 하나님과의 관계, 인간과 인간관계, 인간 내부의 관 계를 일치시키는 보다 나은 사회, 즉 유토피아 건설을 염원하는 것 이다. 비록 공동체의 기원과 출발이 모두 다르지만 추구하는 지향 점은 모두 유토피아 공동체의 건설인 것이다.

유토피아 공동체의 특징은 조화와 협동 속에서 공리 공생(公利

共生)을 위해 자발적 헌신을 하는 사회이며, 갈등, 경쟁과 착취가 만연하는 불안전한 사회 속에서 본의와 다르게 의무를 강요당하는 사회를 벗어난 이상적인 사회이다. 이곳에서 인간은 하고 싶은 것과 해야 하는 일이 동일하고, 개인의 이익이 집단의 이익과 합치하며, 타인에 대한 책임과 함께 개인의 자유와 성장을 도모하는 이상적인 사회이다. 이러한 유토피아 공동체의 목적은 유의미한 상호 인간관계의 조성과 멤버들에게 정치적, 경제적 및 기타의 혜택을 제공하는 것으로 되어있다.

그러나 이러한 공동체 목적은 자체적으로 여러 가지 모순을 내포하고 있다. 즉 원만한 인간관계를 이루면서 효율성을 확보할 수 없으며, 형제·자매 사랑 정신과 이기심이 작동하는 경제는 혼합될 수 없으며, 개인적 욕망을 충족시키면서 동시에 집단적 선(善)을 지향할 수 없다는 점. 그리고 가치를 표방하고 지향하는 것과 그것을 실천하는 방법이 상호 모순될 수 있다는 점 등이 그것이다. 결국, 자본주의 모순과 권위주의적 통제에서 해방을 목적으로 선택한 유토피아 공동체는 그것의 존속을 위해 결국 권위주의적 체제 설정에 의존하는 역설적 상황을 맞이하게 된 것이다.

앞서 살펴본 수많은 미국의 공동체 해체와 몰락은 이러한 유토피아 공동체의 내부 딜레마를 해소하지 못한 결과라고 할 수 있을 것이다. 이하에서 우리는 편의상 19세기 미국의 주요 공동체들 중 대표 격인 Shaker 공동체와 Synanon 공동체를 중심으로 은둔 공동체(이념형, 내부 질서와 한계를 극단적으로 설정하지 않음)와 봉사 공동체(실천형, 통제된 질서 중시)의 한계를 살펴보고, 그들이 개인의 자유와 집단의 통제, 유연성과 영속성, 다양성과 내적 일치성, 수용성과 배타성 등의 모순들을 어떻게 균형을 잡으려고 노력해 왔는가를 검토해 보기로 하자.

─● Shaker 공동체 - 은둔 공동체의 한계

Shaker 공동체의 공식명칭은 The United Society of Believers in Christ's Second Appearing이며, 1747년 영국의 Bolton에서 열린 퀘이커 미팅에서 분리되어 나온 그룹으로 알려져 있다. Shaker 라는 명칭은 그들이 예배 중 노래와 열 광적인 춤을 통하여 황홀감으로 몸을 떠는 모습에서 유래한 것으로 알려져 있으며, 이들의 초기 지도자 Mother Ann Lee(1736-84)는 비록 문맹자로서 공장 노동자에 불과하였지만, 그녀의 영적 카리스마로 인해 많은 추종자들에게는 재림 예수에 버금가는 위치로 추앙되었다

• Ann Lee(1736-84)

고 알려져 있다. 후에 Joseph Meachem이 공동체를 이끌어 나갔다.

이 단체는 영국 내 퀘이커교도의 배척과 박해를 피해 미국 독립전쟁 당시 단 9명의 멤버들이 미국으로 건너오게 되면서 세력을 확장하여 1787년 최초의 공동체를 설립한 후 번창하게 되었는데, 전승기 때는 6,000명의 회원 수와 22개의 공동체 촌락을 구성하기도 하였다. 이 공동체의 특색은 복음서를 중심으로 한 초기 기독교 생활

을 기준으로 삼기 때문에 프로테스탄트 신학적 도그마와 차이는 없지만 다만 그들의 공동체 생활 방식 특히 예배 양식이 독특하여 주목을 받게 되었다. 그들은 초기 크리스도 교인들처럼 재산을 공유하여 사적 소유를 포기하고, 같은 복식을 하며, 함께 먹고 일하며 동일한 시간표대로 일과를 수행하였다. 특히 평생 독신주의를 고수함으로써 개인의 내적 성적 욕구를 창조적인 영성으로 승화시킬 외부적 출구를 모색하게 되었고 이것이 열광적인 춤과 노래로 나타내 개인의 금욕생활의 어려움을 집단적 환희로 끌어 올리는 의식으로 표현하였다고 한다. 따라서 그들의 영성 생활은 수도원의 음울한 분위기와는 대조적으로 춤과 노래 그리고 다양한 대중 예술로 짜여진 화려한 모습으로 되어있었다. 또한, 18세기부터 그들의 생활 안에는 남녀의 차별이 없고, 하나님을 남성과 여성의 합성 개념으로 파악하는가 하면 인종과 출신의 차별을 금지하고 당시에 엄격했던 노예제를 강력히 비난하는 등 형제·자매적 사랑 추구와 모든 인간의 평등사회 지향을 추구하기도 하였다. 이 모든 요인들과 함께 이러한 그들의 생활 양식은 신도들의 결집과 자발적 참여를 얻어 내는 데 공헌하였다. 독신 생활을 하는 Shaker교도들은 온종일 침묵 속에서 고된 노동을 해야 했는데, 저녁마다 갖는 이런 의식을 통해 그 어느 곳에서도 없었던 신바람 나는 정열을 발산하여 열광에 빠짐으로써 고행과 엑스터시 사이를 오가는 가운데 자기 쇄신의 사이클을 만들어냈다고 한다. 기록에 의하면, 남북전쟁 당시 남쪽과 북쪽의 병사들을 모두 합하여 약 5만 명의 식사를 제공하여 Andrew Jackson 및 Emerson을 비롯해 많은 정치가들과 작가들의 칭송을 받은 것으로 유명하며, 공동체 소유 농장에서 외부 절도와 농작물 탈취가 발생하면, 울타리를 강화하는 것이 아니라, 오히려 울타리를 없애는 대책으로 대응하는 관대함으로 유명세를 얻기도 하였다. 사회범죄라는 문제에 관용 대책으로 대응하는 이러한 그들의 자세뿐만 아니라 그들의 평화 정신과 정직성은 많은 방문자를 끌어들였으며 결과적으로 공동체 경제에 큰 보탬을 주었다. 즉 1905년 New York주 New Lebanon에서 제1차 국제 평화 콘퍼런스를 개최 당시에 세계 50개국 이상이 참가함으로써 UN에 큰 영향을 주었고, 그들의 정직성이 기초가 되어, 종자 산업과 가구 산업 등이 공동체 사업의 번영으로 연결되기도 하였다.

1850년대에 그들의 공동체는 미 동부 전역에 널리 퍼졌으며 공동체 멤버의 수는 6,000명에 이르는 최고조의 정성기를 맞이하여 미국 공동체 역사 중에서 가장 장수 기록을 보유한 재산 공유 공동체의 하나가 되었다. 이런 성공의 배경에는 공동체가 정한 엄격한 선택규율 때문이었다. 즉 Shaker들의 선택에는 배제항목의 선택과 수용항목의 선택을 분명히 하여 사전에 혼란과 오해의 여지를 없앰으로써 소모적인 분쟁 과정을 미연에 방지한 것이 주효하였다.

배제항목에 포함되는 것은 Sex, 불결함, 나태함, 개인 소유, 시간과 위치를 사적으로 통제하는 것, 개별적으로 행동하는 것, 대학교육, 도시 생활, Privacy, 폭력사용, 자기방어, 복지 추구 등이고, 적극적으로 수용하는 항목은 고립된 전원생활, 이기심을 버리고 이타적인 태도, 멤버 간 조화로운 삶, 재산 공유, 형제·자매 사랑, 모든 분야의 남녀평등, 언론의 자유, 사상의 관용, 비폭력, 철저한 위생관리, 건강, 고운 언어 사용과 예절, 소박한 옷차림, 경쟁 배제 등이다. 그 외에도 Shaker의 특색 중 하나는 일상생활과 예배를 구별하지 않는 점(따라서 성스러운 것과 세속적인 것에 구별을 두지 않고 있음)과 노동을 중시하는 점, 그리고 하나님과 함께 춤을 춘다는 점이다. 또한, 그들의 근면한 노동 태도로 말미암아 농업 관련 혁신을 이룩하여 농기구의 개선은 물론, 미국 건축과 가구 형태에 영향을 주었으며, 축산 관련 육종 분야도 개선을 가져왔다고 한다. 춤과 함께 만개 이상의 노래를 만들어 미국 예술 분야에도 큰 영향을 준 것도 덧붙일 수 있는 점이다.

비록 Shaker 공동체가 미국 내 그 어떤 다른 공동체들보다 건전한 모습으로 오래 지속된 모범적인 공동체였지만 1932년을 마지막으로 공동체는 공식 해체되고, 교회와 주식회사 형태로 분리되고 말았다. Shaker 공동체의 해체는 여러 가지 원인이 있겠지만, 무엇보다 그들이 가진 강력한 선택항목들이 장점이자 단점으로 작용하여 마침내 공동체의 지속적 발전과 유지가 불가능하게 된 점을 지적할 수 있다. 독신주의로 말미암아 멤버의 충원은 공동체 외부로부터의 유입에 의존하는 구조이지만, 대상으로 삼은 외부 사회는 물질주의와 개인주의의 거대한 힘으로 역동적으로 변화하였다. 그러나, 공동체는 변화를 거부한 채 완고하게 공동체 규율과 원칙을 고수하였다. 그 결과 공동체는 유지할 근거를 잃고 표류하게 되었다. 즉, 변화에 적응하자니 공동체 규율이 와해되어 공동체가 변질되거나 해체될 것이고, 공동체 외부 환경을 무시하자니 공동체의 쇠퇴를 면하기 어려운 딜레마에 빠지고 말았던 것이다. 가치 지향적 공동체 사회에 필요한 멤버들의 헌신 메커니즘이 확보되지 못한 것이다.

종교적 유토피아 공동체로써 Shaker 집단은 일단 영적인 생활에 귀의함으로써 인간 완성의 가능성을 추구하여 일정한 성공을 거두었다. 즉 그들의 가치관과 일상사를 일치시키고, 공동체 장애 요인과 불확실한 미래를 확실성으로 상향시키기 위해서 의도적으로 유토피아적 질서를 세웠고 모든 것을 공동체적 지시에 의해 의미를 부여함으로써 일정 기간 성공을 다져 나갔다. 그러나 공동체가 대상으로 하는 외부세상은 반공동체 정신으로 굳어 나갔고, 변화에 적응하지 못한 공동체는 쇠퇴의 길을 자초하였다. 사실 이런 귀결은 Shaker 공동체만의 문제가 아니고, 유토피아 공동체 자체의 모순이기도 하다. 유토피아 공동체가 현실 사회의 모순을 극복하거나 완화하는 대안으로 탄생하여 일정한 성공을 거두기도 하지만, 그 성공으로 인해 조직과 단위가 비대해지면 각자의 기여에 대한 집단의 보상이 확인되기 힘들어지고 불평등과 거리감은 상대적으로 늘어나게 된다.

Shaker 공동체의 경우 척결해야 할 외부세계가 재생산을 위해 꼭 존재해야 할 사회로 된 내적 모순은 해결하기 힘든 측면이 있다. 또한, 유토피아 사회에서 왜 노동의 고행을 자초해야 하며, 육체노동과 영성 활동 쪽을 강조한 나머지 과학적 지성적 추구를 없이 한다면 과연 지성인이 유토피아를 실감할 수 있을 것인가 하는 의문도 있다. 그러나 Shaker 같은 유토피아 공동체에도 나름대로 유용성은 있을 것이다. 예를 들면, 물질 세상과 이기적 개인주의에 하나의 모범을 보여주는 것, 소수의 제한적 집단이지만 인간성의 완전성을 추구할 가능성을 열어 주는 것, 더 좋은 세상을 보여주는 '빛나는 모범'이라는 점등이 그것이다.

─● Synanon 공동체 - 봉사 공동체의 귀결

사회 운동으로써 봉사 공동체 실험을 한 경우로서 Synanon처럼 주목을 받았던 공동체는 드물었다. 1958년 Charles Dederich(1913

-1997)에 의해 설립된 이 공동체는 1968년도에 이르러 1만2천
명의 상주 멤버를 가졌으며 캘리포니아주와 뉴욕 그리고 푸에르
토리코에 이러는 광범위한 도시공동체들과 함께 6백만 달러에
달하는 막대한 자산을 가진 성공적인 공동체로 부상하였다. 실업
수당 33달러를 받던 알코올중독자 출신인 디더리치는 마약과 알
코올중독자들을 위한 일종의 집단치료소로 공동체를 설립하고 점
차 자체 학교와 주유소, 인쇄, 광고업 등을 운영하는 자활공동체로
발전해 왔다.

그러나 Synanon은 단순한 자활공동체 성격이상의 가치관을 추

구하는 공동체로 발전되었고 Synanon은
인간 잠재력을 함양하며 그 과정 중 보
다 더 나은 사회를 건설하기 위한 일종
의 사회 임상시험 공동체 성격을 가진
유토피아 공동체를 지향하려는 가치를
가지고 있었으며 후기에는 종교공동체로
방향을 전환하였으나, 공동체의 성공의
원인이 곧 실패로 이어지는 단초가 되어

• Charles Dederich(1913-1997)

몰락하고 말았다. 이하에서 편의상 Synanon 공동체의 변천을 그
성격변화를 중심으로 세 단계로 나누어 살펴보기로 한다.

- 제1기 Synanon(1958-1966)-Rehab Center: 불우한 가정환경에서 유년을 보
  낸 Charles Dederich는 알코올중독자로 전전하던 청년기에 우연히 Emerson
  저작 『Self Reliance』를 읽고 큰 감명을 받아 점점 철학과 사회심리학 관련
  서적을 접하면서 독학으로 학식을 쌓았다고 알려져 있다. 그는 자기와 비슷
  한 처지의 중독자들과 함께 새로운 삶을 살기 위해 모임을 가지고 이른바
  'Game'을 시작하게 되었다. 이것은 일종의 놀이로서 참석자가 다른 사람을
  상대로 진실 여부와 관계없이 무슨 말이라도 할 수 있도록 하는 것으로 그
  목적은 그 말들로 어떤 유익한 결과가 나오도록 하는 것이었다. 'Game'은 소

외된 중독자들에게 세뇌 훈련을 통
해 자신을 되돌아보게 만들고, 동료
애를 함양하면서 부수적으로 그야말
로 즐거운 (오락)시간의 의미를 갖게
되었다. 그 결과 많은 중독자들이
'Game'에 참석하여 재활 의욕을 가
지게 되어 대중의 관심을 얻게 되어
마침내 Synanon이란 명칭도 얻게

되었는데, 여기서 Synanon이란 말은 중독자들이 우연히 Symposium과
Semina라는 단어를 어눌하게 발음하다 얻은 말로서 나중에는 단체의 정식
명칭이 된 것이다. 세력을 얻은 Dederich는 1958년 캘리포니아주 Santa
Monica 해변에 최초의 Synanon을 설립했다. 그러나, 중독자들이 집단 거주
하는 것에 반대하는 주민들의 고발로 Dederich는 투옥되었다. 죄목은 중독
환자를 무허가로 돌보는 것이 위법이요, 법적으로 정해진 토지 용도 규정을
위반했다는 것이다. 그런데 아이러니하게도 이것은 의도하지 않았던 행운을
가져오는 계기가 되고 말았다. 국가도 돌보지 않는 마약, 알코올중독자들을
돌보고 그들의 새 생활을 위해 개인적 희생을 감수하다가 마침내 감옥으로
갔다는 소문은 단번에 그를 영웅 내지 순교자적 위치로 격상하는 사건으로
만들게 되고 전국에서 찬사와 후원을 받게 되는 계기가 되었던 것이다. 심지
어 정치계와 사회 저명인사들을 포함하여 Hollywood에서도 호의적 반응을
보이게 되어 마침내 Synanon 법안까지 마련되는 지경에 이른 것이다. 마침
내 1964년에는 Synanon Game은 집단치료 기법으로 격상되어 대중들에게
알려지게 되었다. 중독자들은 이 기법을 통하여 자신이 처한 내적 취약점을
아무 비밀 없이 노출하게 되고 자신의 실제 모습을 진실되게 인식함으로써
해결책에 다가가는 것이었다.

- 제2기 Synanon(1967-1973)—Utopian Society: Synanon이 Rehab의 성격으
  로 창설된 후 일정한 양적 성공은 거두었지만, Synanon을 졸업한 많은 사람
  들은 중독으로부터 완전히 벗어나지 못하고 여전히 정상적인 사회생활을 하
  지 못하고 있었다. 이를 간파한 Dederich는 Synanon을 하나의 새로운 세상,
  즉 Utopia로 개조하는 작업에 착수하였다. 그는 1967년 제2차대전 당시 군
  사령부가 있었던 Santa Monica의 큰 호텔인 The club Casa Del Mar를 구
  입하고, 중독자 치료소 및 비즈니스 빌딩으로 개조하여 주유소, 도자기 제작,
  아파트 건설 등으로 사업을 확장하게 되었다. 또한, 여러 채의 부동산 매매
  를 통해 상당한 차액을 챙기기도 하였다. 그가 이끄는 이러한 사업은 기본적

으로 노무비가 거의 없는 상태인 데다, 세금을 내지 않았기 때문에 성공을 거두는 것은 당연하여 Synanon 기업의 수익은 연간 천만 불에 달하게 되었다. 이러한 변화들은 자연스럽게 대중들의 주목을 받게 되고 인근 주민들과의 마찰을 불러일으켰다. 결국, Synanon은 토지용도 무단변경혐의로 기소되어 법정 다툼으로 갔으나 이내 승소하는 가운데, 오히려 Synanon 명성이 높아지고 대중들의 경제적 후원까지 얻게 된다. 기업활동의 증가와 더불어 이 시기에 특기할 사항은 어린이 양육에 관한 부분과 강화된 'Game'과 'Stew' 프로그램의 운영이었다. 'Hatchery'라는 건물에서 어린이들은 공동체 교육을 받아야 했는데, 외부와는 접촉이 매우 제한되고, Syndo(Karate)와 강압적인 설득, 그리고 신비주의 등을 동원한 집단정신치료(사실은 세뇌교육)를 실시하였다. 명목은 내적 영성 발견이었지만 목적은 Synanon의 재생산에 필요한 인재 양성이었다고 보인다. 이 부분은 향후 언급될 성전(Holy War)과 관련될 수 있는 부분이다. 두 번째로 많은 사람들이 유토피아 건설이라는 희망을 품고, 혹은 Synanon의 프로그램에 흥미를 느끼고 중독자가 아닌 일반사람들도 이 시기에 Synanon으로 들어 왔다. Synanon 입장에서는 이런 사람들과 재활프로그램을 끝낸 사람들을 위한 새로운 프로그램을 도입했는데, 이것이 강화된 'Game'이라 할 수 있는 'Stew'라는 제도였다. 'Game'은 모든 사람들이 각기 과거의 죄를 모두 자백할 때까지 계속되는데, 잠도 자지 않고 무려 65시간 이상 지속적으로 'Game'을 하여 자진된 상태에서 마치 환각 속에 빠진 분위기가 조성되면 누군가가 분위기를 깨고 흐느끼고…. 울음을 터뜨리고, 그래서 참석인 모두가 주술에 걸린 시간을 공유할 때, 마침내 원로들이 등장함으로써 고뇌와 비통함이 환희와 열광으로 바뀌어 서로가 얼싸안고(Hugging), 기쁨의 춤인 Synanon Dance을 추면서 모든 사람들이 Synanon에 복속하는 것으로 되어있다. 이런 'Game'을 통하여 공동체 유대감을 공고히 할 뿐만 아니라 구성원들에게는 원대한 이상감(Sense of Ideals)을 불어넣는 것이 그 목적으로 되어있다고 하는데, 비판자들에 의하면 이런 행위는 Dederich가 과거 중독자 시절에 경험했던 LSD의 환각 상태를 변형된 형태로 약물 효과 없이 현실로 복제한 것과 다름이 아니라고 주장하였다. 이런 환각 속에서 희열을 맛본 사람이거나 혹은 'Game'을 통해서도 중독 생활을 벗어나지 못한 사람들을 위해 다음 단계인 'Stew'가 개설되어 있는데, 이것은 무려 72시간 동안 잠도 자지 않고 'Game'에 들어가는 것을 의미한다고 한다. 계속되는 장광설과 집요한 질문 등으로 죄책감을 느끼며 모두가 열광적으로 진실게임에 파고 들어간다고 한다. 전술한 바와 같은 절차로 'Game'이 절정에 이르게 되면 이번엔 직접 Dederich가 나타나 공동체 복속을 대가로 사죄를 허락하게 되면 모두는 다같이 기쁨을 나누는 식으로 진행되었다고 한다. 이러한 행위는 공동체 유대 강화와 이탈 방지는 물론 모금활동과 헌금 증가로 연결되어 공동체 활동의 근간이 되는 중요 행사가 되었다.

- 제3기　　Synanon(1974-1991)— Church of Synanon: 이 시기는 Synanon의 성격이 외형적으로는 종교단체로 바뀌고, 끝내 내부 모순에 의해 공동체로서 생명을 다하고 소멸하는 기간을 말한다. 첫 계기는 지역의 비행청소년 선도기관에서 혹은 비행청소년 담당 법원에서 추천한 청소년을 받아 일종의 군사 교육을 실시

하면서 첫 단추가 잘못 끼워지기 시작하였다. 말을 잘 듣지 않는 청소년을 교육하자니 규율이 필요했고, 군사훈련식 혹은 썩은 사과를 골라내기 교육을 행하는 가운데, 폭력을 정당화했는데, 이것은 Synanon의 중요 원칙인 비폭력 원칙이 파괴되는 결과를 초래하였다. 문제는 Synanon의 감시체제도 강화되어 Synanon의 분위기는 점점 평화와 멀어졌다는 점이다. 더구나 1970년대 중엽부터 'Game'에서 진실된 문답을 하지 못한 여성들에게 머리 깎기를 강요하는가 하면, 공동체 구성원에게 Lifetime Rehabilitation 개념을 강제함으로써 자유스러워야 할 심리치료 과정이 보다 강압적이고, 권위적이며, 때로는 매우 감시적으로 변하게 되었다.이런 과정 중에 Dederich는 부인이 죽자 1977년 재혼하게 되는데, 사별의 고통과 이혼으로 인한 고통을 없애기 위해서는 모든 부부가 3년마다 별거하고, Synanon에서 지정한 새로운 파트너('Love Match')를 맞이하도록 하는 명령을 내려 또 한 번 세상의 주목을 받게 되었다(Time Magazine, December 1977). 이상과 같은 내부 문제뿐만 아니라 공동체 외부로부터 심각한 법적 문제도 발생하였다. 재활(Rehabilitation) 개념과 치료규범(Therapeutic Norm)과의 개념 불일치를 들어 Paul Morantz 검사에 의해 무면허 의료시술소로 당국에 고발당하였고, 탈세 혐의도 추가되었다.이에 대한 Synanon의 대응은 "Synanon은 'The Church of Synanon'의 약자이며, 종교단체가 조세 감면을 받는 것은 당연하다."고 주장하였다. 법정싸움과 적대적인 대중 매체들의 고발기사로 예민해진 Synanon은 내부적으로 공격조인 'The Imperial Marines'를 결성하여 소위 성전(Holy War)을 선포하며 상대방에게 폭력을 행사하고 공동체에서 탈퇴하여 Synanon을 비난하는 옛 멤버를 구타하는 등 심각한 사회문제를 일으키게 되었다. 이에 대한 지도자 Dederich의 반응은 막강한 변호사를 선임하여 신문과 방송이 Synanon 치부를 악의적으로 보도하지 못하게 하는 한편, 다량의 무기까지

가지고 있는 The Imperial Marines과 Synanon을 혼돈하지 말 것과 Synanon은 그들을 통제하지 못한다고 선언하기에 이른다(후에 밝혀진 전화 녹음은 이것과는 반대였음).1978년은 Synanon에 가장 불운한 해였다. Ernestine White라는 흑인 할머니가 세 명의 손녀를 가족 품으로 보내줄 것을 법원에 호소하였다. Synanon는 이러한 요구를 거부하였다. 그 과정에 무장 경찰이 출동하여 강제 송환하면서 Synanon은 어린이 납치라는 치명적인 형법 위반 혐의를 받게 되었으며, 같은 해 의료시술면허 면제소송도 패하고 말았다. 같은 해 NBC의 보도내용에 대해 보복 위협을 가하여 언론의 자유를 침해하고 협박하는 혐의로 입건되고, 자신들의 아이들을 돌려 달라고 요구했던 옛 멤버인 Phil Ritter를 구타하여 혼수 상태에 빠뜨림으로써 살인미수 건으로 입건되기도 하였다. Synanon의 최악의 실수는 현직 검사인 Paul Morantz를 살해하려고 했던 점이다. Morantz는 집요하게 Synanon의 여러 가지 치부들을 기소해 왔는데, 1978년 10월 10일 자신의 우편함에서 우편물을 집다가 누군가가 넣어둔 4피트 방울뱀(방울은 제거되어 있었음)에 물려 병원으로 후송되어 11일간 치료 후 퇴원하는 사건을 당하게 되었다. 이 사건은 공권력에 대한 정면 도전이자 살인미수죄에 해당함으로 세간의 이목이 집중되어 수사가 진행되었는데, 전술한 바와 같이 Dederich의 육성녹음파일이 결정적 증거가 되어 최종 범인이 지도자임이 밝혀졌다. 결국, Dederich는 체포를 면하기 위해 유럽으로 도주하여 옛날의 알코올중독자로 되돌아갔는데, 마침내 그해 12월 2일 Lake Havesu에서 체포되고 말았다.그 후 지도자가 없는 상태에서 헌금은 끊어지고 세금면제는 거부되자, Synanon은 개인 기업 형태로 전환하여 생존을 위한 노력을 시도했으나 역부족이었다. 멤버들은 흩어지고 세금 징수의 방식으로 많은 자산들이 몰수되는 가운데 마침내 1991년에 공동체로서 Synanon은 제 수명을 다하였다.

Synanon의 설립 당시 가치 지향과 실천과정은 매우 자율적이고 비권위적 형태를 가지고 있었다. Dederich와 시니어 지도자들이 세운 원칙은 멤버들이 스스로 정한 규정에 의해 멤버 전원이 통합적인 이념과 신념체계를 공유하면서 자신들이 누구이며, 무엇을 하고 있는가를 확신하는 일정한 절차를 갖고자 했으며 이를 추진하기 위해 Dederich라는 카리스마적 지도력이 발휘되는 구조였다. 즉 기본적으로 봉사 공동체의 핵심 동력은 멤버들의 헌신으로부터 나오기 때문에 Synanon의 규율은 결국 사명 고취로 연결되도록 의도되었다.

전술한 바와 같이 Synanon의 규율과 전통 중에는 'Game'과 'Stew'라는 독특한 제도가 있는데, 이것은 일종의 반성회 혹은 인카운터(encounter) 모임이라고 할 수 있다. 여기서 'Game'이란 이곳 특유의 상호비판 혹은 만남의 형태를 취하며, 말과 감정의 전쟁을 통해 멤버들이 털어내고 싶은 적대감과 부정적인 감정을 쏟아냄으로써 각자의 행위에서 나타나는 불완전성을 상호 공격하는 기회가 된다. 이것은 멤버 간의 핵심적 활동의 하나로서 집단요법, 저녁 오락회, 재판, 회의의 요소들을 한데 섞어 놓은 것으로 볼 수 있다. 이 'Game'에는 지위의 차이가 없고, 신입 멤버들뿐만 아니라 지도자들조차도 신랄한 공격과 조사를 면할 수 없으며, 타인을 검사하고 질문할 기회도 동등하게 누리는 등 누구나 평등한 자격으로 만나는 것이다. Synanon 시각으로 볼 때 외부세상은 병든 모습이고 우매함으로 가득한 환경이다. 따라서 이런 병든 세속의 찌꺼기를 걸러내는 중요한 절차로 'Game'이 위치하고 있고, 이를 통해 개인 순화와 동질감 그리고 마침내 강화된 조직이 담보될 수 있었다. 비판자들은 이것을 두고 Synanon 멤버들은 마약 대신 Synanon에 중독된 자들이라고 혹평할 정도로 그들은 진지하고 열성적이다.

Synanon의 한 관계자는 이런 논평에 대해 다음과 같이 말했다고 한다. "만약 어떤 사람이 탄광 속에 일하다가 폐결핵에 걸렸다고 하면 그 사람은 바깥으로 내보내져 깨끗한 공기 속에서 치료해야 합니다. 그러나 그 사람이 나았다고 해서 다시 탄광으로 내보내야 하겠습니까?" 이러한 그들의 반응은 그들이 세상을 보는 시각과 자신들의 존재가치를 단적으로 표현한다고 볼 수 있을 것이다. 'Stew'는 Synanon Game의 발전된 형태로 별도의 건물에서 장래의 유토피아인의 양성을 목적으로 하는 훈련과정을 말하는데, 멤버들이 교대로 24시간 동안 이 활동에 참여했다고 한다.

Synanon 멤버들은 일단 공동체에 들어오면 과거의 직업과 관계없이 공동체의 경제적 사업에 종사하며 대신 공동체로부터 완전한 생계를 보장받는다. 그들은 공동체에 들어올 때 돈과 재산을 공동체에 헌납하고, 입회금은 반환되지 않는다. Synanon에도 결혼한 부부가 많이 있어 이를 존중하지만 두 사람만의 배타적 친밀성은 어느 정도 통제되며 특히 입회 초기엔 6개월간 성관계도 통제하여 고도의 청교도식 금욕 생활태도를 취하고 있었다. 각 가정마다 별도의 아파트를 배정하지만, 식사와 노동은 공동으로 행하기 때문에 Synanon 학교에서 아이들은 따로 마련된 숙소에서 공동으로 양육하였다. 공동체 생활을 하기 위해서는 일단 가족 관계를 떼어내고 공동체 생활 양식으로 훈련할 필요가 있었기 때문이다.

포기된 사생활과 개별적 인간관계는 강한 집단감정인 화합으로 승화되도록 노력하고 있었는데, 특히 과거 마약과 알코올중독에 빠진 공통된 경험을 가진 멤버일수록 사생활보다는 더욱 많은 집단 접촉을 장려했다고 한다. 중독자들의 습관을 분쇄하고 새로운 자아 정체감을 재형성하기 위해 쓰이는 프로그램도 다양하게 진행되었다. 공동식사와 공동 노동은 물론 학습 세미나를 비롯한 문제 해결을 위한 모임, 'Game'과 'Stew'에 이르는 정규적인 집단 회합이 매일 개최된다. 자체적인 노래와 재즈 음악과 춤이 있고, 자체의 밴드가 등장하는 콘서트는 공동체 의식을 보다 풍부하게 하는 좋은 기회가 되기도 했다. 이런 기회를 통하여 멤버들의 자기 성찰 기회가 제공되는 것은 물론 도덕적 기준에서 멤버들이 구분되고, 각인의 성품 성숙도가 평가된다. 또한, 이를 근거로 하여 개인들이 평가되며 이 평가를 기준으로 개인에게 작업이 주어진다고 한다. 규칙 위반자는 공식적으로 비난받게 되고 'Game' 시에 호되게 질책당하며 그의 헌신도가 면밀하게 점검되었다.

새로운 멤버는 Synanon 생일 기준 0살에서 시작하며, 화장실 청소 같은 허드렛일부터 시작하여 과거 신분과 지위 그리고 정체성을 모두 벗어 던지고 Synanon에 있는 정교한 행동규정과 도덕규정을 준수해야 하며, 일상적으로 진행되는 집단 접촉을 통해 공동체 멤버로서 성장과 헌신을 증명해야 한다. 특히 'Game'과 'Stew' 참가를 통해 평가받아야 한다. 멤버 간의 지위는 이런 식으로 정리되기 때문에 누구나 사표가 되는 영웅적 인물이 되고자 노력하는 가운데 자연스럽게 공동체 헌신 메커니즘이 작동했던 것이다.

결론적으로 유토피아 사상은 오래전부터 모든 인류문화전통 속에 있어 간단없이 이어온 인류의 꿈이었다. 이 사상은 그 출발이 보다 나은 삶에 대한 갈구와 희망으로 가득 차 있지만, 동시에 그 실현과 실천과정에 많은 의구심과 모순관계를 내포하는 사상이기도 하다. 여러 사례에서 보듯이 이 사상을 오용하여 이떤 지도자들은 권력과 권위 그리고 금전을 탐하여 유토피아가 아닌 Dystopia로 전락하는 결과를 초래하기도 하였다. 요컨대 유토피아는 인간의 본성 추구에 가까운 본질적인 것이지만 잠재적으로 위험스러운 요소를 가지고 있다고 볼 수 있겠다. 즉 인류의 열정적인 이상 추구가 곧 인간의 어리석음을 폭로하는 계기가 될 수 있다. 유토피아 사상은 희망과 실패(혹은 부분적 실패), 좌절과 절망, 그러다가 다시 희망을 꿈꾸는 과정이라고 볼 수 있는데, 이것은 일종의 희망의 변증법이라고 볼 수 있을까? 인간이 꿈을 꾸는 한 유토피아 사상은 이어질 것이고 이 사상은 이따금 꿈꾸는 인간이 직면해야 하는 비극적 비전이 아닐까?

참고문헌

Anderson, Cory(2012), The Amish-Mennonites of North America—A portrait of Our People. New York: Ridgeway Publishing Inc.

Bacon, Margaret H.(1969), The Quiet Rebels: The Story of the Quakers in America. Basic Books Inc.

Bates, Graber R.(1983), "Archival Data on Pennsylvania German Mennonite Schisms, 1778-1927." Mennonite Quaterly Review 57.

Benett, John W.(1967), Hutterian Brethren: The Agricultural Economy of Social Organization of a Communal People. Stanford: Stanford University Press.

Capp, K.(1998), Hutterite: A World of Grace, New York: Edition Stemmle.

Classen, C.-P.(1973), "Execution of Anabaptists," M.Q. R. 47, April.

Dandelion, P.(2007), Introduction to Quakerism, Cambridge University Press.

Donnermeyer, Joseph and Cory Anderson.(2015), "A Mid-Century update on Amish Settlement Growth", Journal of Amish and Plain Anabaptist

Studies 3 (1).

Durham, Geoffrey.(2010), The Spirit of the Quakers, Yale University Press, New Haven and London.

Friedmann, Robert.(1949), Mennonite Piety through the Ages, Scottdale: Mennonite Historical Society.

_____.(1961), Hutterite Studies Goschen, Ind. Mennonite Historical Society.

_____.(1966), "Hutterite Worship and Preaching" M.Q. R. 40, January.

Gingerich, Orland. (1972), The Amish of Canada, Waterloo: Conrad Press.

Holloway, Mark.(1996), Heavens on Earth: Utopean Communities in America, 1680-1880, New York: Dover Publications, Inc.

Heimann, Franz. (1952), "The Hutterite Doctrine of Church and Common Life: A Study of Riedemann's Confession of 1540," M.Q. R. 26, January.

Hershberger, Guy F.(1958), The Way of the Cross in Human Relations, Scottdale: Herald Press.

Hostetler, John A.(1993), Amish Society, Baltimore: The Johns Hopkins University Press.

_____.(1997), Hutterite Society, Baltimore: The Johns Hopkins University Press.

_____.(2010), Hutterite Society, Baltimore: Johns Hopkins University Press.

Hopfe, Lewis M, (edited) by Mark R. Woodward.(2001), Religions of The World, Prentice Hall, pp.288-293.

James, M. Henslin, Dan Glenday, Norene Pupo, Ann Duffy.(2010), Sociology 5th Edition, Toronto: Pearson Education, Canada, pp.334-335.

Janson, Rod, Max Stanton.(2010), The Hutterites in North America, The Johns Hopkins University Press.

Jolyon, Mitchell.(2012), Martyrdom, Oxford University Press, pp.12-30.

Kanter, Rosabeth Moss.(1972), Commitment and Community: Communes and Utopias in Sociological Perspective, Cambridge, Massachusetts: Harvard University Press.

Kirby, Mary-Ann.(2014), Secrets of a Hutteriite Kitchen: Unveiling The Rituals, Traditions, and Food of the Hutterite Culture, Penguin.

Kraybill, Donald B.(2003), Who Are the Anabaptists? Waterloo, Ontario: Herald Press.

Kraybill, Donald B., Johnson-Weiner, Karen M., Nolt, Steven M.(2013), The Amish, The John Hopkins University Press.

Mannheim, Karl.(1991), Ideology and Utopia: An Introduction to the Sociology of Knowledge, tr. Louis Wirth and Edward Shils, New York: Harcourt, Brace, : new edn. London: Routledge.

Marty, Martin.(1960), "Sects and Cult." Annals of the American Academy of Political and Social Science 332.

Mennonite Yearbook, 1988-89., 1996, 1997.

Molnar, Thomas.(1967), Utopia: The Perennial Heresy, New York: Sheed and Ward.

Niebuhr, H. Richard.(1951), Christ and Culture New York: Harper, pp4-11.
_____(1929), "The Social Source of Denominationism" Ph.D. Dissertation, Yale University.

Niebuhr, Reinhold.(1996), The Nature and Destiny of Man, New York: Charles Scribner. reprinted Louisville, KY: Westminster John Kmox Press.

Nolt, Steven M.(2003), A History of the Amish, Good Books, Intercourse,

Pennsylvania.

Redekop, Cavin. (1963), Brotherhood and Schism, Scottdale: Herald Press.

_____ (1989), Mennonite Society, London: The Johns Hopkins Press Ltd.

Redfield, Robert. (1947), "The Folk Society." American Journal of Socialogy 52, January, pp. 293-308.

Ricoeur, Paul. (1986), Lectures on Ideology and Utopia, ed. George H., Taylor, New York: Columbia University Press.

Sargent, Lyman Tower. (2010), Utopianism, Oxford University Press.

Stauffer, Ethelbert. (1945), "The Anabaptist Theology of Martyrdom," M. Q. R. 19, July, pp. 179-214.

Thielemann J. van Braght. (1938), Martyrs Mirror, Mennonite Publishing House.

Tillich, Paul. (1971), "The political Meaning of Utopia", tr. William J. Crout, Walter Bense, and James L. Adams, in his Political expectation, New York: Harper and Row.

Troeltsch, Ernest. (1960), The Social Teachings of the Christian Churches, New York: Harper Torchbooks.

Troyer, Terry L. (1982), Amish Lifestyles illustrated, Indiana: TLT Pulications.

Webb, Jeffrey, B. (2004), The Complete Idiot's Guide to Christianity, Alpha, Penguin Group Inc.

Weber, Max. (1974), Protestant Ethic and the Spirit of Capitalism, London: George Allen and Unwin.

Williams, George H. (1962), The Radical Reformation, Philadelphia: Westminster Press, p. 431.

Wison, Bryan. (1970), Religious Sects, New York: McGraw-Hill.

Wison, Laura.(2000), Hutterites of Montana, New Heaven and London: Yale University Press.

Woodhead, Linda.(2003), Christianity: A Very Short Introduction, Oxford University, p.46.